国家级技工教育规划教材
全国技工院校医药类专业教材

医药电子商务

鲍 娜 柳西波 主编

中国劳动社会保障出版社

图书在版编目（CIP）数据

医药电子商务 / 鲍娜，柳西波主编． -- 北京：中国劳动社会保障出版社，2024． -- （全国技工院校医药类专业教材）． -- ISBN 978-7-5167-6380-3

Ⅰ．F407.77-39

中国国家版本馆 CIP 数据核字第 20248G589W 号

中国劳动社会保障出版社出版发行

（北京市惠新东街 1 号　邮政编码：100029）

*

北京市科星印刷有限责任公司印刷装订　　新华书店经销
787 毫米×1092 毫米　16 开本　13.25 印张　285 千字
2024 年 8 月第 1 版　　2024 年 8 月第 1 次印刷
定价：38.00 元

营销中心电话：400-606-6496
出版社网址：http://www.class.com.cn

版权专有　　侵权必究
如有印装差错，请与本社联系调换：（010）81211666
我社将与版权执法机关配合，大力打击盗印、销售和使用盗版图书活动，敬请广大读者协助举报，经查实将给予举报者奖励。
举报电话：（010）64954652

《医药电子商务》编审委员会

主　　编　鲍　娜　柳西波

副 主 编　王玉静　徐婷洁　谭彦琦　陈　宪

编　　者　（以姓氏笔画为序）

　　　　　　王玉静（山东医药技师学院）

　　　　　　李　智（河南医药健康技师学院）

　　　　　　余　海（上海信息技术学校）

　　　　　　陈　宪（广东食品药品职业学院）

　　　　　　张　璇（湖南食品药品职业学院）

　　　　　　柳西波（泸州职业技术学院）

　　　　　　徐婷洁（上海市第二轻工业学校）

　　　　　　程万滋（四川卫生康复职业学院）

　　　　　　鲍　娜（上海市第二轻工业学校）

　　　　　　谭彦琦（湖南食品药品职业学院）

主　　审　赵　瑞（上海泓明医疗供应链服务有限公司）

总前言

为了深入贯彻党的二十大精神和习近平总书记关于大力发展技工教育的重要指示精神，落实中共中央办公厅、国务院办公厅印发的《关于推动现代职业教育高质量发展的意见》，推进技工教育高质量发展，全面推进技工院校工学一体化人才培养模式改革，适应技工院校教学模式改革创新，同时为更好地适应技工院校医药类专业的教学要求，全面提升教学质量，我们组织有关学校的一线教师和行业、企业专家，在充分调研企业生产和学校教学情况、广泛听取教师意见的基础上，吸收和借鉴各地技工院校教学改革的成功经验，组织编写了本套全国技工院校医药类专业教材。

总体来看，本套教材具有以下特色：

第一，坚持知识性、准确性、适用性、先进性，体现专业特点。教材编写过程中，努力做到以市场需求为导向，根据医药行业发展现状和趋势，合理选择教材内容，做到"适用、管用、够用"。同时，在严格执行国家有关技术标准的基础上，尽可能多地在教材中介绍医药行业的新知识、新技术、新工艺和新设备，突出教材的先进性。

第二，突出职业教育特色，重视实践能力的培养。以职业能力为本位，根据医药专业毕业生所从事职业的实际需要，适当调整专业知识的深度和难度，合理确定学生应具备的知识结构和能力结构。同时，进一步加强实践性教学的内容，以满足企业对技能型人才的要求。

第三，创新教材编写模式，激发学生学习兴趣。按照教学规律和学生的认知规律，合理安排教材内容，并注重利用图表、实物照片辅助讲解知识点和技能点，为学生营造生动、直观的学习环境。部分教材采用工作手册式、新型活页式，全流程体现产教融合、校企合作，实现理论知识与企业岗位标准、技能要求的高度融合。部分教材在印刷工艺上采用了四色印刷，增强了教材的表现力。

本套教材配有习题册和多媒体电子课件等教学资源，方便教师上课使用，可以通过技工教育网（http://jg.class.com.cn）下载。另外，在部分教材中针对教学重点和难点制作了演示视频、音频等多媒体素材，学生可扫描二维码在线观看或收听相应内容。

本套教材的编写工作得到了河南、浙江、山东、江苏、江西、四川、广西、广东等省（自治区）人力资源社会保障厅及有关学校的大力支持，教材编审人员做了大量的工作，在此我们表示诚挚的谢意。同时，恳切希望广大读者对教材提出宝贵的意见和建议。

随着信息技术的飞速发展和互联网的普及，医药电子商务作为一种新的商业模式迅速崛起，为医药行业带来了巨大的变革和发展机遇。《医药电子商务》教材根据技工院校医药电子商务教学大纲的基本要求编写而成，按照"以能力本位为目标、以就业为导向、以学生为主体"的理念对教材进行系统化设计，适用于药学类专业学生、医药行业从业人员以及对医药电子商务感兴趣的人群。本教材可以帮助学生和从业人员了解医药电子商务的基础知识、模式、网络营销、运营与管理等方面知识，以提升自身在医药电子商务的专业能力和就业竞争力。同时，对促进个人职业发展和成长也有积极作用。

本教材共设置八个项目，分别是：项目一医药电子商务概述、项目二医药电子商务模式、项目三医药电子商务网络营销、项目四医药电子商务运营、项目五医药电子商务客户服务与管理、项目六医药电子商务供应链与物流、项目七医药电子商务法律法规、项目八医药电子商务就业与创业。每个项目设有任务导入、思政小园地、知识链接、即学即练、案例分析、目标检测、目标任务等模块，使学生通过系统学习并实践，在医药电子商务领域取得更好的发展。该教材具有以下三个方面特点。

1. 课程思政，德技并修

本教材的编写体现了与时俱进的指导方针，在相关任务中增加了思政小园地、知识链接等模块，将课程思政融入知识讲授与技能训练之中，让学生在学习专业知识的同时，遵守职业道德，知法守法，为成为一名合格的医药电子商务从业人员做好准备。

2. 任务导入，学以致用

在教材编写过程中，注重内容与行业实际相联系，紧密结合医药电子商务的最新发展动态和企业的实际需求，以提高教材的实用性和先进性。同时，立足医药电子商务岗位需求，以任务导入为驱动，从技工院校学生的实际情况出发，融合案例分析、知识链接等内容，帮助学生快速地掌握医药电子商务运营的方法与技巧。

3. 层层递进，理实一体

本教材遵循层层递进的原则，由任务导入到目标任务，循序渐进，使学生在学习和实操过程中，不断积累知识，提高能力。同时，注重理论与工作实践相结合，在教材中穿插了医药电子商务工作的实际案例，具有很强的实用性，可操作性较强。

希望通过本教材的学习，学生能够全面了解医药电子商务的理论与实践知识，掌握相关的技能和工具，从而在医药行业中具备竞争力，为行业发展和社会进步作出积极贡献。

本教材由鲍娜、柳西波担任主编，负责拟定大纲，协调编写工作并统稿。本教材编写分工如下：李智、鲍娜负责项目一的编写，程万滋、鲍娜负责项目二的编写，王玉静、李智负责项目三的编写，陈宪、柳西波负责项目四的编写，谭彦琦、柳西波负责项目五的编写，徐婷洁、柳西波负责项目六的编写，张璇、鲍娜负责项目七的编写，余海、谭彦琦负责项目八的编写，鲍娜负责部分插图的拍摄与制作。本教材由赵瑞担任主审。

本教材的编写得到了中国人力资源和社会保障出版集团以及所有参编作者所在单位的大力支持，编写过程中参考了商务礼仪与沟通相关文献资料。在此，我们对所有给予本教材编写指导和支持的单位、领导、文献资料作者、专家等表示衷心感谢。

由于编者水平有限，教材中难免存在不当和疏漏之处，敬请广大读者、专家和同行批评指正，以便修订。

编者

2024 年 5 月

目 录

项目一　医药电子商务概述 ·· 1

　　任务一　医药电子商务的内涵及特征 ··· 1
　　任务二　医药电子商务的应用 ·· 5
　　任务三　医药电子商务发展现状与未来趋势 ································· 9
　　目标任务 ··· 16
　　目标检测 ··· 17

项目二　医药电子商务模式 ·· 19

　　任务一　医药电子商务 B2B 模式 ··· 19
　　任务二　医药电子商务 B2C 模式 ··· 27
　　任务三　医药电子商务 O2O 模式 ··· 31
　　目标任务 ··· 35
　　目标检测 ··· 37

项目三　医药电子商务网络营销 ·· 39

　　任务一　认知网络营销与市场调研 ··· 39
　　任务二　网络营销环境分析 ·· 48
　　任务三　网络消费者研究 ··· 55
　　任务四　网络营销目标市场选择 ··· 62
　　任务五　网络营销产品策略 ·· 65
　　目标任务 ··· 74
　　目标检测 ··· 75

项目四　医药电子商务运营 ·· 78

　　任务一　医药电子商务大数据 ·· 78

  任务二 医药电子商务新媒体运营 …… 87

  任务三 医药移动电子商务的内涵及应用 …… 99

  目标任务 …… 102

  目标检测 …… 103

项目五 医药电子商务客户服务与管理 …… 106

  任务一 认知医药电子商务客户服务 …… 106

  任务二 医药电子商务客户服务内容 …… 110

  任务三 医药电子商务客户管理 …… 116

  目标任务 …… 128

  目标检测 …… 129

项目六 医药电子商务供应链与物流 …… 131

  任务一 医药电子商务供应链管理 …… 131

  任务二 医药电子商务物流体系 …… 136

  任务三 医药电子商务配送体系 …… 141

  目标任务 …… 147

  目标检测 …… 149

项目七 医药电子商务法律法规 …… 151

  任务一 电子商务相关法律法规 …… 151

  任务二 医药电子商务相关法律法规 …… 155

  任务三 医药电子商务数据法律 …… 160

  目标任务 …… 168

  目标检测 …… 169

项目八 医药电子商务就业与创业 …… 171

  任务一 医药电子商务岗位及素质 …… 171

  任务二 医药电子商务创业的基本步骤 …… 178

  任务三 医药电子商务团队管理 …… 188

  目标任务 …… 196

  目标检测 …… 199

项目一 医药电子商务概述

任务一 医药电子商务的内涵及特征

 学习目标

知识目标：了解医药电子商务的概念、内涵与特点。
能力目标：能够区分医药电子商务与普通电子商务。
素养目标：把握时代特征，不断加强学习，做一名合格的新时代医药工作者。

【任务导入】

小陈是一名药店店长，他深刻体会到，随着互联网的普及和电子商务的蓬勃发展，医药电子商务行业迅速崛起，给传统药店带来了许多变化。

首先，医药电子商务为传统药店带来了更广阔的销售渠道。传统药店面对的是有限的地域市场，而医药电子商务通过网络平台可以实现全网覆盖，将医药商品推广至全国乃至全球用户。其次，医药电子商务提供了更便利的购药方式。传统药店需要消费者亲自到店购买医药商品，而医药电子商务则以线上购买为主，消费者可以随时随地通过互联网订购所需医药商品。再次，医药电子商务提供了更多选择。传统药店的货架空间有限，只能销售一定种类和数量的医药商品，而医药电子商务则可以销售更多不同品牌、不同功效的医药商品，消费者可以根据自己的需求和预算进行比较和选择。最后，医药电子商务提供了更加透明和安全的购药环境。医药电子商务通过严格的资质审核和产品监管，保证了医药商品的质量和安全，给消费者提供了更加可靠和放心的购药体验。

思考：如果你是小陈，面对医药电子商务的日益发展，你是否对医药电子商务有了深入的认识？

一、认知电子商务

1. 电子商务及其发展

20世纪90年代，我国社会主义市场经济体制不断完善，企业、政府、个人同市场之间的联系越来越紧密，企业的市场化运作水平越来越高，政府采购开始实行市场化运作，个人消费日趋多样化，商务活动已渗透到社会经济生活的各个领域。随着互联网技术的飞速发展，商务活动电子化条件逐步成熟，电子商务开始兴起。如果说在20世纪末电子商务还只是一个新概念，那么进入21世纪后，电子商务将生产企业、流通企业、消费者和政府监管部门等都引到了一个数字化的空间，影响和改变了人们生产生活的方方面面。随着国家"互联网+"行动计划的实施，电子商务迎来了新一轮重要的发展机遇，呈现出不同于以往的新内涵、新特征和新趋势，成为推动经济增长的新动力，以网络和电子商务为主要特征的新经济，已成为推动经济全球化的重要手段。

如今，电子商务已经改变了人们的生活方式。人们足不出户就能在互联网上消费，对新零售、无人超市这些词语也不再陌生，电子商务将人们过去的很多美好憧憬都变成了现实。同时，网上支付、移动支付等多种支付方式的出现，极大地改变了人们的消费方式。人们出门不再需要带现金和银行卡，只需携带一部手机，就可以进行支付。

电子商务改变了企业的经营方式与政府的管理模式。电子商务利用互联网进行贸易活动，减少了不必要的中间环节，从而降低了商务活动的成本。电子商务活动是实时在网络上进行的，这使得政府监管部门能够实时监控电子商务活动的全过程，及时发现电子商务活动中存在的问题，从而进行有效监督和管理。电子商务在我国金融、商贸、旅游等领域都得到了广泛应用。

电子商务的不断快速发展已深度融入人们生产生活各个领域，在经济社会数字化转型方面发挥了举足轻重的作用。电子商务将充分发挥连通线上线下、生产消费、城市乡村、国内国际的独特优势，全面践行新发展理念，以新动能推动新发展，成为形成强大国内市场、推动更高水平对外开放、抢占国际竞争制高点、服务构建新发展格局的关键动力。

2. 电子商务的内涵

电子商务（electronic commerce，E-commerce）是指利用互联网等数字化技术，以电子化方式进行各种商业活动的过程。它是商品、服务和信息进行交换、交易和传递的一种新型形式，同时也是一种新的商业运作方式和商业模式。

3. 电子商务的特点

（1）无地域限制

电子商务可以突破时空的限制，让经营者和消费者更加便捷地交流和交易。

（2）互动性强

电子商务使得经营者和消费者之间的联系更加便利，经营者可以根据消费者的需求和反馈不断调整和改进服务。

(3) 节约成本

电子商务可以大幅度降低中间环节的成本，从而降低企业的运营成本，也可让消费者以更低的价格购买到商品或服务。

(4) 多元化

电子商务不仅能够通过互联网提供商品，还可以提供信息、娱乐等服务，满足人们多样化需求。

在电子商务的发展过程中，也出现了一些新概念和新技术，如移动商务、社交电子商务、云计算、大数据等，为电子商务的发展带来了新的契机与挑战。

二、认知医药电子商务

随着现代信息技术和医药行业的融合，医药电子商务已成为医药行业的重要发展方向之一，是电子商务在医药领域的一种具体应用。这种新兴的商业模式，不仅改变了传统的医药流通方式，也为医药行业带来了诸多新的机遇与挑战。

1. 医药电子商务的内涵

医药电子商务是指医疗机构、医药公司、网络银行、医药生产商、医药信息服务提供商、第三方机构等以营利为目的的市场经济主体，凭借计算机、互联网等现代信息技术，进行医药商品交易和服务的行为。

【知识链接】

2005年9月29日，国家食品药品监督管理局发布的《关于印发〈互联网药品交易服务审批暂行规定〉的通知》（国食药监市〔2005〕480号）中进一步明确，要加强对互联网药品交易服务的监督管理。互联网药品交易服务是指通过互联网提供药品（包括医疗器械、直接接触药品的包装材料和容器）交易服务的电子商务活动。互联网药品交易服务包括为药品生产企业、药品经营企业和医疗机构之间的互联网药品交易提供的服务，药品生产企业、药品批发企业通过自身网站与本企业成员之外的其他企业进行的互联网药品交易以及向个人消费者提供的互联网药品交易服务。

在我国目前的政策框架内，医药电子商务更倾向于特指上述互联网药品交易活动。其中的交易对象不仅限于药品本身，还可以包括医药器械、直接接触药品的包装材料和容器等。因此，可将医药电子商务定义为：医药商品生产企业、医药商品经营企业、医疗机构、医药信息服务提供商、个人消费者、物流企业等医药商品交易活动的参与者，通过互联网系统以电子数据信息交换方式进行的医药商品的交易活动。常见的医药电子商务有 B2B、B2C 和 O2O 三种模式。

2. 医药电子商务的特征

医药电子商务平台（医药电子交易市场）与交易各方相连，是医药行业的交易中心和信息中心，居于核心位置。这一虚拟的医药电子交易市场不参与医药商品交易活动，通过与真实的物流配送系统和区域结算系统协调运作，实现医药商品的高效流通。

（1）交易方式电子化

通过医药电子商务平台的虚拟代理，医疗机构和医药商品零售企业可以不受时空限制地与医药商品生产企业、医药商品批发企业直接进行交易，通过市场化机制，医药商品价格透明，直接降低了交易成本。

（2）交易手段信息化

医药电子商务平台改变了原有信息采集和流动的低效、无序状态，采用信息化交易手段，充分发挥网络信息完整性和及时性的特点，使信息流变得有序透明，从而大幅缩短了收集和处理医药商品信息的时间和成本。

（3）物流系统扁平化

医药电子商务平台将原来多层、分散、杂乱的医药商品批发企业经过科学整合，改造成以中心企业为极点、覆盖整个区域的配送网络，有效改变原有物流系统混乱无序、效率低下的状况，使之成为一个设施完善、技术先进、层次简单、运作高效的物流运输配送系统。

（4）交易形式多样化

在医药电子商务平台上既可以进行独立的分散采购交易，又可以进行集中的联合采购交易，兼顾个性化需求和降低成本的要求。平台上的实时采购可以缩短采购和储存周期，减少库存，既满足用户需要，又尽可能减少了市场风险，增加了经济效益。

（5）政府监管现代化

政府采用现代化信息管理手段，对医药市场进行全程监控，有效改变了政府监管手段滞后，不适应市场发展的状况，各种市场监管信息公开、透明，市场准入机制严格、规范，使医药商品的质量和临床用药安全也有了可靠保证。

在这一新体系下，将形成新的医药行业供应链系统：将医药商品原料企业、医药商品生产企业、物流企业、医药电子商务平台和医药商品经营企业整合为一个有机整体，多层的中间批发环节将整合并逐渐减少，向医药商品代理商和配送商转变；交易渠道单一；所有交易过程将公开化，信息透明，政府将有能力对交易全过程进行监管。因此，这一新的医药行业供应链系统将使医药商品销售成本大大降低，从而能极大减轻消费者的医药负担。

> **即学即练**
>
> 请你简要地概述一下医药电子商务的特征。

三、医药电子商务与普通电子商务的区别

医药电子商务和普通电子商务的区别主要体现在以下四个方面。

1. 产品属性

医药商品通常被视为特殊商品，具有一定的特殊性和敏感性。医药电子商务平台更强调人员的专业性。一方面，专业化服务更能提升消费者的购买体验；另一方面，也能够为平台的长期健康发展提供基础保障。相较于普通商品，医药商品在投放市场前需要经过更严格的

安全测试和评估，其研究、生产、流通和消费都需要遵守特殊的市场规律，只有具有一定的医学知识和专业背景的人员才能进行销售和咨询服务。因此，医药电子商务平台需要具备完善的认证机制和专业的团队支持，以保障消费者在购买和使用医药商品时的安全性和有效性。

2. 服务深度

医药电子商务对于消费者的健康教育和健康管理方面有着更深入的服务。医药电子商务不仅能够提供疾病预防和健康检测产品，还可以为用户提供关于健康生活计划、健康管理方案等方面个性化的健康咨询和服务，帮助用户更好地了解和管理个人的健康状况，养成健康生活方式。

3. 监管要求

医药电子商务涉及医药商品销售，因此必须受到更为严格的监管。相关法规和标准规定了医药电子商务平台必须具备特定的许可证，并严格控制医药商品的销售和配送环节。医药电子商务平台对销售的商品和提供的服务负责，在保证质量和安全的前提下，要积极履行售后服务和用户投诉处理等义务。此外，医药电子商务还需要承担保护用户隐私安全的责任。

4. 供应链管理

医药电子商务的供应链管理更为复杂，经营者需要建立稳定的采购渠道，确保医药商品的质量和合规性。医药电子商务还需要与医药商品生产企业、医药商品批发企业和医药商品零售企业等相关合作伙伴建立紧密的合作关系。

综上所述，医药电子商务相较于普通电子商务，在产品属性、服务深度、监管要求、供应链管理等方面有着显著差异，需要更加专业化和规范化的运营模式。

任务二　医药电子商务的应用

学习目标

知识目标：理解医药电子商务应用场景。

能力目标：能够掌握医药行业中的网络电子商务、移动电子商务、跨境电子商务。

素养目标：培养学生增强竞争意识，不断学习，提升自身能力。

【任务导入】

人在家中坐，药从网上来

如今，医药电子商务应用广泛，许多医药电子商务平台提供了专业的药店服务，消费者可以在家中通过网络浏览药店网站，选择所需的医药商品进行下单，享受配送服务。这些平台提供了方便快捷的购药方式，尤其受到老年人和行动不便的人的欢迎。

通过医药电子商务平台,消费者可以线上咨询医生或药师,获取健康相关的知识和建议,在家就能解决一些常见的健康问题,减轻了医疗资源的配置压力,同时也提高了消费者的便利性。

思考: 你在生活中还了解哪些医药电子商务应用场景呢?

一、医药电子商务的应用场景

医药电子商务的应用较为广泛,以下是一些常见的医药电子商务应用场景。

1. 处方药零售

长期以来,个人消费者网上购买处方药的需求量一直很大。但是,处方药作为特殊商品,需要通过专业医师开具处方后才能获得,这也一直是医药商品网络销售监管的重点。因此,一些地方对于第三方平台能否开具处方,一直没有明确规定。2022年,国家市场监督管理总局发布的《药品网络销售监督管理办法》规定,通过网络向个人销售处方药的,应当确保处方来源真实、可靠,并实行实名制。这意味着,网售处方药获得了许可。

《药品网络销售监督管理办法》规定,药品网络零售企业在处方药销售主页面、首页面不得直接公开展示处方药包装、标签等信息。通过处方审核前,不得展示说明书等信息,不得提供处方药购买的相关服务。该办法对处方药上架展示作了明确规定,意在引导消费者注意处方药与非处方药安全性的不同,处方药应先诊疗后购药,杜绝了先购药后补方的行为。药品网络零售企业与第三方平台需要全面符合国家药品监管政策要求并落实相应主体责任,不断完善处方药购买流程,流程一般包含购买前的实名咨询、处方的开具与流转、审方与调剂、销售记录等。应确保全流程可追溯。

2. O2O医药商品零售

医药商品零售一直是市场关注焦点,其中又以线上医药商品零售为重点。随着互联网医疗的普及,互联网医院的电子处方可通过第三方平台流转到医药商品网络零售企业,线上医药商品零售正获得快速增长。虽然线上医药商品零售增速较快,但其在整个医药商品零售市场的份额仍然较低。从长期看,线上与线下并不存在真正的替代关系,两者之间既有竞争也有合作。

医药商品零售企业可以入驻医药O2O平台,跟随医药电子商务发展潮流,运用门店线上管理系统,根据订单自动分配最近门店,自主选择门店送药和到店取药两种方式,全方位打造企业医药O2O服务。

3. 健康咨询与服务

医药电子商务平台上通常会提供各种健康咨询服务。例如:在线问诊、健康资讯、专业医生咨询等,方便用户获取健康建议和医疗指导;智能化的消费者用药周期提醒,能使销售者掌握每一个销售时机;根据订单中的医药商品用药周期、购买数量和购买时间自动计算消费者用药周期,以短信、邮件或者客服外呼的形式回访消费者并提醒其再次购药,在提供药学服务的同时,也培养了消费者的忠诚度。

> **思政小园地**
>
> 数据显示，我国慢性病患者接近4亿人，数量庞大且具有稳定的购药、复诊需求，随着医疗水平的提升以及人口老龄化进程的加快，未来慢性病管理市场潜力会进一步扩大。面对消费者慢性病精细化管理需求的不断提升，医药电子商务将逐渐摆脱单一的医药商品销售平台的定位，以专科化为基础，逐渐参与慢性病患者全周期健康管理服务全过程。例如，电子商务平台不仅进行医药商品销售，也会积极推广健康教育和健康管理知识，通过发布健康资讯和专家文章，引导消费者养成良好的生活习惯和健康观念。这不仅为消费者提供健康知识，提高了消费者健康素养，还加深了消费者对平台的信任和依赖。

4. 科普宣教平台

在医药电子商务平台上经常开展的医药信息发布、科普宣教等活动，能够帮助消费者了解疾病预防、医药商品使用等相关知识。此外，医药电子商务平台上也设置了内容丰富的病症库、疾病库、资讯库、药品库，根据消费者需要推荐相关医药知识，并通过大数据分析统计，实现消费者资讯与销售医药商品的有机关联，提高了营销效率。

二、移动电子商务

1. 认知移动电子商务

移动电子商务是通过移动互联网和相关移动平台共同发挥作用的电子商务体系，具有实时性、便捷性、个性化和安全性的特点。随着智能手机的普及和移动互联网的快速发展，移动电子商务已经成为一种趋势和社会现象。

> **即学即练**
>
> 移动电子商务与传统电子商务有什么区别？请举例说明。

2. 医药移动电子商务

医药移动电子商务是指利用移动电子商务技术，在医药商品生产企业、医药商品批发企业、医药商品零售企业等医药企业和消费者中，实现医药企业之间、医药商品零售企业与个人消费者之间的业务管理，以及进行B2B、B2C或O2O等模式的商业活动。

3. 医药移动电子商务应用

医药移动电子商务应用是指利用移动互联网技术，实现医药商品销售、信息传递、在线咨询等多种功能的商务应用。近年来，随着智能手机的普及和移动互联网技术的不断发展，医药电子商务在我国市场快速崛起。

医药移动电子商务应用主要是B2C，即医药企业在移动电子商务平台上销售医药商品，并通过移动支付、在线咨询等方式提供服务。医药移动电子商务应用具有三个方面优势：一是提高了医药企业整体运营效率，降低了企业成本；二是促进了公平竞争，使消费者可以自主选择适合自己的医药商品；三是方便了医药信息的传递，提高了医药健康服务的整体水平。

总的来说，医药移动电子商务是医药企业转型升级的重要方向，也为广大消费者提供了更为便捷的医药商品购买和服务方式，具有重要的经济和社会意义。

三、跨境电子商务

跨境电子商务是指分属不同关境的交易主体，通过电子商务平台达成交易、进行支持结算，并通过跨境物流送达商品、完成交易的一种商业模式。它跨境、跨时空，为消费者和销售者提供便利、快捷、高效的交易渠道，打破了传统的地理和行政壁垒，使全球范围内的商贸活动更加便利和发达。跨境电子商务 B2C 模式是最为成熟的一种形式，常见的如京东国际、天猫国际等。全球跨境电子商务市场正在不断扩大，对于国际贸易以及货物流通、支付结算等都有重要作用。

医药跨境电子商务是指通过互联网平台，在不同关境之间进行医药商品交易和医药服务等商业活动。随着互联网等现代信息技术的发展，医药跨境电子商务逐渐兴起，逐步实现了医药商品交易和服务的全球化、便捷化和透明化，大大降低了医药商品的交易成本，提高了消费者和销售者之间的互动频率和信任度。

【知识链接】

医药跨境电子商务发展

一般来说，进口药品从提出注册申请，到通过我国国家药监局审批，可能要耗时数年，同时耗费也不小。跨境电子商务新政实施后，海外医药企业可以一边进行注册审批，一边借道电子商务进入国内市场，实现进口药品的快速供给，这也是 2018 年 4 月 12 日国务院常务会议提出研究利用跨境电子商务渠道进口药品的目的。

国家药监局一份统计数据显示，2001—2016 年，发达国家共批准上市创新药 433 种，但在我国上市的只有 100 多种。2018 年 11 月，通关物流政策优化，直邮链路新增药品税目，进口药品借助直邮模式，进入我国的通路逐渐打开。2019 年 12 月，北京天竺跨境医药保税试点启动。5 个月后，河南郑州开展跨境零售进口药品试点，可以进入保税仓的药品，相比北京的试点，扩充了 13 类。

2021 年 7 月发布的《国务院办公厅关于加快发展外贸新业态新模式的意见》（国办发〔2021〕24 号）明确提出，稳步开展跨境电商零售进口药品试点工作。同年 9 月，《国务院印发关于推进自由贸易试验区贸易投资便利化改革创新若干措施的通知》（国发〔2021〕12 号）要求，提升药品进口便利度，允许具备条件的自贸试验区开展跨境电商零售进口部分药品及医疗器械业务。

在北京市药监局、北京市海关、北京市商务局、北京天竺综合保税区管理委员会四部门联合成立的跨境电商销售医药产品试点工作推进小组的支持下，已有跨境医药电商稳定运营,并成功探索出跨境进口医药的"北京模式",极大缩短了中间流程与交易环节,90%以上跨境药品实现次日达。截至2022年9月,这些优秀医药电子商务平台已经建立起跨境医药产品"一物一码、物码同追"的跨境医药产品追溯体系,对境外医药产品进行全流程的售前、售中、售后质量监控,确保消费者买到的境外医药产品可追溯、有保障。这说明,政策层层放开之下,跨境医药电子商务逐渐走向便利化、规范化,直邮模式、保税模式双线并行。

任务三 医药电子商务发展现状与未来趋势

 学习目标

知识目标: 掌握医药电子商务的发展历程及现状。
能力目标: 熟悉医药电子商务发展优势。
素养目标: 培养学生发展的理念,避免思维僵化。

【任务导入】

虚拟医疗网上诊疗平台

小孙是一名医药工作者。最近小孙听到一则消息,未来将建立虚拟医疗网上诊疗平台,且将成为医药电子商务发展的主要推动力之一。传统医疗模式存在医疗资源配置不均衡、医疗信息不对称等问题,而虚拟医疗网上诊疗平台通过整合医疗资源,建立在线医疗服务体系,能够更好满足用户需求,大大提高医疗服务的便捷性和效率。虚拟医疗网上诊疗平台将借助大数据和人工智能进行个性化医疗服务,用户可以通过平台进行预约挂号、在线咨询医生、购买药品等操作,平台则通过智能医疗设备收集用户健康信息、病史等数据,并结合大数据分析和人工智能算法,为用户提供更准确的诊断和个性化的治疗方案。同时,平台还可以根据用户的健康记录和习惯,提供个性化健康管理服务,指导用户预防疾病、改善生活方式。

思考: 听了这则消息,小孙很担忧,未来医药电子商务会发展成什么样子?从业人员会不会被人工智能取代呢?对于这样的问题,你怎么看?

一、医药电子商务的发展历程

随着互联网的快速发展和普及,电子商务已经成为新的经济增长点。在医药行业,电子商务也呈现出了蓬勃的发展趋势，医药电子商务逐渐崭露头角，至今已经发展成为一个规模庞大的市场。

一方面，我国医药电子商务市场渗透率不断提升。我国医药电子商务市场规模持续扩大，随着消费者对线上购药便利性认知的提高，预计未来几年还将保持高速增长。消费者对医药电子商务的需求日益多元化，不仅关注医药商品的价格和质量，还注重购药体验和个性化服务。因此，医药电子商务企业需要不断提升产品质量和服务水平，满足消费者的多元化需求。随着医药电子商务市场的不断发展，竞争也日益激烈。大型互联网公司纷纷进军医药电子商务市场，传统医药企业也加大在医药电子商务领域的布局。为了在竞争中脱颖而出，医药电子商务企业需要不断创新和优化产品和服务，提高用户体验和满意度。政府对医药电子商务行业的支持政策不断出台，为医药电子商务的发展提供了更多机遇。

另一方面，医药电子商务也面临着一定挑战。首先，医药电子商务市场缺乏行业规范和标准不够完善，尚未健全监管体系，特别是在医药商品安全和质量监管方面，目前仍存在一些问题。其次，医药电子商务需要解决"最后一公里"问题，尤其是在处方药和特殊药品配送方面。为了解决这些问题，我国政府出台了一系列政策，以加强医药电子商务市场的监管和规范。例如，《互联网药品信息服务管理办法》明确了医药电子商务平台的资质条件和业务规范，提升了消费者对于医药电子商务的信任度。同时，医药电子商务平台也加强了医药商品质量监管，提高了消费者购药的安全性。

医药电子商务的发展历程可以追溯到20世纪90年代末，随着互联网技术的快速发展和普及，医药电子商务逐渐崭露头角。以下是医药电子商务发展历程的简要概述，如图1-1所示。

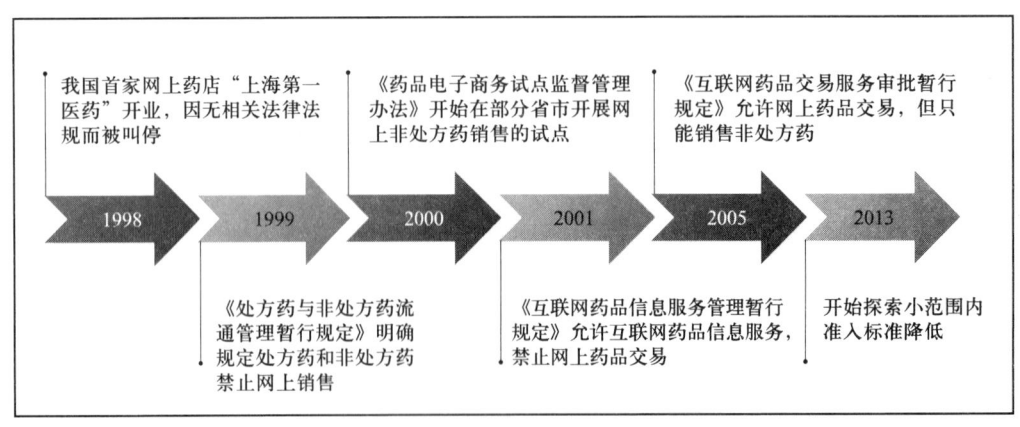

图1-1　医药电子商务发展阶段

1. 起步阶段（1998—2005年）

1998年，我国第一家网上药店"上海第一医药"开业，不久后即被叫停，主要由于当时相关法律法规和监管体系尚未完善。1999年，国家药监局颁布《处方药与非处方药流通管理暂行规定》，明确规定处方药和非处方药禁止网上销售。2000年，国家药监局颁布《药品电子商务试点监督管理办法》，部分省市开展网上非处方药销售的试点，一些医药企业开始尝试建立自己的网站,提供在线药品信息查询和购买服务。2001年,国家药监局颁布《互联网药品信息服务管理暂行规定》(已废止),允许互联网药品信息服务,禁止网上药品交易。2004年,国家药监局发布相关政策,允许取得"互联网药品信息服务资格证书"的企业通过互联网提供药品信息服务。2005年,国家药监局进一步放开政策,颁布了《互联网药品交易服务审批暂行规定》,允许网上药品交易,但只能销售非处方药。该规定的颁布,为医药电子商务的发展奠定了基础。

2. 探索与规范阶段(2006—2011年)

随着互联网技术的进一步发展,越来越多的医药企业开始涉足电子商务领域,建立起自己的药品线上销售平台。在这一阶段,医药电子商务开始呈现出多元化发展态势,包括B2B、B2C等多种模式。

3. 快速发展阶段(2012—2016年)

2012年,某电商平台的"医药馆"上线,为医药企业提供了更广阔的药品网上销售平台。随后,更多大型电商平台也开始涉足医药电子商务领域,推动了医药电子商务的快速发展。2013年,国家开展互联网第三方平台网上销售药品试点,进一步推动了医药电子商务的规范化发展。

4. 成熟与创新阶段(2017年至今)

随着政策的逐步放松和市场的不断成熟,医药电子商务行业逐渐形成了较为稳定的市场格局。第三方医药B2C模式发展迅速,医药电子商务企业开始注重用户体验和服务质量,提供更加便捷、个性化的在线购药服务。同时,随着人工智能、大数据等现代技术的应用,医药电子商务开始向智能化、精准化方向发展。

总的来说,医药电子商务的发展历程经历了起步、探索与规范、快速发展、成熟与创新四个阶段。随着技术的不断进步和市场的不断扩大,医药电子商务将继续保持快速发展的趋势,为医药行业和广大消费者带来更多的便利和价值。

【案例分析】

搭建中医药行业供应链大数据平台

目前,中药饮片产业整体水平偏低,生产企业多、规模小、效率低,生产工艺和产品质量参差不齐。并且长期以来中医药行业传统的线下运作模式,使产业链上各环节缺乏数字化、精细化的供应链管理意识,上游生产企业成本失控、库存积压、流通效率低下,下游用户采购成本高、需求得不到有效满足。

YD健康平台直击行业痛点,运用信息化手段,在充分了解用户需求的基础上,深度整合中药饮片供应链,高效组织生产资源,为基层中医药服务机构构建高质量中药饮片供应链保障体系,为用户提供品种齐全、品质优良、性价比高的中药饮片。

针对中药饮片质量参差不齐的问题,该平台在现行法规标准基础上,从用户需求出发,不断编制和完善中药饮片标准。对上游饮片生产企业,严格要求其按照平台标准提供医药商品；对下游用户明确展示中药饮片标准，保障质量稳定，通过需求端倒逼供应端整合提升。随着 YD 健康平台规模不断扩大，制定的标准逐步得到中药饮片行业认可，也推动了优质优价的良性生态形成。

目前，YD 健康平台正在搭建中医药行业供应链大数据中心，包括中药原料大数据、饮片企业生产能力大数据、中药饮片质量大数据、基层中医药服务机构用药行为大数据等，通过各项数据的不断挖掘和沉淀，对产业链各环节进行数字化、可视化改造，大幅提升供应链整合效能，实现生产和流通的重构。

由此可见，"互联网＋"时代为搭建中医药行业供应链大数据提供了可能，医药电子商务需要抓住机遇，运用互联网思维，依托资源端，发力需求端，不断提升创新驱动能力，全面推进中医药大健康产业的发展。

二、医药电子商务的发展现状

在我国，医药电子商务迅速发展，市场规模逐年扩大，医疗卫生领域的数字化建设迎来了加速发展的新时机，发展前景更加广阔。医药电子商务的兴起，不仅推动了医药商品进销渠道的升级，也改变了消费者的医药商品购买行为。通过医药电子商务平台，消费者可以随时随地购买医药商品。另外，医药电子商务的价格优势也吸引了更多消费者，一些线上药店的医药商品价格要比实体药店便宜不少。

不过，医药电子商务在发展中也面临着种种挑战。首先，医药行业的监管比较严格，医药电子商务需要在合规的基础上开展业务。其次，医药电子商务在医药商品质量、医药商品来源等方面也存在风险，需要平台方加强监管。最后，如何提高医药商品的配送速度，如何保证医药商品尤其是有特殊要求的医药商品在运输过程中的安全等，都是亟待解决的问题。另外，消费者的信任也是医药电子商务平台需要重点关注的问题。

总体来看，我国的医药电子商务的发展还处于初级阶段，还面临多方面挑战。未来，医药电子商务平台需要继续加强自身品质的提升和监管的落实，为消费者提供优质、便捷的医药商品购买体验。

三、医药电子商务发展优势

从电子商务的发展历程可以看到其本质就是利用互联网和计算机的强大数据传输和处理能力来改善商业中的信息流，并以此推动商业交易过程中的物流和资金流，从而提高企业商务运作和管理效率，为企业、消费者、社会带来效益。因此，医药电子商务发展优势可总结为以下八个方面。

1. 监管逐步完善与健全

电子商务最主要优势，在于它具有强大的信息传输能力和数据处理能力、超越时间和空间等特点，这些特点使得基于电子商务平台的商业活动变得非常迅速、安全、便捷和高效。

医药电子商务可有效提升对医药商品交易过程的监管效率。通过医药电子商务的开展，药品监督管理部门可以更便捷获得交易过程的相关信息，使决策依据更加科学准确，监督管理更加及时有效；可以有效进行企业和医药商品的市场准入，遏制假药、劣药生产行为和非法经营活动；可以全面掌握医药商品价格信息，对医药商品价格进行有效调控；可以利用高效信息手段，全面、及时、准确地获取医药商品购销活动相关各项统计数据，对医药商品流通过程进行在线监管，提高行政执法效率和降低监管成本。

2. 助力企业适应市场

医药电子商务是医药企业发展的必经之路，为医药行业打造创新发展格局，具有广阔的发展前景，一些医药企业已经意识到电子商务是保持竞争力的重要手段。对于拥有大量消费者的企业来说，电子商务技术正逐渐成为业务经营中至关重要的部分。传统的商业结构适合大规模化市场，而当前市场正在向多元化、个性化方向发展，企业面临竞争激烈和效益下降的压力，说明传统经营方式正面临挑战。传统经营方式中建立的内部工作流程需要大量成本，而采用电子商务模式，不受传统方式的约束，无须过多软硬件设备及劳动力的开销，就能以低成本提供更快更好的服务。

3. 提高企业市场竞争力

发展医药电子商务是医药企业生存发展的客观需要。近年来，医药企业面临的经营环境已发生了根本性变化，我国加入世界贸易组织（WTO）以后，医药商品的供给将随着资本与技术的扩散而造成全球性产能过剩，我国会成为发达国家医药企业争夺的主要目标市场。从需求上讲，消费者的需求越来越趋向个性化、多样化，而且变化越来越快。目前，我国医药企业的经营面临竞争对手越来越多、竞争越来越激烈、产品生命周期越来越短、创新要求越来越多、品质要求越来越高、成本压力越来越大、市场反馈时间越来越紧迫的局面。

因此，医药企业开展电子商务是适应客观环境变化的需要。客观环境的变化要求医药企业适时跟踪市场行情，预测消费者需求的变化，迅速对消费者要求作出反应，并以批量生产的价格为消费者提供定制化产品，而电子商务则为企业实现这一目标提供了低成本的技术手段。

4. 提高医疗机构采购效率

医药电子商务将改善医疗机构的医药采购效率和透明度。医药电子商务的推广应用，特别是网上医药集中采购，将促进医院医药采购管理实现三个转变：一是由分散到集中的转变。医药采购由各个医疗机构的个体行为转变为许多医疗机构的集体行为，由分散决策转变为集中决策，信息传递由分散进行转变为网上集中发布，市场状况由多品牌、小批量转变为少品牌、大批量。二是由一体化到专业化的转变。医药商品的采购、销售和配送将分别实现专业化管理，医院的医药采购管理职能将被剥离出来逐步实现社会化，由现有的医药商品批发企业转化而来的配送企业和第三方物流系统，将实现医药商品物流系统管理的专业化。三是由"人对人"到"人机对话"的转变。医药电子商务彻底改变了医药商品交易方式，医药商品的使用、库存和收支等全部可以通过互联网实现。

5. 扩大医药企业规模

医药电子商务将有利于医药企业做大做强。随着医药电子商务的开展，医药商品交易渠道会逐渐缩短，批发商的数量将越来越少。随着市场的开放和电子商务中日趋透明和易得的市场信息，医药企业间的竞争日趋激烈。另外，企业经营成本的高低与经营规模有一定关系，在固定费用一定的条件下，所经营的医药商品越多，平均每个医药商品所负担的费用越少，只有实现规模经营才会带来规模效益。随着电子商务的逐步开展，企业数量多、规模小、费用高、效益低的局面将在市场竞争过程中，通过联合、兼并、关闭、破产等形式，逐步形成以区域核心医药商品批发企业为中心的医药商品流通主渠道。同时由于市场竞争激烈，企业两极分化、优胜劣汰的进程会大大加快，生产要素和市场份额会加速向优势企业及名牌产品集中，企业面临管理革命。也由于电子商务技术的日趋成熟，部分医药企业会越来越强，企业市场集中度会越来越高，还有一部分医药企业会转变成为适应现代医药流通的专业化第三方医药物流企业。

6. 促进交易中介机构发育完善

医药电子商务的中介机构主要包括招标机构、独立第三方医药电子交易市场、独立第三方医药物流企业、电子支付银行、电子认证中心等。这些中介机构除了在医药商品交易过程中起到促成医药商品交易实现的作用以外，有些中介机构还可以在某种程度上起到平衡市场的作用。

独立第三方医药电子交易市场与招标机构密切合作，形成一套包括医药商品信息采集与规范化、交易主体信息采集与管理、网上集中招投标、专家委员会网上评标议价、网上医药商品交易、配送与结算、实时交易监控与汇总分析等多项功能在内的完整的网上医药集中招标采购系统。医药企业通过相关中介机构形成的网上医药集中招标采购系统，进入全面开放的集中招标采购数据中心和网络平台，就能较轻松地实现让消费者满意的互联网医药商品交易服务。

7. 改进物流配套系统

独立第三方医药物流是一种专业化、社会化的物流体系，是医药流通领域中供给方和需求方实体以外提供物流服务的物流企业，承担部分或全部物流运作的业务模式。真正的独立第三方医药物流绝不等同于简单的医药商品仓储、运输等传统物流，而是供应链管理思想在医药流通领域的运用，在符合《药品经营质量管理规范》的前提下，整合医药商品上下游环节并实现模块化信息，为消费者提供多环节和全方位的流程管理服务。有了独立第三方医药物流的存在，医药物流企业可以专注于自己的主营业务，通过数据化资源整合，实现医药企业业务往来和资金结算，可以使整个医药流通领域的运作更加简单、高效。

8. 有利于流通体制变革

医药电子商务有利于我国医药流通体制变革。就其本身而言，企业多、规模小、布局散一直是我国医药行业的特点。医药电子商务恰恰可以大幅缩短产业供应链，提高经营效率，有效降低流通成本。医药流通体制改革是保障医药行业持续、健康、快速发展的有效途径，医药企业要把握这一时机，顺应医药流通体制改革的方向，适时有效地开展医药电子商务，以提高经营效率，降低经营成本，加大企业改制力度，采用先进经营方式，提高企业竞争力。

【知识链接】

医药电子商务三大发展新趋势

　　回顾医药电子商务的发展历史，国家政策层面一直处于试探前行的阶段。直到2022年11月国家药监局公布《药品网络销售监督管理办法》，医药电子商务销售处方药的条件和范围才被明确。在"互联网＋医疗健康"等利好政策相继发布后，资本开始将注意力转移到医药电子商务领域。

　　目前，直接和消费者产生交易的医药电子商务主要包括B2C和O2O两种模式。其中，B2C呈现出"1＋N"格局，特大型电子商务平台的市场份额超70%，其他医药电子商务平台数量多但市场份额总量少。医药电子商务总体呈现以下三大发展新趋势。

　　1. 医药电子商务渗透率持续拉升，增长潜力大

　　我国医药电子商务的销售占比持续提升。根据中国医药商业协会的统计数据，2020年医药电子商务直报企业销售总额达1 778亿元（含第三方交易服务平台交易额），占同期全国医药市场总规模的7.4%。而在2015年，我国医药电子商务占比仅为2.87%。但是，对比美国30%多的医药电子商务市场份额，我国还有很大上升空间。

　　2. 处方药外流，医药电子商务获益

　　近年来，国家不断出台推动处方药外流政策。在"医药分家"大的政策背景下，处方药外流或将成为长期趋势，线下药店和医药电子商务作为处方药外流的承接方获得巨大利好。在B2C零售市场，处方药占比提升更加明显。根据有关统计数据显示，B2C零售市场处方药销售额占比从2020年的14%增加到2021年的22%，提升了8个百分点，同期非处方药占比下降3个百分点。

　　3. "互联网＋医保"有望实现突破

　　目前网售处方药的一大瓶颈在于医保支付问题。我们有理由相信，国家为了持续推动处方药外流，医保将成为未来重要抓手。医保支付接入线上渠道对患者、医院、政府将带来多重利好，随着政策支持力度加大，医保支付接入医药电子商务将成为必然趋势。

　　总之，我国医药电子商务的发展有着广阔前景。随着电子商务对医药行业的全面渗透，医药流通体制改革将会发生翻天覆地的变化，同时，这必将影响着医疗卫生体系。进入2000年以后，国家加大了医药体制改革的力度，先后颁发了《国务院办公厅转发国务院体改办等部门关于城镇医药卫生体制改革指导意见的通知》（国办发〔2000〕16号）、《关于印发医疗机构药品集中招标采购试点工作若干规定的通知》（卫规财发〔2000〕232号）等文件。这表明，国家已经意识到了医药流通体制改革是医药体制改革中的关键，并打算将医药集中招标采购作为医疗卫生及医药流通体制改革的突破口，通过集中招标采购的方式，建立一个符合社会主义市场经济需要的公开、公正、公平、有效的医药流通体系，最终推动整个医药行业的健康发展。

医药电子商务

知识点概述

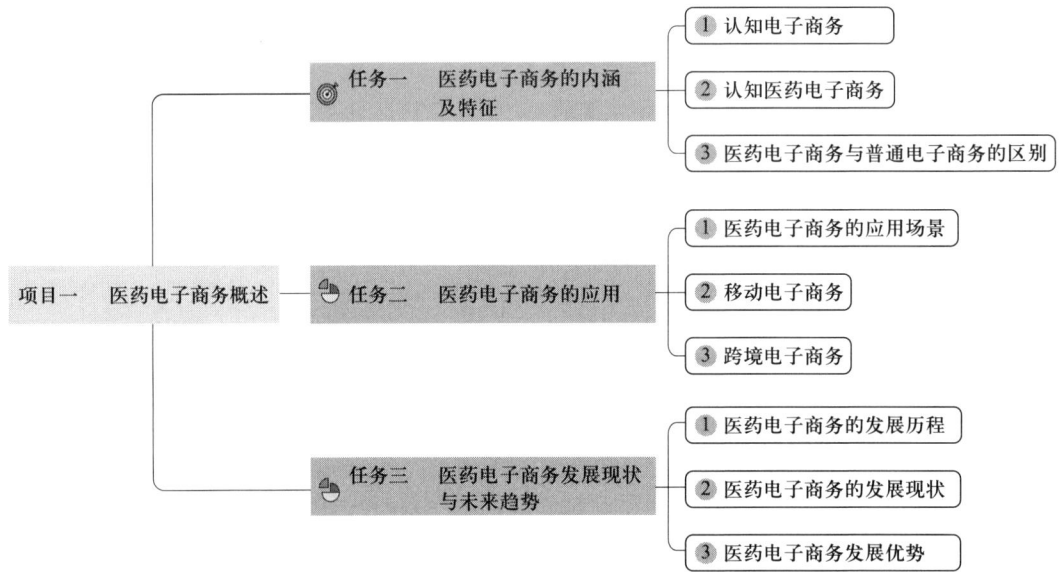

目标任务

医药电子商务岗位分析

一、任务分析

1. 医药电子商务的主要岗位类型。
2. 医药电子商务各岗位的主要职责和工作内容。
3. 医药电子商务各岗位所需的技能和素质要求。

二、任务准备

能上网的计算机、纸、笔。

三、任务实施

1. 小组讨论进行任务分工。
2. 通过学习医药电子商务的基本概念和发展状况,利用搜索引擎、求职网站等互联网平台，收集关于医药电子商务主要岗位的类型、职责、工作内容、技能和素质要求。

3. 对收集的信息进行汇总与整理，形成汇报材料，进行汇报。

四、任务评价

按照表1-1所列评分标准进行测评，并做好记录。

表1-1 任务评分标准

序号	考核内容	考核标准	配分	得分
1	岗位类型	能够分析医药电子商务的主要岗位类型	10	
2	岗位内容	能够分析医药电子商务各岗位的主要职责和工作内容	30	
3	岗位需求	能够分析医药电子商务各岗位所需的技能和素质要求	20	
4	团队合作	团队合作紧密，共同完成任务	20	
5	汇报展示	讲述清楚，逻辑清晰，分工合理	20	
	合计		100	

目标检测

一、单项选择题

1. 不属于医药电子商务特征的是（　　）。
   A. 交易方式电子化　　　　　　　B. 交易手段信息化
   C. 物流系统扁平化　　　　　　　D. 交易形式单一化
2. 移动电子商务的优点有（　　）。
   A. 拓展速度慢　　B. 用户体验好　　C. 推广难度大　　D. 版本迭代慢
3. 我国医药电子商务发展的第四个阶段是（　　）。
   A. 起步阶段　　　　　　　　　　B. 探索与规范阶段
   C. 成熟与创新阶段　　　　　　　D. "互联网+"时代
4. 医药电子商务相对于普通电子商务的特点不包括（　　）。
   A. 专业性更强　　B. 服务更深入　　C. 风险责任大　　D. 政策更宽松
5. 《药品网络销售监督管理办法》规定，通过网络向个人销售处方药的，以下说法不正确的是（　　）。
   A. 不能通过网络销售处方药　　　B. 应当确保处方来源真实
   C. 应当确保处方来源可靠　　　　D. 应当实行实名制
6. 不论是店员、老客户还是第三方机构，都可以通过个人的健康分享来获得返利，充分利用外部推广渠道，快速聚集大批优质客户的功能是（　　）。

A. O2O医药零售　　B. 用药周期管理　　C. 医药疾病库　　D. 推广联盟

7. 移动电子商务相对于传统电子商务的优势有（　　）。

A. 可以随时随地进行交易　　　　　　B. 更加具有安全性

C. 支付方式更加方便　　　　　　　　D. 可以更好地满足个性化需求

二、填空题

1. 我国医药电子商务的发展大体经历了_____、_____、_____、_____四个阶段。

2. 电子商务的特点有_____、_____、_____、_____。

3. 医药移动电子商务应用主要为_____。

4. _____是指分属不同关境的交易主体，通过电子商务平台达成交易、进行支付结算，并通过跨境物流送达商品、完成交易的一种商业模式。

三、简答题

1. 请简述医药电子商务的特征。

2. 请罗列并简述医药电子商务与普通电子商务的区别。

3. 我国医药电子商务发展优势主要有哪些方面？

项目二

医药电子商务模式

电子商务在当今时代背景下飞速发展,在社会各领域中得到广泛应用,当前许多行业已经建成了"互联网+"模式,为行业改革和深度优化打下了基础。2009年,《中共中央 国务院关于深化医药卫生体制改革的意见》颁发,明确要求以推进公共卫生、医疗、医保、药品、财务监管信息化建设为着力点,整合资源,加强信息标准化和公共服务信息平台建设,逐步实现统一高效、互联互通。由此可见,将医药产业与互联网技术相融合已经成为一种趋势,必将为我国医药产业的发展带来广泛而积极的影响。在我国,医药电子商务模式主要包括B2B、B2C、O2O三种模式。

任务一 医药电子商务 B2B 模式

 学习目标

知识目标: 掌握医药电子商务B2B模式的内涵,了解B2B模式医药电子商务平台建设模式。

能力目标: 能够区别医药电子商务B2B模式的不同类型,并理解各自的优势。

素养目标: 培养学生收集信息、评价信息、应用信息的信息素养能力。

【任务导入】

北京××有限公司是一家覆盖医药电子商务、DTP药房、E+药店平台等多类型业务的公司,该公司通过整合医师、医药企业、药店、患者资源,全面推动医药新零售业务升级,患者可以通过线上购药平台进行购药。若购买处方药等特殊医药商品,患者可以通过互联网医院进行在线问诊、复诊及用药咨询。同时,患者也可以去线下药店,体验线下医药新零售服务。

思考: 北京××有限公司的业务升级,属于哪种医药电子商务模式?

企业对企业电子商务模式（business to business，B2B），是企业与企业之间开展的电子商务活动。电子商务B2B模式能够加强相关企业的联系，让企业实现协同发展，同时通过移动客户端、计算机客户端等设施与消费者建立更为密切的联系。随着供给侧结构性改革的推进以及大数据和智能制造的兴起，各行业、各领域的创新引领作用愈发重要，电子商务B2B模式成为传统医药产业转型升级的强大引擎。

一、医药电子商务B2B模式及其建设方式

医药电子商务B2B模式，是一种医药企业之间的电子商务活动模式，医药企业利用互联网或各种商务网络与其他医药企业进行交易行为。结合医药电子商务平台的建设模式和现行法规，医药电子商务B2B模式可分为医药企业自建医药电子商务B2B模式和独立第三方医药电子商务B2B模式。

1. 医药企业自建医药电子商务B2B模式

医药企业自建医药电子商务B2B模式是指医药企业通过自身所建的电子商务交易平台与其他企业进行医药商品交易的模式。医药企业自建医药电子商务B2B模式电子市场是指医药生产企业、医药批发企业通过自身所建的电子商务交易平台与其他企业进行的互联网药品交易的电子市场。

在医药企业自建医药电子商务B2B模式中，医药电子商务的运营单位为医药商品的卖方，通常由一家企业或者一个企业集团构成，属于一对多的交易服务模式。

2. 独立第三方医药电子商务B2B模式

独立第三方医药电子商务B2B模式是指通过参与交易的双方以外的独立第三方提供的电子商务平台企业实现与客户或者供应商之间的交易行为的模式。独立第三方医药电子商务B2B模式电子市场是指为医药商品生产企业、医药商品经营企业和医疗机构之间的互联网医药商品交易提供服务的电子市场。这种电子市场主要扮演交易中介的角色，即为人们所熟知的网上中介型电子商务模式。在此模式下，交易双方均利用由第三方提供的专业服务平台进行商业往来。在进行交易时，双方仅需支付一定的佣金或中介费用，即可享受平台提供的便捷服务。

独立第三方医药电子商务B2B模式交易的核心特质在于，提供网络交易平台（即电子市场）的既不是买家也不是卖家，而是以一个独立的第三方身份专注于提供高效的网络服务。这种独立第三方医药电子商务B2B模式具有一定的优势，它能够确保为买卖双方构建一个公平、公正、公开的交易环境，从而极大地促进了交易的顺利进行，为市场的健康发展提供了有力保障。

二、医药电子商务B2B模式分类

1. 按照交易模式分类

根据交易模式的不同，医药电子商务B2B模式可以分为以下七种类型。

（1）原材料供应商与医药商品生产企业之间进行的电子商务交易。

（2）医药商品生产企业与医药商品批发企业之间进行的电子商务交易。
（3）医药商品生产企业与医药商品零售企业之间进行的电子商务交易。
（4）医药商品生产企业与医疗机构之间进行的电子商务交易。
（5）医药商品批发企业之间进行的电子商务交易。
（6）医药商品批发企业与医药商品零售企业之间进行的电子商务交易。
（7）医药商品批发企业与医疗机构之间进行的电子商务交易。

2. 按照市场结构分类

根据市场结构和企业属性不同，B2B医药电子商务市场可分为以下四类（见图2-1）。

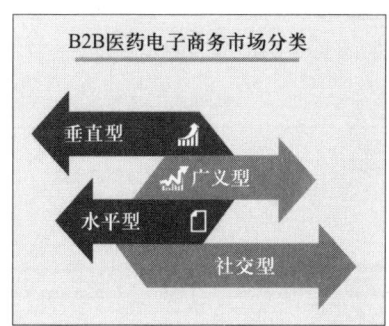

图2-1 B2B医药电子商务市场分类

（1）垂直型B2B医药电子商务市场

垂直型B2B医药电子商务市场专注于医药行业相关医药商品的采购、销售、服务等业务，对医药行业特点和需求进行了深入挖掘。

（2）广义型B2B医药电子商务市场

广义型B2B医药电子商务市场是指业务范围包括医药商品交易、医药服务等的综合性电子商务平台。广义型B2B医药电子商务市场通过销售多种医药商品和服务来满足企业采购和销售的需求。

（3）水平型B2B医药电子商务市场

水平型B2B医药电子商务市场是指以供应链为核心的电子商务平台，主要为医药企业提供配套采购、供应链管理等服务。水平型B2B医药电子商务市场通过资源整合和供应链管理来实现医药企业采销一体化。

（4）社交型B2B医药电子商务市场

社交型B2B医药电子商务市场是指将社交元素融入电子商务平台中，通过社交网络和社区来构建医药商业关系。医药企业通过社交型B2B医药电子商务平台建立社交关系和信任，发布采、销、配等需求信息进而达成交易。

B2B医药电子商务市场主要是根据市场属性、行业领域和业务模式等因素进行分类。医药企业可以根据自身需求和特点选择适合自己的电子商务平台，以提高采购、销售和供应链管理等方面的效率并降低成本。

即学即练

请简单描述医药电子商务 B2B 模式及其类型。

三、B2B 模式的医药商品网络交易第三方平台

医药商品网络交易第三方平台是独立于买卖双方,为买卖双方提供交易所需的各种服务的数字化平台,即提供医药商品信息发布、在线采购、在线交易、在线支付、医药商品跟踪、仓储和物流等医药流通全程服务,是实现信息流、资金流、物流高度协同的完整的医药电子商务服务模式,是公开、公平、公正的网上医药交易市场,如图 2-2 所示。提供医药商品网络交易第三方平台的企业需要到所在地省级药品监督管理部门申报并获得备案凭证编号。

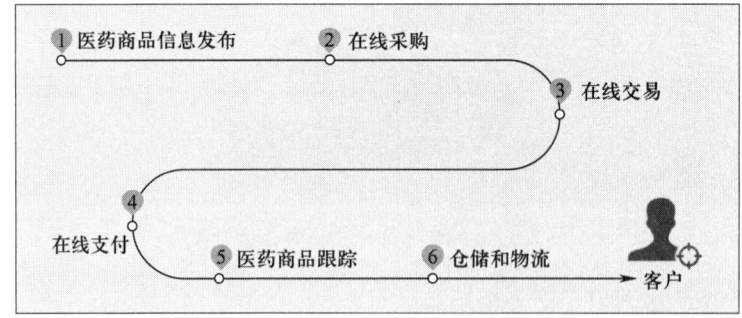

图 2-2 医药流通服务流程

1. 医药商品网络交易第三方平台的功能

医药商品网络交易第三方平台的功能主要包括信息管理与服务、交易配套服务和协助政府监管三个方面,如图 2-3 所示。

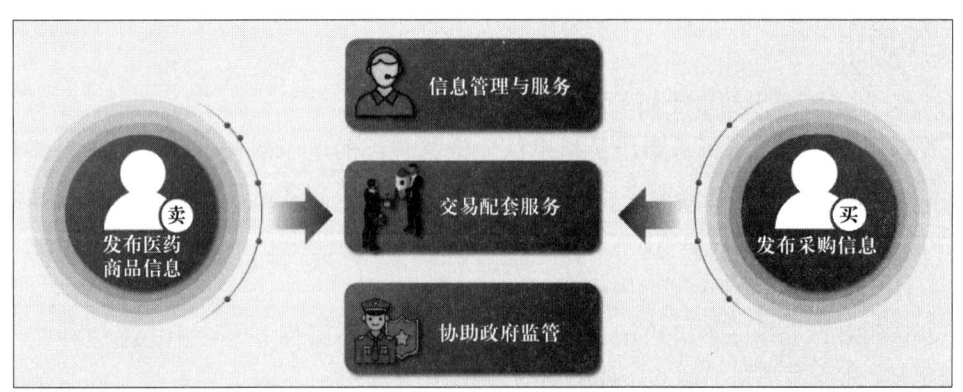

图 2-3 医药商品网络交易第三方平台的功能

(1) 信息管理与服务

医药商品网络交易第三方平台能够为买卖双方提供交易所需的信息服务,促进交易完成。买卖双方在平台进行注册,注册通过后,卖方可以在平台上发布所售医药商品的信息,

买方可以在平台发布采购信息，买卖双方在平台上根据发布的信息寻找交易伙伴完成交易。医药商品网络交易第三方平台还可以为企业提供行业基本信息、市场动态、相关法律法规等信息。医药商品网络交易第三方平台也能够为企业提供客户管理功能，如企业交易记录、企业电子合同、企业客户资料等信息的托管服务。

（2）交易配套服务

医药商品网络交易第三方平台具有信息公开和节约成本的优势。在医药商品网络交易第三方平台上，不同地区企业在保护商业机密的前提下，根据需要对监管部门、客户等公开发布相关信息，大量信息得以公开透明。不同地区企业在平台上完成交易，可以减少中间流通环节，降低购销成本。医药商品网络交易第三方平台能够提供配套服务，大、中、小型企业均可以在线自主采购、自由竞价、公平竞争、透明交易，从而为买方企业提供更稳定的货源保障和更低价格的医药商品，同时为卖方企业提供更多的商业机会。此外，医药商品网络交易第三方平台是独立于买卖双方的第三方机构或组织，只提供交易平台而不参与医药商品经营，保证了交易的公平性。医药商品网络交易第三方平台是一个合法市场，在这个市场交易的双方也必须具有合法资格，交易双方可以在线签署具有法律效力的电子合同，交易双方的合法权益有保障。医药商品网络交易第三方平台可以提供信息化和技术先进的服务，为企业提供信息查询预览、电子交易、网上支付等服务，运用安全认证、加密传输等多种技术手段，为企业用户在线交易安全提供有力保障。

（3）协助政府监管

医药商品网络交易第三方平台能够协助政府监管。医药商品是特殊的商品，其质量关系人的身体健康与生命安全，政府不直接参与医药市场的运营，但需要对其进行监管。医药商品网络交易第三方平台为政府提供医药流通监管追溯信息，协助政府对网上医药商品交易过程实施全面、实时的监管，切实维护交易各方的合法权益。医药商品网络交易第三方平台还有利于健全行业信用体系建设，通过对企业发布信息和在线交易履约情况等的监管进行诚信企业评估服务，引导行业诚信经营，为健全行业诚信体系建设提供基本依据。

即学即练

请简述 B2B 模式的医药商品网络交易第三方平台的功能，并举例说明。

【知识链接】

根据《国家药监局关于规范药品网络销售备案和报告工作的公告》（2022 年第 112 号），药品网络交易第三方平台备案材料清单如下：

(1) 签字并加盖公章的申请表原件或电子扫描版。
(2) 营业执照原件扫描版。
(3) 法定代表人或主要负责人身份证明原件扫描版。
(4) 药品质量安全管理机构负责人、药学技术人员身份证明、专业水平认定证明。
(5) 组织机构与部门设置说明。
(6) 电信业务经营许可证原件扫描版，非经营性互联网信息服务备案说明。

（7）互联网药品信息服务资格证书原件扫描版。

（8）药品网络交易服务质量管理等制度文件目录。

（9）网站或网络客户端应用程序基本情况介绍和功能说明。

（10）其他相关证明材料。

2. 医药商品网络交易第三方平台药品集中招标采购

（1）药品集中招标采购实施背景

自 2000 年 4 月卫生部发布实施《关于加强医疗机构药品集中招标采购试点管理工作的通知》（卫规财发〔2000〕148 号）以来，药品集中招标采购工作已开展了二十余年。2009 年新医改方案出台后，《国务院办公厅关于印发建立和规范政府办基层医疗卫生机构基本药物采购机制的指导意见的通知》（国办发〔2010〕56 号）要求，国家基本药物需通过招标集中采购。随着新医改的深入开展，药品集中招标采购工作也逐步规范。政府先后出台了《药品集中采购监督管理办法》以及一系列推动药品集中招标采购工作的指导意见。随着药品价格的逐步放开，药品集中招标采购也成为影响药品价格的重要因素。同时，药品集中招标采购也极大推进了医药商品网络交易独立第三方平台的建设和医药电子商务的发展。

（2）药品集中招标采购目标

1）提高药品质量。通过集中招标采购，可以优选药品供应商，选择质量上乘的药品，从而确保医疗机构使用质量可靠的药品，以保障患者的用药安全。

2）降低药品价格。集中招标采购采用市场竞争机制，通过多家供应商之间的竞争，可以有效挤压药品价格水分，降低药品采购成本，从而减轻患者和医疗机构的负担。

3）规范药品流通秩序。集中招标采购有助于规范药品流通市场，改善以药养医的不正之风，减少药品流通环节中的腐败和寻租行为，促进药品市场的健康发展。

4）保障药品供应。通过集中招标采购可以建立稳定的药品供应渠道，确保医疗机构的药品需求得到满足，避免药品短缺和供应中断等问题。

5）促进公平竞争。集中招标采购采用公开透明的招标方式，为所有符合条件的供应商提供平等的竞争机会，促进药品市场的公平竞争和健康发展。

（3）药品集中招标采购流程

在医药商品网络交易独立第三方平台中进行的药品集中招标采购，一般是以政府为主导，通过互联网信息技术的支持，批量采购药品。多个医疗机构根据自身用药需求，提出药品采购条件和需求，通过药品集中招标采购组织，根据相关文件规定的规范性程序以招投标形式购进所需药品（见图 2-4）。

1）前期准备阶段。第一，制订采购计划。采购方需要明确采购药品的种类、数量、质量标准等，制订详细的采购计划，采购计划应该考虑到实际需求，同时符合财务预算。第二，拟定招标文件。采购方需要制定招标文件，包括招标公告、投标书等，招标文件应符合相关法律法规要求，内容准确、具体、完整，以保障采购方和供应商的权益。第三，公告招标。采购方需要在医药商品网络交易独立第三方平台上发布招标公告，公告应该明确药品种类、数量和质量标准等要求，以及投标截止时间、地点、方式等信息。同时，采购方还应在

项目二 医药电子商务模式

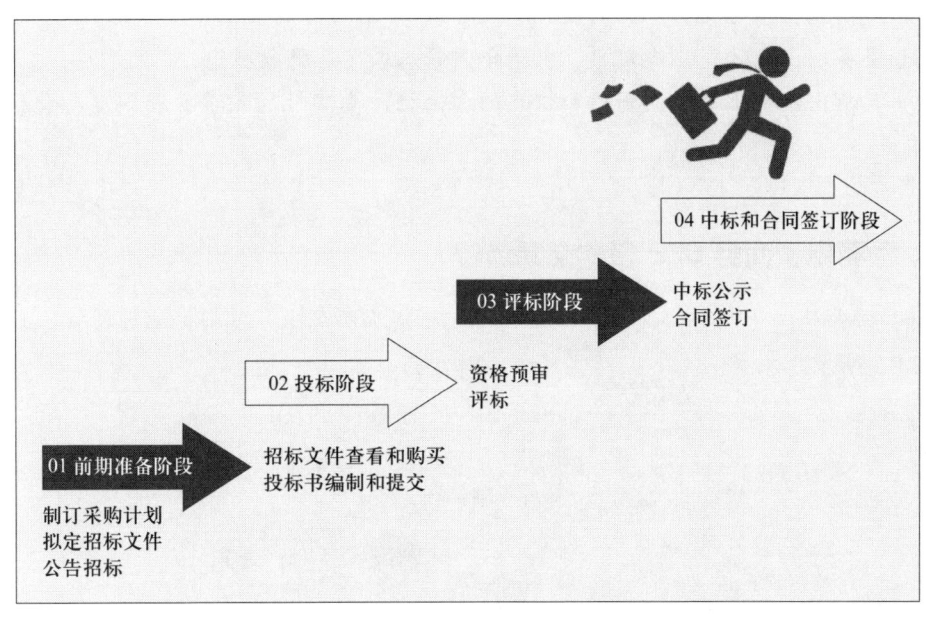

图2-4 药品集中招标采购流程

指定媒体上发布公告,以增加信息公开透明度。

2)投标阶段。第一,招标文件查看和购买。招标文件发布后,有意愿参与投标的供应商需要前往指定地点查看招标文件并进行购买。供应商需要仔细阅读招标文件,确保了解药品采购的各个环节。第二,投标书编制和提交。供应商自评估符合要求后,须编制投标书并在规定时间内向采购方提交。投标书应符合招标文件要求,内容真实、准确,须书写规范并符合格式要求。

3)评标阶段。第一,资格预审。由采购方进行资格预审,符合条件供应商的招标书进入下一轮评标环节。资格预审的目的是确定符合要求的供应商,以减少后续评标工作压力。第二,评标。采购方对通过资格预审的供应商进行评标。评标过程应严格按照招标文件要求进行,秉持公开、公正、公平的原则,确保评选出符合要求的药品供应商。

4)中标和合同签订阶段。第一,中标公示。采购方确定中标供应商后,需要在指定媒体上进行公示,并通知中标供应商。第二,合同签订。中标供应商需要与采购方签订合同,并按照合同要求履行药品供应合同。

【知识链接】

《互联网药品交易服务审批暂行规定》(节选)

第八条 通过自身网站与本企业成员之外的其他企业进行互联网药品交易的药品生产企业和药品批发企业应当具备以下条件:

(一)提供互联网药品交易服务的网站已获得从事互联网药品信息服务的资格;

(二)具有与开展业务相适应的场所、设施、设备,并具备自我管理和维护的能力;

(三)具有健全的管理机构,具备网络与交易安全保障措施以及完整的管理制度;

（四）具有完整保存交易记录的设施、设备；

（五）具备网上查询、生成订单、电子合同等基本交易服务功能；

（六）具有保证网上交易的资料和信息的合法性、真实性的完善管理制度、设施、设备与技术措施。

四、医药电子商务 B2B 模式交易流程

当前我国医药电子商务快速发展，B2B 模式已成为医药电子商务的主要模式，其交易流程如图 2-5 所示。

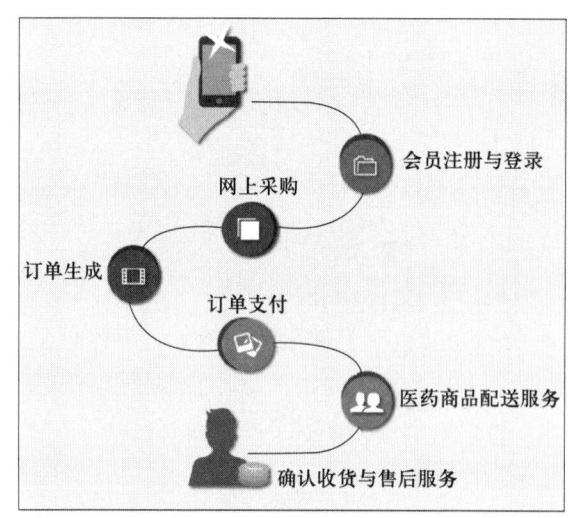

图 2-5　医药电子商务 B2B 模式交易流程

1. 会员注册与登录

在 B2B 模式医药电子商务交易平台进行医药商品交易，需要先进入注册页面注册为会员。若已注册成为会员，则需要在平台进行登录。

2. 网上采购

通过商品分类查找或者按照医药商品的通用名、商品名以及该医药商品的生产企业、批准文号等检索所需医药商品。查找到所需医药商品后可点击查看该医药商品详细信息或者直接加入购物车。加入购物车中的医药商品，可以进行修改数量、从购物车中删除等操作。

3. 订单生成

选购医药商品完毕后，核对所购医药商品清单和收货信息，并选择支付方式，将所购医药商品提交结算，生成订单。大多数 B2B 模式医药电子商务平台会选择网上支付等支付方式，也有部分采用买卖双方协议的支付方式，如货到付款等，无须选择支付方式。

4. 订单支付

提交形成订单后，按照平台提供的支付方式进行付款，买卖合同即成立。此处支付方式

主要包括汇款、线下转账、余额支付、网上支付或第三方平台支付等；若使用货到付款的方式，则订单生成后直接提供医药商品配送服务。

5. 医药商品配送服务

合同成立后，平台会根据客户选择的方式进行医药商品配送。B2B模式医药电子商务平台的医药商品配送方式主要包括以下三种。

（1）门店自提。需客户到指定地点自取医药商品。

（2）公司物流。在配送区域内，由供应商公司的物流负责送货上门。

（3）快递物流。根据托运医药商品数量和配送距离，可以选择委托运输及配送；也可以选择快递，目前快递服务已经支持全国绝大多数地区的配送，送达速度快，配送质量较高。

6. 确认收货与售后服务

根据医药电子商务平台的不同，部分终端用户在收到医药商品后需进行确认收货与售后服务。售后服务包括货款到账查询、发货进程查询、医药商品质量咨询、医药商品检验报告书查询、医药商品检验报告书下载、退换货等。

医药电子商务B2B模式是医药电子商务领域十分重要的发展方向，将为医药行业带来更广阔的市场，能为客户提供更优质的服务。在未来发展中，需要各方共同努力，创新模式、规范市场、优化供应链，为医药电子商务B2B模式的健康发展营造良好环境。

任务二　医药电子商务 B2C 模式

 学习目标

知识目标：掌握医药电子商务 B2C 模式的内涵，熟悉 B2C 模式网上药店的资质申请流程。

能力目标：能够掌握 B2C 模式网上药店的功能并设计网上药店。

素养目标：培养学生作为医药企业工作人员的仁者之心。

【任务导入】

网上药店必须合法化

随着移动互联网的不断发展，医药电子商务正在逐渐形成新的购药方式，B2C模式（企业对消费者）是其中的主要模式之一，各大连锁药店争相投入建设运营。

医药电子商务B2C模式主要是以网上药店形式在线销售医药商品，模式相对简单。但是，医药商品涉及人身安全与健康，其生产、销售受到法律法规严格的监管，医药电子商务平台建设必须满足法定认证要求和健康标准，同时要保证医药商品质量，确保消费者的用药安全。

思考：如何获得网上药店资质？

电子商务行业发展迅猛，产业规模迅速扩大，已经成为人们重要的经济生活方式之一。消费者从最初的不信任、质疑到现在逐步接受电子商务，网络购物已成为消费者日常消费的重要渠道。

一、医药电子商务 B2C 模式概述

电子商务 B2C（business to consumer）模式是一种企业通过互联网向个体消费者直接销售产品和提供服务的经营模式，具体可以分为两种：一种是企业与个体消费者通过网络进行产品销售和购买，是有形产品的交易；另一种是企业通过网络向个体消费者提供服务，是无形产品的交易。

电子商务 B2C 模式以完备的双向信息沟通、灵活的交易手段、快捷的物流配送、低成本高效益的运作方式等特点，在各行各业展现了极强的应用性，尤其是双向信息沟通的特点表现出极强的互动性和个性化，消费者可以通过互联网随时随地浏览和购买各种商品，电子商务平台也能根据消费者的购买习惯和需求进行个性化推荐。

电子商务 B2C 模式的发展离不开物流服务、支付服务、客户服务等配套服务的支持，随着这些配套服务的不断完善和改进，电子商务的便利性和效率也得到了提升。

医药电子商务 B2C 模式是指医药企业在互联网上依法建立的电子虚拟销售市场，医药零售企业与个体消费者在该电子虚拟销售市场进行医药商品和服务的交易。这种电子虚拟销售市场常被称为网上药店。网上药店必须具备线下实体药店相应的营业执照、药品经营许可证等资质才可以申请开设，通过网上药店，个体消费者可以 24 小时全天候享受购药服务。个体消费者只需在互联网上搜索网上药店名称、医药商品名称等信息，即可进行选购，医药商品会及时送到消费者手中，实现足不出户即可享受购药服务。

二、B2C 模式网上药店的功能、特点及资质申请流程

1. B2C 模式网上药店的功能

B2C 模式网上药店属于通过互联网进行医药商品交易的电子商务企业，是现代医药电子商务发展的产物。网上药店是医药电子商务 B2C 模式的主要形式，是提供医药服务的商业机构，主要具有以下五种功能。

（1）医药商品销售

网上药店可以提供平台在线医药商品购买服务，消费者通过平台的查询系统，利用医药商品通用名称、品牌、生产厂家、商品条码等信息，快速定位到目标医药商品，进入购药订单或购物车进行支付，实现快速交付和配送。此外，通过购物车界面，消费者可以重复购买所需要医药商品，对数量等信息进行修改，利用平台支持的支付方式进行支付，平台生成消费者购药订单号，通过订单号可查询到订单。网上药店的在线客服，能在线处理消费者订

单，负责消费者关于医药商品和服务的线上或电话咨询，了解消费者需求并积极作出回应。

(2) 互联网医院

一些网上药店提供线上远程诊断和开具电子处方的服务。消费者可以通过平台与互联网医院医生进行线上咨询，提供相关病情描述和病史资料。医生经过诊断后，可以在线开具电子处方，并发送给消费者。电子处方是由医生线上开具的处方，具有与传统纸质处方相同的法律效力。消费者可以在网上药店中使用该电子处方购买相应医药商品。

(3) 物流配送

网上药店借助全国各地的物流服务和配送网络，向消费者提供快捷、安全的送货服务，解决了消费者异地购药的难题。

(4) 健康咨询

网上药店提供在线健康咨询服务，消费者可以在平台上进行健康自测，获取专业的医学信息和建议。同时，网上药店还提供在线药学服务和会员管理服务，如执业药师指导用药、患者交流、代购医药商品、短缺医药商品登记、用药配伍禁忌等。

(5) 服务评价

网上药店可以为消费者提供购药服务评价的渠道，消费者能够即时反馈医药商品和服务的质量，从而提高网上药店的工作质量和效率。在购药过程中，消费者可以通过平台的服务评价渠道将个人感受和意见反馈给客服。客服负责与消费者的沟通和服务质量维护工作，及时处理消费者的投诉及异议，并提出反馈与解决方案，定期总结出现的问题并寻求解决方案，有效减少消费者投诉率，从而提高消费者满意度；此外，客服还负责医药商品退换货和开具发票等服务。

总之，网上药店的功能覆盖了医药商品销售、远程诊断、物流配送、健康咨询、服务评价等多个方面，带给消费者更加方便快捷和贴心的购药体验。

即学即练

请简要概述网上药店的功能。

2. B2C 模式网上药店特点

网上药店与传统药店相比，具有很明显的特点：不受时间和空间的限制，整个互联网用户都是潜在的消费群体，上架医药商品量无限化；网上药店提供了强大的医药商品搜索引擎，可以用最快捷的方式满足消费者对医药商品的搜索和购买需求；网上药店平台内设置有导航，消费者可以通过导航搜寻对应不同病症、不同科室分类的医药商品，让消费者更加方便快捷地找到所需医药商品；网上药店一般会聘请专业医生或执业药师，有的甚至直接在线连接了专业医院，让消费者节约时间和金钱成本，不受地域限制地获取服务。

3. B2C 模式网上药店的资质申请流程

由于网上药店具有便捷性和价格优势，越来越多的消费者选择在网上药店购买医药商品。如前所述，网上药店必须具备线下实体药店相应的经营资质，以下是其设立申请流程。

(1) 申请准备

网上药店需具备一定的资质和条件：应当是能够保证网络销售药品安全的药品上市许可持有人或者药品的经营企业；应当建立并实施药品的质量安全管理、风险控制、责任追溯、储存配送管理、不良反应报告、投诉举报处理等制度，还应当建立在线药学服务制度，由依法经过资格认定的药师或者其他药学技术人员开展处方审核调配、指导合理用药等工作；依法经过资格认定的药师或者其他药学技术人员数量应当与经营规模相适应。

(2) 提交申请

网上药店应当向药品监督管理部门提交的申请中，应报告企业名称、网站名称、应用程序名称、IP 地址、域名、药品生产许可证或者药品经营许可证等信息。信息发生变化的，应当在 10 个工作日内提交变更申请。

【知识链接】

典型网上药店服务

HY 网上药店是某医药集团的全资子公司，通过上级医药集团在医药行业强大的医药配送体系，该网上药店致力于发展成为我国知名的医药零售电子商务平台。HY 网上药店有着货真价实、种类齐全的医药商品，为用户提供身边药店定位、专业药师咨询、实时更新的物流查询等服务。其服务内容主要有以下五个方面。

(1) 秉承快捷安心的服务精神，为广大消费者提供及时、便捷、贴心的配送服务，承诺"一小时必达、健康免费送到家"。

(2) HY 网上药店 App 开创 24 小时不间断运营服务，全天候悉心呵护与彻底解决消费者的夜间用药烦恼。实现"健康不打烊，夜间配送更快捷"。

(3) 依托覆盖全国的连锁大药房实体药店，保障服务覆盖区域，保障服务质量。

(4) HY 网上药店联合全国 200 家知名品牌药厂，平台医药商品种类已达 6 万余种。线上下单，实体药店出货，杜绝假药、仿药，保障消费者的用药安全。

(5) 专业药师 18 小时在线提供免费咨询，1 分钟内即时回复。小病小痛不用跑医院，为消费者解答各种隐私病症。

(3) 建立平台

网上药店还需要建立完善的网上交易平台，展示的医药商品相关信息应当真实、准确、合法，保障消费者的隐私安全和用药质量。网上药店应当在网站首页或者经营活动的主页面显著位置，持续公示其药品生产或者经营许可证信息，还应当展示依法配备的药师或者其他药学技术人员的资格认定等信息。

总之，申请设立网上药店需要具备一定的资质和条件，应严格遵守相关法律法规和技术要求，以确保消费者的用药安全。

【知识链接】

2022 年 8 月 3 日，国家市场监督管理总局令第 58 号公布了自 2022 年 12 月 1 日起施行的《药品网络销售监督管理办法》,自此,医药消费者可以在网上购买处方药。药店入驻第三方平台开设互联网药店应依照《药品网络销售监督管理办法》相关内容规定。

第二章 药品网络销售管理(节选)

第九条 通过网络向个人销售处方药的,应当确保处方来源真实、可靠,并实行实名制。

药品网络零售企业应当与电子处方提供单位签订协议,并严格按照有关规定进行处方审核调配,对已经使用的电子处方进行标记,避免处方重复使用。

第三方平台承接电子处方的,应当对电子处方提供单位的情况进行核实,并签订协议。

药品网络零售企业接收的处方为纸质处方影印版本的,应当采取有效措施避免处方重复使用。

……

第十三条 药品网络销售企业展示的药品相关信息应当真实、准确、合法。

从事处方药销售的药品网络零售企业,应当在每个药品展示页面下突出显示"处方药须凭处方在药师指导下购买和使用"等风险警示信息。处方药销售前,应当向消费者充分告知相关风险警示信息,并经消费者确认知情。

药品网络零售企业应当将处方药与非处方药区分展示,并在相关网页上显著标示处方药、非处方药。

药品网络零售企业在处方药销售主页面、首页面不得直接公开展示处方药包装、标签等信息。通过处方审核前,不得展示说明书等信息,不得提供处方药购买的相关服务。

……

第十五条 向个人销售药品的,应当按照规定出具销售凭证。销售凭证可以电子形式出具,药品最小销售单元的销售记录应当清晰留存,确保可追溯。

药品网络销售企业应当完整保存供货企业资质文件、电子交易等记录。销售处方药的药品网络零售企业还应当保存处方、在线药学服务等记录。相关记录保存期限不少于5年,且不少于药品有效期满后1年。

任务三 医药电子商务O2O模式

学习目标

知识目标:掌握医药电子商务O2O模式的内涵,熟悉O2O模式常见平台,了解O2O模式的类型和优势。

能力目标:能通过大型医药电子商务平台进行医药商品检索。

素养目标:培养学生热爱医药事业、刻苦钻研的精神。

【任务导入】

在消费者习惯了网上购物的同时，医药商品因其特殊属性在互联网销售上却受到一定的限制。MT 平台利用其在电子商务、本地生活服务等领域的技术和资源优势，为消费者提供医药商品和服务的在线购买、配送、增值客服等一系列服务，同时结合线下药店的配送水平和服务能力，形成一种线上线下相结合的营销模式，以满足消费者多样化需求。

在 MT 平台医药 O2O 模式中，消费者既可以在线上购买医药商品并享受配送服务，也可以在线下药店购买并享受增值服务，将社交元素融入营销之中，实现了消费者之间的交互和分享等功能。MT 平台利用其在电子商务、本地生活服务等领域的数据积累和分析能力，为消费者提供更加个性化的推荐和服务，提升了用户体验感和忠诚度。

MT 平台的医药 O2O 模式为消费者提供了一种全新的购药方式，同时也推动了医药电子商务的创新和发展。

思考：该案例给你怎样的启示呢？

移动电子商务的兴起与发展，促进了电子商务 O2O 模式的迅速普及，可通过互联网将消费者引导到线下实体店进行消费。O2O 模式主要以线上平台为媒介，促使线下场景的交易和服务，这一新型医药电子商务模式逐渐被消费者接受和认可。

一、电子商务 O2O 模式

电子商务 O2O（online to offline）模式是指线下渠道与线上渠道有机结合的一种电子商务模式。在该模式下，线上营销、购买和支付带动线下经营与消费，企业同时开展网上药店和线下实体店，线下实体店面向消费者提供门店服务，而消费者通过网上药店拍下的订单，既可以选择由企业仓库直接发货，也可以选择由某个线下实体店进行备货配送。线上线下双线经营模式打通了线上库存和线下实体的界限，能够在扩大商品种类的前提下实现配送方式多样化。

二、医药电子商务 O2O 模式及其类型

医药零售连锁企业可以运用 O2O 模式拓展销售渠道，线上线下融合的医药电子商务运作模式的订单具有完备的实体网络支持。平台接收到消费者的订单后，可以根据消费者地理位置、订单要求、订单间的时空耦合关系等信息，结合各方资源进行订单分配和配送资源调度，通过智能调度将线下实体与线上资源进行整合，制定满足要求的订单履行方案，优化订单分配与配送，协调整个电子商务流程。同时，消费者可以通过线上平台进行医药商品咨询和下单购买，线上平台在完成订单分配与配送安排后，通过短信等方式将订单配送的相关信息告知消费者，消费者也可以在线上平台查看自己的订单配送信息。医药电子商务 O2O 模式的整个订单履行过程如订单处理状态、订单备货地点、医药商品配送路径及位置等都是可以追踪的，这有利于建立消费者对订单履行的信任。

即学即练

怎样理解医药电子商务 O2O 模式？

1. 医药电子商务 O2O 模式特点

O2O 模式是将线下商务机会与互联网信息技术结合在一起，让互联网成为线下交易的前台，同时起到推广和实现交易的目的。医药电子商务 O2O 模式主要有以下三大特点。

（1）资源整合性

O2O 模式的本质是整合线下商家资源，保障消费者的购买体验。医药电子商务 O2O 模式主体业务是基于实体商业的，因此在本质上跟实体商业没有太大区别，相互间是一种对应关系。

（2）区域性

医药电子商务 O2O 模式具有典型的区域性特点，传统电子商务的发展从开始就面临物流难题的困扰，而医药电子商务 O2O 模式大多客户为本地消费者，消费者凭电子凭证即可到店自提或者就近配送，不必面临巨大的仓储存货量，大大降低了存货成本。

（3）在线预支付

在线预支付是医药电子商务 O2O 模式的核心。在线支付建立起一个闭环的消费链条，真实地完成每一笔交易，线上平台作为第三方来保证消费者的交易安全。

2. 医药电子商务 O2O 模式的类型

在医药电子商务领域，各种类型的 O2O 模式逐渐得到应用和发展。医药电子商务 O2O 模式可以分为以下三种类型。

（1）在线问诊和在线购药

这是医药电子商务 O2O 模式最基础的类型，即通过互联网进行用户与医师之间的线上问诊与购药。用户可以在线联系医师进行问诊，医师给出建议并开具处方，用户再到线上药店购买医药商品。这种类型特别适合慢性病患者用药需求，既方便又快捷，大大缩短了用户的就医及购药时间。

（2）线上药店拓展线下业务

通过线上药店向用户提供医药商品信息和销售渠道，同时为线下实体药店提供并合理安排线下分销渠道，从而提高消费者的满意度。这一类型解决了消费者的医药商品选购困难，同时提高了线下实体药店的销售额，降低了库存压力。例如，某电子商务平台通过线上药店销售医药商品，同时在一些城市开设实体药店，以提供更便捷的医药商品购买和咨询服务，用户可以通过该平台的 App 预约药店的专业药师咨询，然后在线下药店购买医药商品。此外，该平台还推出了线下体验中心，提供健康体检、健康咨询等服务，用户可以在线下体验中心进行身体检查，获得健康评估报告，并获得专业的健康咨询服务。通过线下业务的拓展，该平台进一步提升了用户的购物体验感和信任感。

（3）线下实体药店拓展线上业务

线下实体药店向消费者提供实体体验，线上重复操作订单，并开展线上线下跨界提供优惠、赠品和折价券等活动，增强了消费者购买欲望和转化率。例如，某药店企业拥有多家线下健康体检中心和医疗机构，为了扩大业务范围和提供更便捷的服务，该企业开设了线上药店，用户可以通过企业官方网站或移动 App 在线下单，以方便消费者快捷购买医药商品和服务。

总之，医药电子商务O2O模式通过线上线下相结合，实现了线上购买、线下取货、快递配送等一系列便捷服务，满足了用户的各类需求，同时也提高了药店的销售额。

3. 医药电子商务O2O模式的优势

（1）线上线下相结合

线上线下相结合经营模式的显著特点是线下实体店的功能转变，在这种模式下，线下实体药店的功能由传统的医药商品销售为主转变为物流配送服务为主。普通电子商务模式中，线上渠道经营成本低，拥有得天独厚的价格优势，而线下渠道具有距离消费者近、咨询服务通畅等固有优势，但其运营成本很高，很容易产生线上渠道吞噬线下渠道利润的现象。O2O模式下的线下实体药店参与线上订单的履行，线上线下可以共享利润，同时也更好地满足了消费者个性化需求。

（2）优化医药商品流通链条

O2O模式通过合理布局和规划，可以实现区域内服务范围覆盖，减少医药企业实体网络布局压力，并逐步整合线下连锁药店，实现社会资源的优化配置。在线上线下融合的医药商品互联网零售O2O模式中，依托实体医药企业同时开展线上医药商品零售业务与线下实体药店网络运营，能够减少医药商品流通网点，推动医药行业整合，提升市场集中度，进而降低成本，还可以满足医药商品流通的需求。

（3）提高企业信任度

依据《药品网络销售监督管理办法》，药品网络销售企业应当在网站首页或者经营活动的主页面显著位置，持续公示其药品生产或者经营许可证信息。线上线下融合的药品互联网零售O2O模式通过整合医药行业业务，提高药店连锁率，实施线上线下一体化战略，能够有效控制运营中的欺诈行为，避免虚假宣传，限制假药、劣药等非法产品流通，有益于建立品牌形象，提高企业信任度。

（4）优化企业运营与管理

O2O模式不再需要企业内部配备高度集成的计算机系统，企业在资质有效期内可在平台申请注册完成开户，即可使用平台云系统维护线上店铺，配置医药商品参数、库存、价格等信息完成医药商品上架展示，其订单功能可查询支付进度、配送要求及核销。线下实体药店则依旧使用进销存系统完成医药商品销售记录。O2O模式的库存核销等操作，按照《药品经营质量管理规范》要求的运作过程进行管理，在线上线下不同运作单位内实现库存和订单等信息资源共享，大大提高了医药零售企业的信息化程度和运作效率。

（5）实现协同运作

线上线下相结合的医药商品互联网零售O2O模式将线下实体药店纳入网上药店的订单履行过程中，依托线下实体药店网络，结合线上药店的优势，可以有效实现医药商品运输要求控制，保证医药商品订单的安全性与有效性。例如，根据医药商品温度要求，配置保温箱等专业冷链医药商品储存设备来完成订单。

项目二 医药电子商务模式

总体而言，医药电子商务 O2O 模式具有多样化的特点，用户可以根据自身需求及习惯，选择符合自身需求的品牌及服务。

 知识点概述

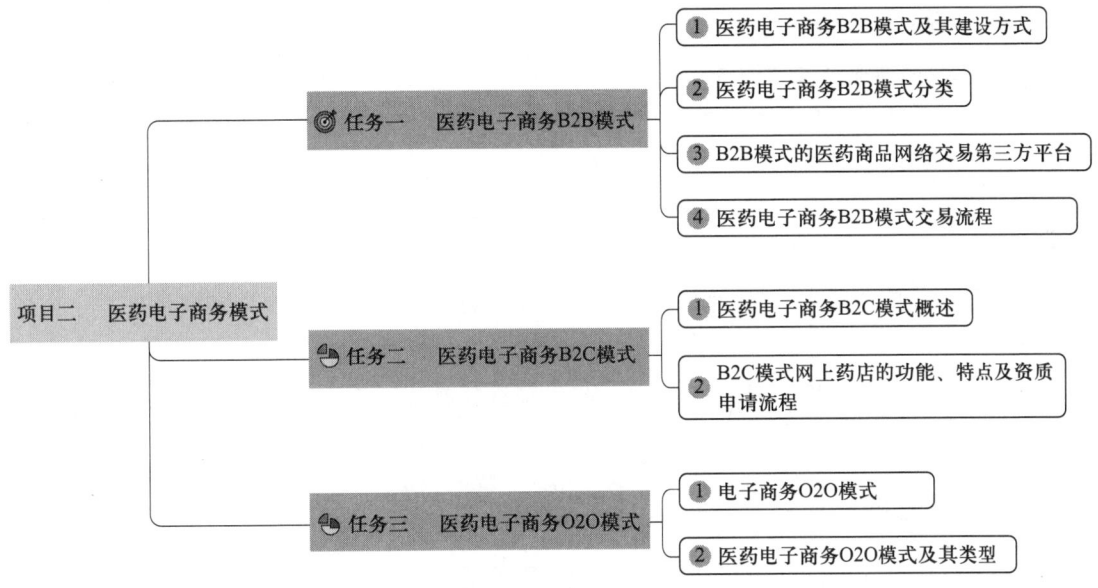

目标任务

网上药店案例分析

案例一：YF 网

YF 网通过搭建开放式的医药零售电子商务平台，为线上购药人群提供全面的健康医药信息与交易服务。其优势有以下六点。

（1）实现了传统销售系统与现代医药管理系统相结合，在行业中率先实现了 B2C 交易平台与 ERP 系统、CRM 客户关系管理系统的有效结合，形成了符合《药品经营质量管理规范》的运营体系，实现了完整的数据、信息的流程化管理。

（2）医药健康领域内强大的合作背景，国内外知名医药企业都与药房网有密切合作。

（3）覆盖全国的网络销售体系与分销渠道，可以实现网上订单由各地线下实体药店直接配送，保证送达时间与效率。

（4）建立了数量庞大的会员数据库，形成了以年龄层次、消费能力、消费习惯、健康状况为标准的数据处理模式，为会员服务提供依据，为企业经营提供基础。

（5）有强大的专业化客服队伍，可以实现网上通信、电话、传真、电子邮件等多渠道的健康咨询和购药咨询，提供高级会员健康定制、定期会员回访、会员生日祝福等一系列细致周到的会员管理服务。

（6）与资深大众媒体以及健康传媒有长期的、良好的合作关系。

案例二：AL 健康大药房

AL 健康大药房是某电子商务集团公司旗下的一家医药电子商务平台，为消费者提供优质的医药商品和服务，业务主要集中在医药电子商务及互联网医疗、消费医疗、智慧医疗等领域。其优势有以下三点。

（1）巨大的用户群体。AL 健康大药房拥有庞大的用户群体，可以为商家带来流量和销售机会。

（2）专业的服务团队。AL 健康大药房拥有专业的服务团队，可以为商家提供全方位的服务和支持。

（3）安全的交易环境。AL 健康大药房提供安全的交易环境，可以为商家提供安全的交易保障。

一、任务分析

1. 分析 YF 网与 AL 健康大药房分别采用了哪种医药电子商务模式。
2. 总结案例中，YF 网与 AL 健康大药房分别有哪些优势。

二、任务准备

能上网的计算机、纸、笔。

三、任务实施

1. 任务分组

本班级按每 4~5 人为一小组，以小组为单位进行任务训练。

2. 小组讨论

分析 YF 网与 AL 健康大药房分别采用了哪种医药电子商务模式，完成表 2-1。总结案例中，YF 网与 AL 健康大药房分别有哪些优势。完成表 2-1。

表 2-1　　　　　　　　网上药店案例分析

网上药店名称	医药电子商务模式	优势	备注
YF 网			
AL 健康大药房			

3. 汇报展示

各组选派代表汇报，并展示分析结果。

四、任务评价

按照表 2-2 所列评分标准进行测评，并做好记录。

表 2-2　　　　　　　　　　　　任务评分标准

序号	考核内容	考核标准	配分	得分
1	医药电子商务模式分析	能够根据案例，分析两家网上药店的医药电子商务模式	20	
2	优势总结	能够分析案例中两家网上药店的优势，并说明原因	40	
3	团队合作	团队合作紧密，共同完成任务	20	
4	汇报展示	讲述清楚，逻辑清晰，分工合理	20	
		合计	100	

目标检测

一、单项选择题

1. 独立第三方医药电子商务 B2B 模式能够确保为买卖双方构建交易环境的优点不包括（　　）。

　　A. 公平　　　　B. 公正　　　　C. 公开　　　　D. 公用

2. 线上线下相结合的医药电子商务 O2O 模式是一种以线上服务为中枢、整合线下资源能力、具有扁平化特点的运作模式，主要业务环节不包括（　　）。

　　A. 在线交易　　　　　　　　B. 配备医师

　　C. 在线支付　　　　　　　　D. 物流配送

3. 医药商品网络交易第三方平台能够为买卖双方提供交易所需的信息服务，促进交易的完成，这体现了医药商品网络交易第三方平台（　　）的功能。

　　A. 信息管理与服务　　　　　B. 提供交易平台

　　C. 交易配套服务　　　　　　D. 协助政府监管

4. 消费者网上下订单，线下实体药店提货，可以增加对所提供医药商品质量、规格、颜色等的体验，减少了不必要的担心和退货概率，这体现了医药电子商务 O2O 模式（　　）的特点。

　　A. 资源整合

　　B. 消费者错位现象可以得到缓解

　　C. 区域性

　　D. 医药商品由虚变实，减少消费者对医药商品质量的担心

5. 选购医药商品完毕后，核对所购药品清单和收货信息，并选择支付方式，将所购医药商品提交结算，生成订单。这体现了医药电子商务 B2B 模式交易流程中的（　　）。

　A. 注册与登录　　　B. 网上采购　　　C. 生成订单　　　D. 订单支付

二、判断题

1. 医药电子商务 B2B 模式交易过程包括：会员注册与登录、网上采购、订单生成、订单支付、医药商品配送服务、确认收货与售后服务。（　　）

2. 医药商品网络第三方交易是指为医药生产企业、医药经营企业和医疗机构提供交易服务的网络商务市场。（　　）

3. 医药商品网络交易第三方平台的主要特点是，提供网络交易平台的既可以是买方又可以是卖方。（　　）

4. 医药电子商务 B2C 模式是指医药企业在互联网上依法建立的电子虚拟销售市场，医药零售企业与消费者在此平台进行医药商品和服务的交易。（　　）

5. 电子商务 O2O 模式是指线下渠道与线上渠道有机结合的一种商务模式，通过线下营销线下购买、支付带动线上经营与线上消费。（　　）

三、简答题

1. 什么是第三方医药电子商务 B2B 模式？请简述其优势。
2. B2C 模式网上药店有哪些功能？
3. 医药电子商务 O2O 模式主要特点有哪些？

项目三　医药电子商务网络营销

任务一　认知网络营销与市场调研

 学习目标

知识目标：理解网络营销的概念，区别传统市场营销与网络营销。
能力目标：能够利用网络进行市场调研。
素养目标：提高学生医药职业道德修养的主动性和自觉性。

【任务导入】

某医药公司的一款治疗感冒的非处方药（OTC）已经上市一年，销售进展缓慢，公司决定通过网络平台进行推广。公司向相关监管部门申报获得广告备案许可证后，邀请某知名女演员作为代言人，拍摄宣传视频进行推广。在宣传视频中，该女演员身着轻松休闲的服装，通过服药前后的感受，讲述了该药品的特点和优势，受到了年轻人的广泛关注。

之后，该医药公司开设社交媒体账户，给消费者提供一些健康信息，如感冒的预防方法、感冒的常见症状和药品的使用方法等，吸引了更多关注和讨论。同时，公司通过社交媒体来回答消费者疑问，提高了消费者满意度。另外，公司还建立了网上商城，为消费者提供了快捷的购物服务，方便消费者下单购买，提高了销售额。

通过网络营销，该医药公司这款治疗感冒的 OTC 得到了广泛宣传，并收获了不错的销量。

思考：该案例给你怎样的启示呢？

一、认知网络营销

网络营销（on-line marketing）是随着互联网进入商业应用而产生的，尤其是万维网、电子邮件、搜索引擎、社交软件等得到广泛应用之后，网络营销的价值愈加凸显。网络营销的手段多种多样，包括即时通信营销、网络广告营销、视频营销、竞价推广营销等。总体来讲，凡是以互联网或移动通信为主要平台开展的各种营销活动，都可称之为网络营销。

因此，可以将网络营销定义为：基于互联网及社会关系网络，连接企业、用户及大众，向用户及大众传递有价值的信息和服务，为实现顾客价值及企业营销目标所进行的规划、实施及运营的管理活动。网络营销的产生，是科学技术的发展、消费者价值观的变革和商业竞争等综合因素促成的。网络营销可以说是企业整体营销的一个重要组成部分，贯穿于企业经营的整个过程，最终目标是为企业的整体营销活动提供支持与帮助，具有很强的实践性特征。

随着互联网与虚拟现实技术的应用，网络营销的内涵和手段也在不断更新和发展演变，其概念也是不断发展的。因此，在理解网络营销的概念时，应注意以下四个方面的内容。

1. 网络营销要具备商业生态思维

网络营销的商业生态思维是指以用户关系网络的价值体系为基础设计的网络营销战略。网络营销的商业生态思维重点在于用户价值的关联性，核心思想是在吸引用户关注的基础上，进一步建立用户之间、用户与企业之间的价值关系网络。

2. 网络营销并不孤立

网络营销是构成企业整体营销战略的组成部分，是建立在传统营销理论基础之上的，不是简单的营销网络化，而是传统营销理论在互联网环境中的应用和发展。因此，网络营销离不开现代信息技术，它是借助互联网、移动通信技术和数字交互式媒体来实现营销目标的一种活动。

3. 网络营销的实质是顾客需求管理

顾客需求内容和需求方式的变化是网络营销产生的根本动力。随着网络营销的形成与发展，顾客在网络市场中的角色由被动变为主动，这就使得企业越来越重视顾客的价值。企业所采取的一切网络营销手段，都是为顾客获取购买决策阶段的信息提供价值，这就是网络营销的顾客价值。只有当顾客通过各种互联网工具获得他所认为有价值的信息，并且这种价值不低于通过其他渠道获得同样信息的成本时，顾客价值才得以体现。因此，网络营销的起点是顾客需求，终点是顾客需求的满足和企业利润的最大化。

4. 网络营销不等于电子商务

首先，网络营销与电子商务涉及的范围不同。电子商务的内涵很广，其核心是电子化交易，强调的是交易方式和交易过程的各个环节，而网络营销注重的是以互联网为主要手段的营销活动。其次，网络营销与电子商务关注的重点不同。网络营销关注的重点在于交易前阶段的宣传和推广，而电子商务关注的则是实现了电子化交易。

总之，电子商务与网络营销是密切联系的，网络营销是电子商务的重要组成部分，开展网络营销并不等于一定实现了电子商务，但实现电子商务一定是以开展网络营销为前提的。

二、网络营销的特点

网络营销作为一种新型营销手段，区别于传统营销方式，具有自己的特点。网络营销的特点，可以归纳为以下十个方面。

1. 跨时空

通过网络能够超越时间和空间限制进行信息交换，因此使得脱离时空限制达成交易成为可能，企业能有更多时间在更大空间中进行营销，每天可以24小时向顾客提供全球性营销服务，以达到尽可能多地占有市场份额的目的。

2. 多媒体

参与交易的各方通过网络可以传输文字、声音、图像、视频等多媒体信息，从而可以采用多种形式的信息交换以达成交易，能够充分发挥营销人员的创造性和能动性。

3. 交互式

企业可以通过网络向顾客展示商品目录，连接资料库提供有关商品信息的查询，与顾客进行双向互动式沟通，收集市场情报，进行商品测试与顾客满意度调查等。

4. 人性化

在网络上进行的促销活动具有一对一、顾客主导、非强迫性和循序渐进式等特点，这是一种低成本与人性化的促销方式，可以避免传统的推销活动所表现出的强势推销的干扰。同时，企业可以通过提供信息与交互式沟通，与顾客建立起一种长期的、相互信任的良好合作关系。

5. 成长性

在当前的网络环境中，遍及全球的网络用户数量飞速增长，并且网络用户大部分是年轻的、具有较高收入的和文化层次较高的群体。这一群体的购买力强且拥有很强的市场影响力，是一条极具开发潜力的市场营销渠道。

6. 整合性

在网络上开展的营销活动，可以完成从商品信息的发布到交易完成直至售后服务的全过程。企业可以借助网络对不同的传播营销活动进行统一设计规划和协调实施，通过统一的传播咨讯向顾客传递信息，从而避免不同传播渠道中的不一致性产生的消极影响。

7. 超前性

网络具备渠道、促销、电子交易、顾客互动服务、市场信息分析与提供等多种功能，是一种强大的营销工具。它所具备的一对一营销功能，迎合了定制营销与精准营销的未来发展趋势。

8. 高效性

网络营销利用计算机储存大量信息能及时有效地了解和满足顾客需求，可以帮助顾客进行查询整理，所传送的信息数量与精确度远远超过其他传统媒体。同时，网络营销能够顺应市场需求，及时更新商品或调整商品价格。

9. 经济性

网络营销使交易双方能够通过互联网进行信息交换，代替传统的面对面的交易方式，可以减少印刷与邮递成本，进行无店面销售而免缴租金，节约水电与人工等销售成本，大大提高了交易效率。

10. 技术性

建立在以高新技术为支撑的网络基础上的网络营销,必须有一定的技术投入和支持,改变企业传统的组织形态,提升企业信息管理部门的功能,引进营销与计算机复合型人才,实时跟踪并运用网络信息技术,增强在网络市场中的竞争优势。

三、认知市场营销

1. 认识市场

对市场最通俗的解释是买卖商品的场所,即把货物的买方和卖方正式组织在一起进行交易的地方。早在南唐尉迟偓的《中朝故事》中就写道:"每阅市场,登酒肆,逢人即与相喜。"随着商品经济的不断发展,市场的概念也在不断丰富和充实,可以将其简单概述为:市场是对某种商品或服务具有需求、有支付能力并且希望进行某种交易的人或组织。这样的市场指的是有购买欲望且有购买能力,希望通过交易达到商品交换目的,使商品或服务发生转移的人或组织,而不再是场所。从这个意义上说,一个有效的市场应具备人口、购买力和购买欲望三要素,并且这三要素缺一不可。

2. 市场营销的基本概念

市场营销学又称市场学、销售学、行销学等,是源于西方国家的一门实务性经济管理学科。1960年,美国市场营销协会定义委员会作出定义:市场营销是引导货物和劳务从生产者流转到消费者或用户所进行的一切企业活动。2004年,美国市场营销协会作出新定义:市场营销是一项管理功能,是一系列创造、交流和传递价值给顾客并通过满足组织和其他利益相关者的利益,来建立良好的企业与顾客关系的过程。新定义明确指出市场营销是一项管理功能。

目前较常用的定义是:市场营销是指企业在竞争的市场环境下,以顾客为中心,通过研究市场需求、制定市场战略、开发产品、运作营销组合、实行销售、提供服务等一系列活动,以满足顾客需求,提高产品销量和品牌知名度,达到盈利和发展的商业行为。市场营销是企业与外部环境交互的过程,包括市场调研、产品设计、销售渠道策划、广告宣传等各种市场活动,目标是建立长期稳定的客户关系,提高市场占有率,增加营业额和利润。

四、网络营销与传统市场营销的异同点

网络营销与传统市场营销既有相同之处,也有许多不同点。虽然传统市场营销仍旧存在于相关市场中,但网络营销很有前景,对于现代企业来说,在进行市场营销总体规划时必须有所考虑。

1. 网络营销与传统市场营销的相同点

(1)营销目的相同

网络营销和传统市场营销都是通过销售、宣传商品和服务,加强与顾客的交流和沟通,最终实现企业最小投入、最大盈利的经营目标。

（2）都是通过营销组合发挥作用

两者都通过整合企业各种资源、营销策略等企业要素开展各种具体营销活动，最终实现企业的营销目的。

（3）都以满足顾客需求为出发点

无论是网络营销还是传统市场营销，都是以满足顾客需求作为一切经营活动的出发点。对顾客需求的满足，不能仅仅停留在现实需求上，还应包括顾客的潜在需求，这些都是通过商品交换来实现的。

2. 网络营销与传统市场营销的不同点

（1）市场理念和营销策略不同

网络的强大通信能力和网络营销系统为人们提供了便利的商品交易环境，改变了传统市场营销理论的根基。在网络环境和网络营销环境下，时间和空间概念、市场性质、消费者概念和行为等都发生了深刻变化，由此将引起市场理念、营销策略甚至是整个商品流通领域的变化。

（2）信息传播模式不同

在网络信息化下，商业信息的传播和大众传播的工作模式都会有较大变化，具体体现为两个方面：一是从单向传播信息给消费者转变为双向互动信息传播模式。传统市场营销通过电视、广播等方式进行沟通，企业将营销信息推送给顾客和利益相关者，信息主要是从企业到顾客的单向流动；而网络营销通过交互式媒体等，将营销信息以"推拉式"进行传递，信息是双向流动的。二是从视频、音频或文字信息转变为多媒体信息。

（3）交易方式不同

在网络环境下，通过网络营销手段，商品生产者会更多地直接面对顾客，原来那种层层批转的中间商业机构的作用将逐渐弱化，这将引起交易方式的变化。

（4）顾客概念和行为不同

在传统市场营销中，顾客对商品的购买行为主要来自对某种商品的现实需求，或是因广告及其他信息传播而引发的对某种商品的需求，企业更多地倾向于说服顾客接受自己的观念和商品。而在网络营销中，顾客对于商品信息的了解和选择范围大大拓宽，对商品的要求更加苛刻，企业在营销时更注重从顾客的个性和需求出发，开展商品和服务营销。

总的来说，网络营销和传统市场营销都是企业营销的一种方式，如果加以整合，能共同帮助企业实现经营目标。

五、网络市场调研

市场调研是营销实施的基础。不论是企业或是品牌，在进入市场前，首先一定要经过认真细致的市场调研，以确定其市场目标。否则，就会像盲人摸象那样忽略全局，无法正确认清市场。网络营销也是如此，只有经过网络市场调研，才能采用科学方法，作出特定的网络营销决策，搭建适合企业或品牌的网络营销矩阵。网络市场调研能够促使企业生产适销对路的商品，及时调整营销策略；能够引导营销人员推出打动人心的广告，制定出商品的推广和促销方案。

1. 网络市场调研的概念

网络市场调研是指企业利用互联网作为沟通和获取信息的工具,对顾客、竞争者以及整体市场环境等与营销有关的数据系统进行调查分析研究。

2. 网络市场调研的内容

网络市场调研的内容如图3-1所示。

图3-1 网络市场调研的内容

(1) 市场分析

通过调研市场规模、市场结构、市场潜力以及市场研究对象的特点等,了解市场的需求、消费特点、购买意愿等,为企业制定营销策略提供依据。

(2) 竞争对手调研

通过对竞争对手的产品、品牌、渠道、价格、服务、推广等进行详细分析研究,了解竞争对手的特点、市场份额以及竞争策略等,为企业优化自身的营销策略提供参考。

(3) 消费者调研

通过实地调查、问卷调查、深度访谈等方式了解消费者的商品需求、购买习惯、消费观念以及他们对竞争对手产品的评价等,为企业制定针对性营销策略提供依据。

(4) 网络媒介调研

通过调研网络媒介的影响力、传播效果、用户数量、用户画像等,为企业准确选择网络媒介和精准投放广告提供支持。

(5) 营销策略调研

通过对企业营销策略进行分析和研究,听取消费者和业界专家的意见和建议,提出可行性建议,为企业优化和调整营销策略提供支持。

(6) 数据分析

通过大数据分析、用户行为分析等方式,对网络营销数据进行深度挖掘和分析,为企业提供更精准的营销策略和决策支持。

网络市场调研除了以上内容,还有分析网络营销模式、制订网络营销计划、评估网络营销效果等。在众多调研内容中,对企业来说十分重要的是竞争对手调研、消费者调研和数据分析。

> **即学即练**
>
> 请你想一想,假设在某大型电子商务平台上开设 24 小时线上药店,你需要做哪些方面的网络市场调研呢?

3. 网络市场调研的策略

(1) 科学地设计调研问卷

一份成功的调查问卷应具备两个功能:一是能将所调查的问题明确地传达给调研对象;二是设法取得调研对象的信任,使调研对象能够真实、准确地回复。设计一份理想的网络调研问卷,一般应遵循以下四个原则:

1) 目的性原则,即调研问卷内容与调研主题密切相关,重点突出。

2) 可接受性原则,即调研对象回复哪一项、是否回复是自己的权力,故问卷设计要容易为调研对象所接受。

3) 简明性原则,即调研问卷内容要简明扼要,使调研对象易读、易懂,并且要求回复内容也要简短。

4) 匹配性原则,即调研对象回复的问题要便于进行检查、数据处理、统计和分析,以提高调研的工作效率。

(2) 监控在线服务

调研人员可通过监控在线服务了解调研对象主要浏览了哪类企业、哪类产品的主页,以及挑选和购买何种产品等基本情况。通过对这些数据的研究分析,可对消费者的地域分布、产品偏好、购买时间以及行业内产品竞争态势作出初步的判断和评价。

(3) 测试产品

在互联网上,修改调研问卷的内容是很方便的,因此可方便测试不同调研内容组合。其中,产品的性能、款式、价格等消费者比较敏感的因素,应是市场调研工作的重点内容。通过不同因素组合的测试,营销人员能分析出哪些因素对产品来说是最重要的、哪些因素的组合对消费者是最有吸引力的。

(4) 有针对性地跟踪目标消费者

调研人员在互联网或通过其他途径获得了消费者或潜在消费者的联系方式,可以直接使用相关联系方式向他们发出有关产品或服务的询问,并请求他们反馈回复;也可在电子调查表单中设置可以让消费者自由发表意见和建议的板块,请他们发表对企业、产品、服务等各方面的意见和期望。通过这些信息,调研人员可以把握产品的市场潮流以及消费者消费心理、消费爱好、消费倾向的变化,根据这些变化来调整企业的产品结构和市场营销策略。

(5) 以产品特色、网页内容的差异化赢得访问者

如果调研人员跟踪到访问者浏览过其他企业的站点,或浏览过相关产品的广告页,那么应及时发送适当的信息给目标访问者,使其充分注意到本企业站点的主页,并对产品做进一步比较和选择。

（6）通过产品的网上竞买掌握市场信息

对于企业推出的新产品，可以通过网上竞买，了解消费者的消费倾向和消费心理，把握市场态势，从而制定相应的市场营销策略。

4. 网络市场调研的步骤

网络市场调研工作必须有计划、有步骤地进行，以防止调研盲目性。通过网络资源，可采用各种科学方法对访问者信息进行收集、整理、分析、研究。在医药市场，网络调研成为了解市场需求和客户需求的另一种方式。网络医药市场调研主要包括以下五个步骤。

（1）明确调研目的

进行网络医药市场调研时要目标清晰，明确调研的具体问题。例如：谁是目标用户？企业的竞争对象是谁？竞争对象的网络营销策略是什么？

要对企业提供的资料进行初步分析，找出问题，明确调研的关键和范围，以选择最主要的调研目标，制定调研方案。调研方案主要包括网络医药市场调研的内容、方法和步骤，调研计划可行性分析，经费预算，调查时间等。医药网络市场调研的目的主要包括了解产品需求、调整营销策略、增强品牌活力的方式方法等。

（2）确定调研范围

通常网络医药市场调研样本来源主要包括患者、医药行业从业者、医药企业管理者等调研对象，为了保障数据的准确性和完整性，样本必须具备真实性和代表性。同时，还要关注各样本数量和调研区域等因素。

（3）设计调研问卷

设计网络医药市场调研问卷需要关注多个方面，包括问题的总体设计、问题的类型（单选题、多选题、主观题等）、问题的顺序、分数计算方式、排版和美观程度等。要实现科学和符合目的的问卷设计，问卷的内容可以参照具体网络市场调研内容进行设计。

（4）数据的整理和分析

通过各种渠道（如企业官网、社交网站、邮件、短信等）宣传、发放、回收调研问卷，从而拥有大量一手资料。首先，对这些资料要进行编辑，选取一切有关的、重要的资料，剔除没有参考价值的资料。其次，对这些资料进行编组或分类，使之成为某种可供备用的形式。最后，收集得到的数据要认真进行分析，挖掘患者和医师需求，为产品推广和策略调整提供有价值的参考。

（5）撰写市场调研报告

网络市场调研最后阶段主要任务是撰写市场调研报告，总结调研工作，评估调研结果。市场调研报告是用文字、图表的形式反映调研内容和结论的书面材料，是整个调研成果的集中体现，是市场调研工作的最终表达形式，是制定市场营销决策的依据。

经过以上步骤，可以得到反映医药市场需求和客户需求的信息，据此对公司业务、营销策略和市场优化等方面进行及时有效的调整，从而提高企业的核心竞争力。

5. 网络市场调研的技巧

在网络上开展市场调研，最大的一个问题是难以准确知道谁是本企业站点的访问者。调研人员必须采取适当技巧来识别访问者。因为在互联网上，要求访问者回答问题不是一件易事，访问者一般不会填写一份较长的问卷，更不喜欢涉及隐私问题的调研问卷。为了更好收集调研数据，确保调研问卷真实有效，掌握一些网络调研技巧是必要的。网络上收集访问者信息的技巧主要有下列五种。

(1) 调研问卷可接受性

调研问卷的设计要让被调研者易于接受，充分尊重被调研者。问卷设计要考虑被调研者身份和认知水平，当调研问卷提及有关私人的问题时，被调研者一般会拒绝回答。一些有关个人隐私的问题切忌出现在调研问卷中，如个人收入、个人感情经历等敏感性的内容。

(2) 调研问题数量合理

在网络上进行调研时，问卷问题太多会导致被调研者有畏难情绪，问卷将很难完成或者应付而随意填写，调查结果则会出现偏差。因此，如何通过较少的问题完成调研目标，成为营销人员设计调研问卷的一个技巧。

(3) 调研问题简明易懂

调研内容应清晰明确，确保涵盖所有关键要点；调研时间须尽量紧凑，避免对被调研者造成不必要的负担。在问卷设计和问题设置上，应追求简明扼要，确保被调研者在阅读和理解时能够轻松无障碍。同时，在措辞上应严谨审慎，避免使用可能产生歧义或引起误解的词汇或表述。

在提问时，应确保每个问题具有单一性，即每个问题只针对一个特定的主题或特性进行询问。例如，应避免将多个不同属性的问题合并在一起提问，如"您对某感冒药的价格和质量是否满意?"这样的问题就存在明显的多重性，被调研者可能对产品价格和质量的满意程度不同，而不知道如何作答。因此，应该分别就产品价格和质量进行单独提问，以确保调研结果的准确性和有效性。

(4) 调研问题避免使用诱导性问题

在调研问卷设计过程中，避免使用诱导性、暗示性的问题。例如，"很多人感冒都会服用某感冒冲剂，你也是这样吗?"容易将答案引向具体产品，造成偏差，应改为"您感冒常用什么药?"。

(5) 选择恰当的网络调研工具

网络调研问卷平台是专门用于在线创建、发布、收集和分析调研问卷的工具。这些平台通常提供丰富的问卷模板、易用的编辑工具、数据收集和分析功能，帮助用户快速构建和发布调研问卷，并收集和分析调研数据。以下是一些常见的网络调研问卷平台：

1) 问卷星，一个专业的在线问卷调研、测评、投票平台，提供功能强大、人性化的在线设计问卷、采集数据、自定义报表以及调研结果分析等服务。

2) 问卷网，一个简单易用的问卷平台，支持创建问卷、表格、投票等项目，有助于获取更多人的想法。

3) 调查派，一个简单、好用的免费自助调研工具，帮助用户快速制作和发布调研问卷。

4）腾讯问卷，依托腾讯云技术，提供易用、安全、高效的在线问卷调研平台，适用于各类场景。

以上是一些常用的网络市场调研工具，可根据个人或者企业的实际需求选择使用。同时，在使用这些平台时，建议仔细阅读其隐私政策和使用条款，以确保个人调研数据的安全。

思政小园地

社会进步离不开经济发展，而互联网对经济发展影响巨大。互联网的普及与发展给我们的生活带来了极大的便利，但同时它也绑定了我们的很多隐私信息。例如，银行卡的人脸识别、各网站的电话号码注册等，都有可能泄露个人隐私信息。2017年6月1日开始实施的《中华人民共和国网络安全法》，从法律层面更好地保护了国家、个人的网络信息安全。

任务二 网络营销环境分析

学习目标

知识目标：熟悉网络营销宏观环境、微观环境的具体内容。
能力目标：学会对网络营销进行宏观环境、微观环境分析。
素养目标：培养学生实事求是、求真务实的严谨态度。

【任务导入】

在医药电子商务出现之前，人们只能在实体药店购买医药商品。近些年，随着医药电子商务的兴起，消费者的购药习惯正在向在线医疗和医药商品配送服务方向发展。消费习惯的改变使得线下实体药店不得不面临新的挑战。对此，某连锁药店考虑和某大型电子商务平台合作，除了及时响应消费者应急、多元场景的购药需求外，也借平台优势开拓适合移动互联网的售药模式，优化医药商品售卖方式，推进传统线下实体药店的数字化升级。

思考：该连锁药店与某电子商务平台合作，需要做哪些网络营销环境分析呢？请你针对案例中的背景资料，分析该连锁药店的网络营销环境。

网络营销环境是指对企业生存和发展产生影响的各种内外部条件。站在企业网络营销应用的角度，可将网络营销环境分为宏观环境和微观环境。营销环境是一个综合概念，由多方面因素组成，随着社会发展，特别是网络技术在营销中的应用，营销环境也越来越变化多端。虽然对于营销主体而言，环境和环境因素是不可控的，但也有一定的规律性，可以通过营销环境分析对其发展趋势和变化进行预测。企业的营销观念、消费者的需求和购买行为，都是在一定的经济社会环境中形成并发生变化的。因此，对网络营销环境进行分析是十分必要的。

一、网络营销宏观环境

网络营销宏观环境是指间接影响和制约医药企业的社会约束力量，即影响企业生存和发展的不可控性较强的各种外部条件，包括人口环境、经济环境、自然环境、政治和法律环境、科学技术环境、社会文化环境等多方面因素，如图3-2所示。分析网络营销宏观环境的目的在于帮助企业更好地认识环境，使网络营销更好适应社会环境及其变化，以达到企业营销目标。网络营销宏观环境对企业短期利益的影响可能不大，但对企业长期的发展具有很大影响。所以，企业一定要重视网络营销宏观环境的分析研究。

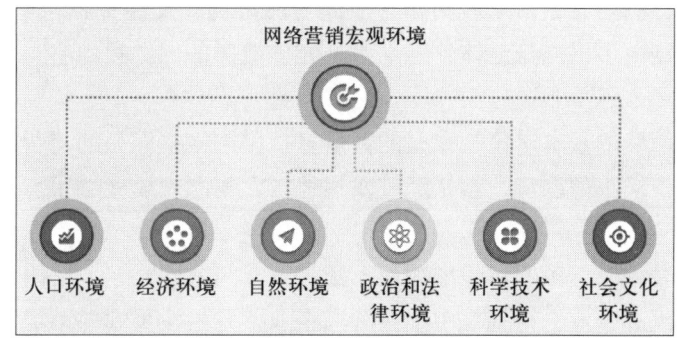

图3-2 网络营销宏观环境及其组成因素

1. 人口环境

人口是构成市场潜量的第一要素，人口环境的变化与市场营销活动有着十分密切的关系。人口越多，潜在市场规模越大。分析人口环境应主要从人口规模、年龄结构、性别结构、家庭结构、城乡结构和民族结构（见图3-3）多方面考虑。医药企业必须重视对人口环境的研究，密切关注人口特征及其发展动向，不失时机抓住市场机会。

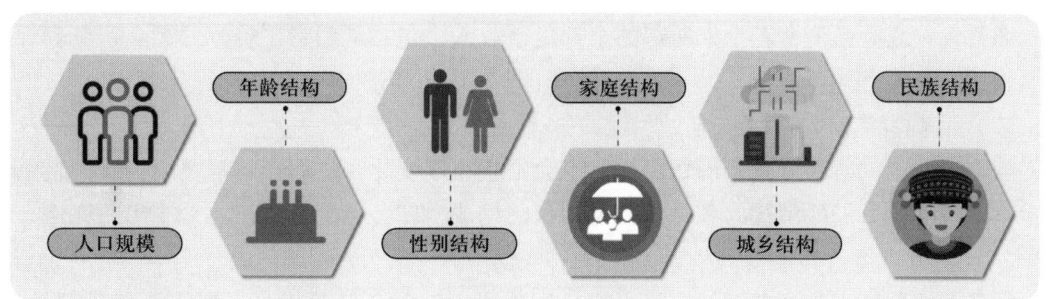

图3-3 人口环境的构成

（1）人口规模

人口规模是指一个国家或地区人口数量的多少。人口增长率是指一个国家或地区人口出生率与死亡率的差，反映了一个国家或地区人口增长速度的快慢。一个国家或地区的人口规模和人口增长率能够反映这个国家或地区市场规模的大小以及发展潜力。一般情况下，企业在决定投资方向和投资规模时，一定要考虑所进入市场人口数量的多少以及人口增长速度的快慢。很多国外医药企业都争相进入我国市场，主要就是因为我国人口基数大，国家经济发展水平不断提高，已成为世界最大的潜在市场之一。

（2）年龄结构

不同年龄的消费者对商品的需求不同。我国逐步进入人口老龄化社会，延长生命和控制疾病已经成为社会面对的重要课题。这给医药企业也带来了机遇，药品、保健品、营养品等医药商品市场需求不断提升。

（3）性别结构

性别不同，其市场需求结构和需求方式也有明显差异，反映到医药市场上就会出现女性医药商品市场和男性医药商品市场。例如，在保健品市场，女性更青睐于购买补血、减肥、美容类商品，男性则更多以强身健体、维生素补充体能类的保健品为主。

（4）家庭结构

家庭是购买、消费的基本单位，家庭的数量直接影响某些商品的消费数量。目前，世界上普遍呈现家庭规模缩小的趋势，越是经济发达地区，家庭规模就越小。

（5）城乡结构

市场规模会随着城镇居民的数量增加而不断扩大，与此同时，也给医药企业带来了发展机遇。越来越多的医药企业，特别是中小型医药企业，开始注重农村市场，为农村市场提供质优价廉的医药商品以满足农村居民需要。

（6）民族结构

我国是一个多民族国家，不同民族的生活习性、文化传统也不尽相同。各民族的医药商品种类需求存在很大差异，医药企业要注意不同民族市场的需求，尊重民族习惯，重视开发适合各民族特性的医药商品。

2. 经济环境

（1）消费者收入

消费者收入是指消费者个人所得的全部货币收入，包括消费者工资、养老金、红利、租金、赠予等收入。

（2）消费者支出和消费结构

随着消费者的收入变化，消费者支出也会发生相应变化，进而影响消费结构。消费结构是指消费过程中人们所消耗的各种商品及服务的构成，即各种消费支出占总支出的比例。

（3）消费者储蓄和信贷

消费者的购买力受到储蓄的直接影响。当收入一定时，储蓄越多，现实消费量就越小，而潜在消费量越大；反之，储蓄越少，现实消费量就越大，而潜在消费量越小。

（4）社会经济发展水平

企业市场营销活动受到整个国家或地区社会经济发展水平的制约。社会经济发展阶段不同，居民收入不同，消费者对商品的需求也不同，从而会在一定程度上影响企业市场营销活动。

(5) 地区与行业发展状况

地区经济发展的不平衡，对企业的投资方向、目标市场以及营销战略的制定等都会产生巨大影响。

(6) 城市化程度

城市化程度是指城市人口占全国总人口的比例，它是一个国家或地区经济活动的重要特征之一。对于我国这样一个城乡二元制明显的国家来说，医药企业在开展市场营销活动时，要充分注意到消费行为的城乡差别，相应调整营销策略。

【知识链接】

恩格尔定律

恩格尔定律是19世纪德国统计学家和经济学家恩格尔提出的一种经济学原理。

恩格尔定律指出，当收入增加时，人们倾向于提高其消费品的多样性和品质，而不是增加它们的数量。例如，当一个人收入增加时，他可能会选择住更好的房子或拥有更好的汽车，而不是在超市里买更多的食物或购买更多的衣服。即随着人们收入的增加，人们的基本需求和日常开支占总消费的比例会减少。反映这一定律的系数被称为恩格尔系数，如图3-4所示。其公式表示为：

恩格尔系数（%）=食物支出金额/总支出金额×100%

国际上经常用恩格尔系数来衡量一个国家和地区人民生活水平的状况。根据联合国粮农组织提出的标准，恩格尔系数低于30%为最富裕，30%~39%为富裕，40%~49%为小康，50%~59%为温饱，达到60%及以上为贫困。

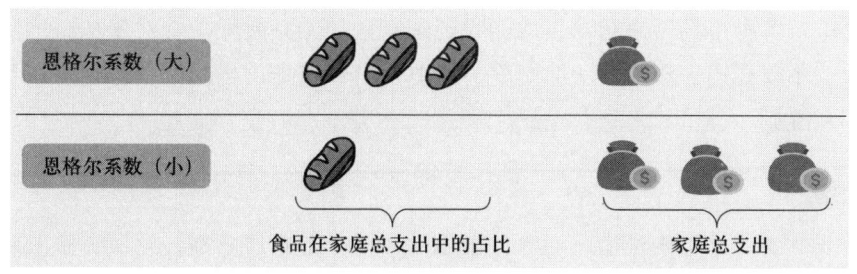

图3-4 恩格尔系数及其影响

3. 自然环境

自然环境是指一个国家或地区的客观环境因素，主要包括自然资源、气候、地形地质、地理位置等。随着科技的进步和社会生产力的提高，自然状况对经济和市场的影响整体是下降的趋势，但自然环境制约经济和市场的内容、形式则在不断变化。随着人类社会的进步和科学技术的发展，世界各国都加快了工业化进程，这一方面创造了丰富的物质财富，满足了人们日益增长的物质需求，另一方面面临着资源短缺、环境污染等问题。从20世纪60年代起，世界各国开始关注经济发展对自然环境的影响，成立了很多环境保护组织，促使各国政府加强环境保护立法，这些都对企业的市场营销活动产生了挑战。

思政小园地

经济发展和环境保护是辩证统一的关系。经济发展和环境保护的目的是统一的，都是为了满足人民美好生活的需要；两者的内容也是统一的，经济发展与环境保护相辅相成，是可以相互转化的。绿水青山就是金山银山。一方面，高质量发展须是绿色的、可持续的发展；另一方面，我们加大环境治理力度，加快生态绿化建设，形成绿色生产方式和生活方式，促使环境质量不断提升，也能为经济发展提供更大空间。

4. 政治和法律环境

政治和法律环境是影响企业营销活动的最重要的宏观环境因素之一，是指在特定社会中影响和限制组织与个人的法律、政府机构等。政治环境引领企业营销活动的方向，法律环境则规定了企业经营活动的行为准则。政治和法律相互联系，共同对企业的市场营销活动产生影响。

（1）政治环境

政治环境包括人口政策、能源政策、物价政策、财政政策、金融与货币政策等。医药行业身系广大人民生命健康，是一个特殊的行业，因此政府对其宏观指导甚至管制很多。例如，医保医药商品必须通过当地监管部门的招投标、集中采购谈判，宣传广告必须申请广告批准文号等。

（2）法律环境

法律环境是指国家或地方政府所颁布的各项约束网络营销的法律法规、政策文件等，企业只有依法进行各种市场营销活动，才能受到国家法律的有效保护。对于从事国际市场营销活动的企业，不仅要遵守本国的法律制度，还要了解和遵守市场国的法律制度以及有关国际法规、惯例和准则。

思政小园地

医药企业的法律意识是法律观、法律敏感性和法律思想的总称，是医药企业对法律制度的认识和评价。企业的法律意识，最终都会转化为一定的法律行为并产生结果。每个医药企业都要有法治意识，依法治理企业。法律对医药企业的保护和制约不是孤立存在的，而是相辅相成的。一方面，医药企业要遵纪守法，树立良好的企业形象；另一方面，各级立法机构也要积极地完成法律体系的建设和完善。

5. 科学技术环境

科学技术是社会生产力中最活跃的因素，影响着人类社会的历史进程和社会生活的方方面面，对企业网络市场营销的影响更是显而易见的。新技术产生许多新的行业和产品供市场选择，但对传统行业的经营者却带来了巨大压力。科技进步为市场营销管理提供了更为先进的物质基础与技术条件，有利于市场决策。新技术给市场带来大量的新产品，并且不断提高产品性能和结构以满足人们日益增长的需求，新材料、新工艺和新设备使产品生命周期明显缩短。这些变化和趋势都对市场营销造成影响。

6. 社会文化环境

社会文化是一个国家和地区民族特征、价值观念、生活方式、风俗习惯、宗教信仰、伦理道德、教育水平、语言文字等的总和。文化对所有参与市场营销活动的组织和个人都有重大影响，它不仅影响企业市场营销组合，而且影响消费者的消费心理、消费习惯等，这些影响大多是通过间接的、潜移默化的方式来进行的。

二、网络营销微观环境

网络营销微观环境是由企业及其周围活动者组成的，直接影响着企业为消费者服务的能力，包括企业内部环境、供应商、营销中介、消费者、竞争对手、公众等因素，如图3-5所示。分析网络营销微观环境因素的主要目的是为企业建立有效的营销策略提供指导，包括制订网络营销计划、建立网络营销导向的企业网站、利用各种网络营销手段等。

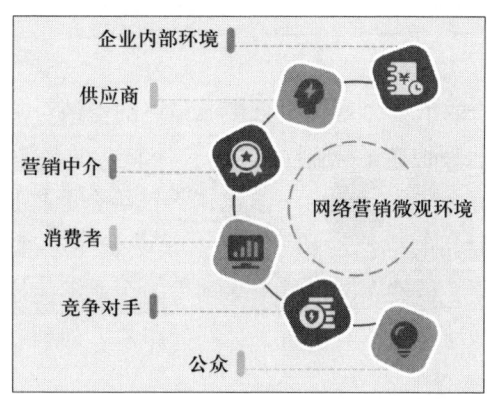

图3-5　网络营销微观环境及其组成因素

1. 企业内部环境

企业内部环境是指企业内部各部门的关系及协调合作状况。企业内部环境包括市场营销部门之外的某些部门，如财务、研发、采购、生产、销售等部门。这些部门与市场营销部门密切配合，构成了企业市场营销活动的完整过程。市场营销部门根据企业最高决策层规定的任务、目标、战略和决策，作出各项营销方案，并在得到上级领导的批准后执行。财务、研发、采购、生产、销售等部门相互联系，为生产提供充足的原材料和能源供应，并为企业建立考核和激励机制，协调市场营销部门与其他部门的关系，以保证企业网络营销活动的顺利开展。

2. 供应商

供应商是指向企业及其竞争对手提供生产经营所需原料、部件、能源、资金等生产资料的企业或个人。供应商对企业的网络营销业务有实质性影响。企业与供应商之间既有合作又有竞争关系，这种关系既受宏观环境影响，又制约着企业网络营销活动。因此，企业一定要处理好与供应商的关系。

3. 营销中介

营销中介是指协调企业促销和分销其产品给最终购买者的企业或个人。营销中介主要包括中间商、代理中间商、市场营销机构等。其中，中间商即销售商品的企业，如批发商和零售商；代理中间商即服务商，如运输公司、仓库、金融机构等；市场营销机构，如产品代理商、市场营销咨询企业等。

网络技术的运用给传统经济体系带来巨大冲击，流通领域的经营行为产生了分化和重构，消费者可通过网上购物和在线销售自由选购自己所需商品，生产者、批发商、零售商和网络销售商都可以建立自己的网站并营销商品，所以一部分商品不再按原来的产业和行业分工进行，也不再遵循传统的商品购进、储存、运输流程。网上销售，一方面，使企业之间、行业之间的分工模糊化，形成产销合一、批零合一的销售模式；另一方面，随着凭订单采购、零库存运营、直接委托送货等新业务形式的出现，服务于网络销售的各种中介机构也应运而生。一般情况下，除了拥有完整分销体系的少数大公司外，企业都与中介机构合作与联系较为频繁。

4. 消费者

消费者是企业商品销售的市场，是企业直接或最终的营销对象。网络技术的发展极大地消除了企业与消费者之间地理位置的限制，建立了一个让双方更容易接近和交流信息的机制。互联网真正实现了经济全球化、市场一体化，不仅给企业提供了广阔的市场营销空间，同时也增强了消费者选择商品的广泛性和可比性。消费者能够通过网络得到更多的需求信息，其购买行为更加理性化。虽然在网络营销活动中，企业不能控制消费者的购买行为，但可以通过有效的网络营销活动，给消费者留下良好的印象，处理好与消费者之间的关系，促进商品销售。

5. 竞争对手

竞争是商品经济活动的必然规律。企业在开展网上营销的过程中，不可避免地要遇到业务与自己相同或相近的竞争对手。研究竞争对手并取长补短，是克敌制胜的好方法。

6. 公众

公众是指与企业网络营销活动发生关系的各种群体的总称，主要包括金融公众、媒介公众、政府公众、社团公众、社区公众和企业内部公众等。公众对企业的态度会对企业网络营销活动产生巨大影响，既能有助于企业树立良好的形象，也能损害企业的形象。所以，企业必须处理好与主要公众的关系，争取公众的支持，为自己营造和谐、宽松的社会环境。

【知识链接】

网络营销环境的分析工具——SWOT分析

研究网络营销环境的目的在于充分认识环境因素对于网络营销活动与效果的影响，从而更好地把握网络营销的本质,为制定有效的网络营销策略提供指导。网络营销的宏观环境和微观环境相互共存,并相互促进。对于企业来说,在实施任何策略发展市场时,必须关注与其自身密切相关的营销环境。我们对营销环境进行分析的常用工具是SWOT分析。

SWOT分析是基于内外部竞争环境和竞争条件下的态势分析,就是将与研究对象密切相关的各种主要内部优势和劣势以及外部的机会和威胁等,通过调查列举出来,并依照矩阵形式排列,用系统分析的思路,把各种因素相互匹配加以分析,从中得出一系列结论,而结论通常带有一定决策性。

SWOT分析中,S(strengths)是优势、W(weaknesses)是劣势、O(opportunities)是机会、T(threats)是挑战。按照企业竞争战略的完整概念,战略应是一个企业"能够做的"(即组织的强项和弱项)和"可能做的"(即环境的机会和威胁)之间的有机组合。

任务三 网络消费者研究

学习目标

知识目标:熟悉网络营销中不同类型消费者及其消费的影响因素。
能力目标:能够分析网络消费者的消费动机。
素养目标:培养学生以人为本的职业态度。

一、认知网络消费者

网络消费者是指利用电子商务平台进行购物和消费行为的组织或个人。随着互联网技术的普及和电子商务的发展,越来越多的人选择通过网络购买各种商品或服务。

医药网络消费者是指利用医药电子商务平台进行医药产品购买和健康咨询等行为的组织或个人。随着互联网和电子商务的发展,越来越多的人选择在线购买药品、保健品和医疗器械等医药产品,也借助网络平台获取健康咨询和医疗服务。对于医药行业来说,医药网络消费者的崛起也提供了新的业务拓展机遇和发展空间。

二、网络消费者的类型

网络消费者主要有简单型、冲浪型、接入型、议价型和定期与运动型五种类型。

1. 简单型消费者

该类型消费者需要的是方便快捷的网上购物体验。简单型消费者可能每月只花几个小时上网,但网上交易占比却非常高。网络经销商需要为这一类型消费者提供真正的便利,使其在网上购物时更加方便快捷。要满足这类型消费者的需求,需要用心设计导航栏项目并注意搭配销售。

2. 冲浪型消费者

冲浪型消费者在网络上浏览的时间较长，其访问的网页是其他网民的多倍。冲浪型消费者一般对更新快、富有创意的网站更感兴趣。

3. 接入型消费者

接入型消费者是指新接触网络的消费者。该类型消费者不只是购买普通商品，而是更加关注能否与互联网连接，自己的设备是否具有智能化的特性。接入型消费者更注重设备之间的互通性、平台的开放性和人机界面的友好性等特性，这些因素也成为他们网上购物的重要因素。

对于网络经销商来说，满足这一消费者群体的需求是一项重要挑战。在这个过程中，网络经销商需要更新产品与技术，投入更多的新品研发成本和市场营销成本，不断改善用户体验，为消费者提供更优质的商品和服务。

4. 议价型消费者

议价型消费者有一种趋向购买便宜商品的意愿，喜欢讨价还价，并有强烈的在议价中获胜的愿望。该类型消费者对价格比较敏感，在商品主图上标明"大减价""清仓处理""限时抢购"等字眼，就能够轻松吸引到他们的注意力。

5. 定期与运动型消费者

定期与运动型消费者通常都是被网站内容所吸引。其中，定期型消费者常常访问新闻和商务网站，而运动型消费者喜欢运动和娱乐网站。目前，网络经销商面临的挑战是如何吸引更多的网民，并努力将网站访问者变为消费者。对于定期与运动型消费者，网络经销商需要保证自己的站点包含该类型消费者所需要的和感兴趣的信息。

三、网络消费需求的特点

1. 时间和空间的突破

互联网与移动通信的应用，改变了人们生产、生活和学习的方式，消费者可以随时随地在线交易，突破了消费行为在时间和空间上的限制。

2. 消费者需求的差异性

不仅消费者的个性消费使网络消费需求呈现差异性，不同的网络消费者因其所处的环境不同也会产生不同需求。

3. 个性化消费需求

随着工业化和标准化生产方式的发展，消费者的个性被淹没在大量低成本、单一化的商品洪流中。随着互联网时代的到来，消费者进行商品选择的范围更广，他们开始制定个人消费准则，个性化消费成为消费主流。越来越多的消费者具有个人特定的需求和偏好，他们希望能够在网络上找到针对个人的特定商品。

4. 追求方便与购物乐趣并存

在网上购物，除了能够满足实际的购物需求，消费者在购买商品的同时，还能得到许多信息，享受在传统商店感受不到的乐趣。当前，人们对消费过程的追求出现了两种趋势：一部分工作压力较大、时间紧张程度较高的消费者以购物快捷为目标；另一部分消费者由于劳动生产率的提高和自由支配时间的增多，希望通过消费增加生活的乐趣。

5. 消费的主动性增强

在许多大额消费中，消费者往往会主动通过各种可能的渠道获取与商品有关的信息并进行分析比较，通过分析比较，消费者能坚定购买商品的信心，增加对商品的信任程度和心理上的满足感。

6. 消费者互动意识增强

传统的商业流通渠道由生产者、商业机构和消费者组成，其中商业机构发挥着重要作用，而生产者不能直接了解市场，消费者也不能直接向生产者表达个人消费需求。而在网络环境中，消费者能直接参与到生产和流通环节中，与生产者直接沟通，从而减少了信息的不客观性。

7. 消费者选择商品的理性化

网络营销系统强大的信息处理能力，为消费者挑选商品提供了前所未有的选择空间。消费者会利用在网络上得到的信息对商品反复比较，以决定是否购买。

8. 价格相对低廉

从消费的角度看，价格虽然不是决定消费者是否购买商品的唯一因素，但也是消费者购买商品时肯定要考虑的因素。网上购物之所以具有生命力，一个重要的原因是线上销售商品的价格普遍低廉。尽管经营者都倾向于以各种差别化来削弱消费者对价格的敏感度，避免恶性竞争，但价格始终会对消费者的心理产生重要影响。因为消费者可以通过网络联合起来与厂商讨价还价，所以商品定价逐步由企业定价转变为消费者引导定价。

四、网络消费者的消费动机

1. 消费动机的概念

网络消费者的消费动机是指在网络消费活动中，能使网络消费者产生消费行为的某些内在驱动力。

对于企业市场营销部门来说，通过了解消费者的消费动机，就能够有依据地说明和预测消费者行为，采取相应手段。而对于网络营销来说，消费动机研究更为重要，因为网络消费者复杂多变的消费行为很难被直接观察到，只能通过文字或语言的交流加以想象和体会。

2. 网络消费者的消费动机分析

网络消费者的消费动机包括需求动机和心理动机两个方面。

（1）需求动机

网络消费者的需求动机是指由消费者的需求而引起的消费动机。要研究消费者的消费行为，首先必须要研究网络消费者的需求动机。美国著名的心理学家马斯洛把人的需要划分为五个方面，即生理需要、安全需要、社交需要、尊重需要和自我实现需要。马斯洛需要层次理论对网络需求层次的分析具有重要的指导作用，而随着网络技术的发展，使人们的需求在网络虚拟社会中得到满足。在虚拟社会中，人们主要希望满足以下三个方面的基本需要。

1）兴趣需要。网络用户之所以热衷于网络，是因为对网络活动抱有极大兴趣。这种兴趣的产生，主要来自两方面内在驱动：一是猎奇，即人们出于好奇而积极投身于虚拟社会；二是成功的内在驱动力，即当人们在网络上找到自己需要的资料、软件、游戏，通过学习资料获得知识、学习软件掌握技能、在游戏中升级通关时，产生一种成功的满足感。

2）聚集需要。虚拟社会为具有相似经历的人提供了聚集的机会，这种聚集不受时间和空间的限制，并形成富有意义的社会关系。通过网络而聚集起来的群体是一个极为开放的群体，每个成员都有独立发表自己意见的权利，这使得在现实社会中经常处于紧张状态的人们得以放松。

3）交流需要。聚集起来的网络用户，自然会产生一种交流需求。随着信息交流频率的增加，交流范围也不断扩大，从而产生示范效应，带动对某些种类的商品和服务有相同兴趣的成员聚集在一起，形成商品信息交易网络，即网络商品交易市场。在这个交易市场中，参与到某一群体中的人大都带有目的，所谈论的问题集中在商品质量的好坏、价格的高低、库存量的多少、新商品的种类等。

（2）心理动机

心理动机是由于人们的认知、情感、意志等心理过程而引起的动机。网络消费者的心理动机主要体现在理智动机和情感动机两个方面。

1）理智动机。理智动机建立在人们对商品的客观认识的基础上。网络消费者大多是中青年，具有较高的分析判断能力。他们的消费决策是在反复比较各种商品之后才作出的，对所购买商品的特点、性能和使用方法早已了然于胸。理智动机具有客观性、周密性和控制性。在理智动机驱使下的网络消费动机使消费者首先注意的是商品的先进性、科学性和质量好坏，其次才注意商品的经济性。这种消费动机的形成，使消费决策基本上受控于理智，而较少受到外界影响。

2）情感动机。情感动机是由人的情绪和情感所引起的消费动机。这种消费动机可以分为两种形态。一种是低级形态的情感动机，它是由喜欢、满意、快乐、好奇而引起的。这种消费动机一般具有冲动性和不稳定性。还有一种是高级形态的情感动机，它是由人们的道德感、美感、群体感所引起的，具有稳定性和深刻性。

3. 网络医药消费者的需求动机

消费者通过网络购买医药产品的需求动机主要可以归纳为以下四点。

（1）便捷性需求

网络购药为消费者提供了极大的便利，消费者可以随时随地通过互联网或移动通信浏览和购买药品，不用亲自前往药店或医疗机构。这种购药方式节省了消费者大量时间和精力，尤其对于居住在偏远地区或行动不便的人来说，网络购药成了一个更加便捷的选择。

（2）支付成本需求

支付成本是指消费者为了购买该产品或服务所消耗的货币、时间、精力、体力等成本。

网络消费者通在线购买药品，能够有效减少支付成本。例如，在线购药平台通常提供多种品牌和价格的药品供消费者选择，这使得消费者能够选择性价比最高的药品。此外，一些平台还提供优惠券、折扣等促销活动，进一步吸引消费者在线购买。

（3）隐私保护需求

对于一些涉及个人隐私的药品购买，如性健康产品、精神类药物等，消费者可能更倾向于在网上购买，以避免在实体药店中可能遇到的尴尬或泄露隐私的情况。

（4）丰富的信息资源需求

在线购药平台通常提供详细的药品信息、用户评价、用药指南等，消费者可以通过阅读这些信息来了解药品的疗效、用法、副作用等信息。一些平台还提供在线问诊开处方和用药咨询服务，消费者可以向医师或药师咨询用药问题，获得专业的建议和指导。

五、网络消费者的消费过程

网络消费是用户为完成消费或与之有关的任务而在网络虚拟消费环境中浏览、搜索相关商品信息，从而为消费决策提供必要信息，并实现消费的过程。电子商务的兴起使网络消费作为一种崭新的个人消费模式，日益受到人们的关注。网络消费者的消费决策过程，是消费者需要、消费动机、消费活动和使用感受的综合与统一。网络消费者的消费过程可分为确认需求、收集信息、比较选择、消费决策、使用评价五个阶段，如图3-6所示。

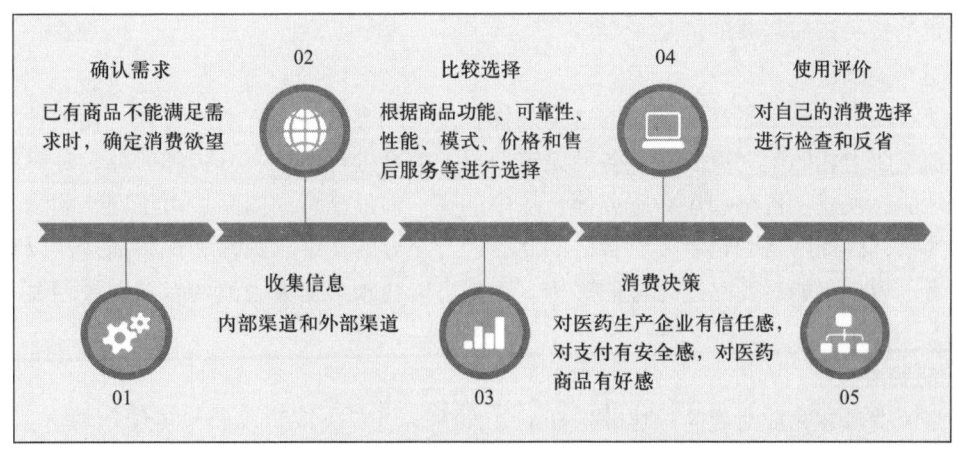

图3-6 网络消费者的消费过程

1. 确认需求

网络消费过程的起点是诱发需求，当消费者认为已有商品不能满足需求时，才会产生消费欲望。在传统消费过程中，消费者需求是在内外因素的刺激下产生的，但对于网络营销而言，诱发需求的动因只能局限于视觉和听觉。因此，网络营销对消费者的吸引是有一定难度的。作为企业或中介机构，要注意了解消费者对自己商品有关的实际需求和潜在需求，掌握消费者对这些需求在不同时间的强烈程度以及诱发因素，以便设计相应的促销手段去吸引更多的消费者浏览商品页面，诱导他们的需求欲望。

2. 收集信息

当需求被唤起后,每一个消费者都希望自己的需求能得到满足,从而上网收集信息,收集信息的渠道主要有内部渠道和外部渠道两个方面。消费者首先在个人的记忆中搜寻可能与所需商品相关的知识经验,如果没有足够的信息用于决策,个人便要到外部环境中去搜寻与此相关的信息。当然,不是所有的消费决策都要求同样程度的信息和信息搜寻,根据消费者对信息需求范围和对信息需求程度的不同,可将消费决策问题的解决分为以下三种模式。

(1) 广泛问题解决模式

广泛问题解决模式是指消费者尚未建立评判特定商品或特定品牌的标准,也不存在对特定商品或特定品牌的购买倾向,而是很广泛地收集某种商品信息。处于这个层次的消费者,可能是因为好奇或其他原因而关注自己感兴趣的商品。这个过程搜寻的信息会为以后的消费决策提供经验。

(2) 有限问题解决模式

处于有限问题解决模式的消费者,已经建立了对特定商品的评判标准,但尚未建立对特定品牌选择的倾向。这时,消费者有针对性地搜寻信息,这个层次的信息搜寻,能真正且直接地影响消费者的消费决策。

(3) 常规问题解决模式

在这种模式中,消费者对将来购买的商品或品牌已有足够的经验和特定的消费倾向,因此为确定消费决策而需要的信息较少。

3. 比较选择

消费者需求的满足是有条件的,这个条件就是实际支付能力。消费者为了使消费需求与自己的消费能力相匹配,就要对从各种渠道搜寻的信息进行比较、分析和研究,针对商品的功能、性能、模式、价格和售后服务等,从中选择一种最满意的商品。由于网络购物不能直接接触实物,因此网络营销者要对自己的商品进行充分的文字、图片和视频描述,以吸引更多消费者。但也不能对商品进行虚假宣传,否则可能会永久地失去消费者甚至被相关监管部门处罚。

4. 消费决策

网络消费者在完成对商品的比较选择后,便进入消费决策阶段。与传统消费方式相比,网络消费者在消费决策时理智动机所占比例较大,而感情动机的比例较小。网上消费决策行为与传统消费决策相比速度更快。

医药网络消费者在决策购买医药商品时,一般要具备以下三个条件:一是对医药生产企业有信任感;二是对支付有安全感;三是对医药商品有好感。所以,网络营销的医药企业需要通过各种方式提升消费者对于本企业的信任度,促使消费者消费行为的实现。

5. 使用评价

消费者购买商品后,通过使用该商品对自己的消费选择检查和反省,以判断消费决策的准确性。使用评价往往能够决定消费者以后的消费动向。为了提高企业竞争力,最大限度地占领市场,企业必须虚心听取消费者的反馈意见和建议,而方便、快捷的评价系统为网络营销者收集消费者使用评价提供了得天独厚的优势。在收集到使用评价后，通过计算机软件系统的分析归纳，可以迅速找出网络营销过程中的缺陷和不足，及时了解消费者的需求，制定相应对策，并改进自己的商品性能和售后服务。

六、影响网络消费者消费的因素

网络消费者的心理和行为取决于他们的需求和欲望，而消费者的需求和欲望以及消费习惯和行为是在多重因素的影响下形成的。网络消费者在消费过程中会受到内部因素和外部因素的影响。其中，内部因素如年龄、计算机应用水平等；外部因素如网站形象、商品价格、交易安全、物流配送速度、服务水平、他人评价等。如果利用好这些因素，会促使消费者作出消费决策和消费行为；如果利用不好，消费者可能会离开该网站，结束消费行为。影响网络消费者消费的因素主要有以下六个方面。

1. 消费者个体因素

消费者个体因素包括性别、年龄、教育背景、工作领域和收入情况等，这会影响消费者的网络消费行为。网络购物是一种新型消费模式，它的推广和扩散应该遵循一般规律，即在一个社会系统中，较早采用这种新模式的人群应该年纪较轻、学历相对较高、财务状况较好等。比如，中年消费者是医药电子商务的主力群体对象。

另外，消费者的计算机应用水平和网络经验也同样影响消费者的消费行为。消费者进行网络购物必须使用互联网，检索商品信息、登录网站、浏览网页等都需要一定的网络知识储备。相较于传统消费者，网络消费者拥有网络知识不同，对网上购物就会采取不同的态度和行为。

2. 网站或应用程序因素

网站或应用程序的知名度、设计理念和布局等会影响消费者的消费行为。网站或应用程序相对于网络消费者在一定程度上就如同商场相对于传统消费者，商场的布局、商品的陈列都会对消费者的消费行为产生影响。同样，网站或应用程序的设计布局对网络消费者也会产生很大影响。网站或应用程序的知名度和声誉会影响消费者的态度，一般情况下，消费者都会选择知名度高、声誉良好的网站或应用程序进行购物。

3. 产品因素

消费者进行网络消费行为的最终目的是满足其对商品的需求，由于商品特性不同，会导致消费者作出不同的消费决策。因此，在网上销售商品，首先要考虑网络消费者的特征，即以中青年人为主，他们追求时尚、新颖和个性，注重商品的新颖性和个性。其次要考虑消费者在购买商品时的体验参与程度。如果一件商品的消费者体验参与程度比较高，即非标准化商品，可以采用线上线下相结合的方式。研究发现，在网络环境中，消费者对商品价格的敏感度比在传统渠道中更高，消费者选择网络消费，重要原因之一是网络消费价格低廉。

4. 安全性因素

对个人隐私及交易安全的担心是影响网络消费行为的两大先决因素，此外还有对商品质量的担忧等。由于在线交易的特殊性，基于互联网进行的电子商务活动一般都需要消费者向注册网站提供相关个人信息。然而对于这些用户的个人信息，很多网站并没有像事先承诺的那样采取保密措施，有的甚至为了牟取暴利将用户个人信息出卖给其他网站。此外，网络购物具有虚拟特性，消费者通过网络与商家交流并购买商品，在收到商品之前无法像传统消费那样亲自触摸感受商品，一些思想比较保守、谨慎的消费者会对网络消费持怀疑态度，甚至打消网络消费行为的念头。

5. 便利性因素

一方面，与传统线下实体店相比，网络商店具备很多独特功能，可以同时完成商品信息的收集、交易支付及配送，这是网络消费的最大优势。另一方面，消费者可以减少传统消费所花费的时间和精力，不会受到天气、交通等外界环境因素的限制和干扰，并且没有时间限制，只要条件许可，消费者可以 24 小时随时随地购买到所需商品。因此，方便和节约时间是许多消费者选择网络消费的重要因素，这对医药电子商务活动来说特点尤其突出。

6. 互动性因素

相信很多人都有过这种体验：刚走进商场就有许多营销人员围在身边推销商品以提高业绩。这样，消费者在购买商品时就没有独立思考的空间，作出的消费决策往往不能满足自己的需求，甚至会购买了自己不需要的产品。而在网络消费时，消费者可以根据自己的需求任意搜索商品，在网站导航目录的帮助下，可以查询到每个商品的具体特征、功能等信息。并且网站都为消费者提供了帮助中心和多种即时沟通方式，在消费过程中遇到问题或困难都可以直接向网站的客服人员求助。

任务四　网络营销目标市场选择

学习目标

知识目标：掌握网络营销目标市场、目标市场细分、目标市场覆盖策略的含义。
能力目标：熟悉网络营销目标市场定位的方向及策略。
素养目标：学会有效选择网络营销目标市场，增强市场营销意识。

【任务导入】

某医药企业开发了一种新型保健品，旨在提高人体免疫力并预防常见传染病。该企业最后决定将此保健品推向个人消费者市场。这种新型保健品的目标市场定位为具有较高健康意识的个人消费者群体，包括老年人、慢性疾病患者群体、经常外出旅行群体等。

思考：如果该新型保健品将进行网络营销，可以选择哪些目标市场？

一、网络营销目标市场

目标市场是指企业或品牌所针对的特定消费者群体或市场细分。选择目标市场是为了更好地满足消费者需求，并通过有针对性的营销策略和推广活动获得更好的市场份额。目标市场营销是现代营销管理的一大经典成果，它同样适用于网络营销。也就是说，在开展网络营销之前，应该先将网络市场细分为多种不同的子市场，然后选择目标市场。企业可以开发系列网站，以服务于各个细分市场。网络目标市场营销的主要步骤如图3-7所示。

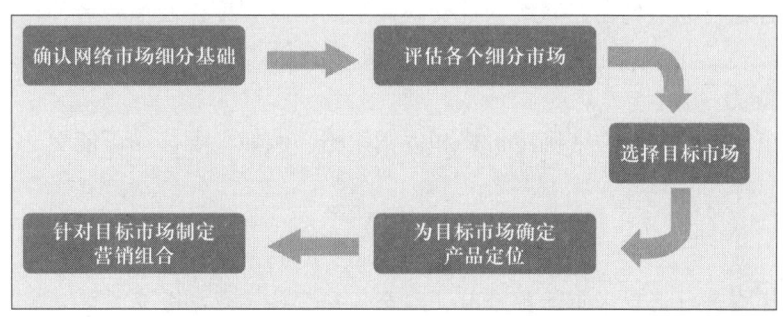

图3-7 网络目标市场营销的主要步骤

二、网络营销目标市场细分

网络营销目标市场细分是企业在调查研究的基础上，依据网络消费者的需求、购买动机与习惯爱好的差异性，把网络市场划分成不同类型消费群体的过程。其中，每个消费群体就构成一个细分市场，每个细分市场都由需求购买动机与习惯爱好大致相同的网络消费者组成，不同细分市场之间则存在明显的差异性。

1. 网络消费者市场细分

市场细分是网络目标市场营销的第一步。市场由消费者组成，消费者具有不同特性，如年龄和性别、兴趣和行为、地理位置、教育程度和职业、消费习惯、消费能力等，都可以作为市场细分的变量要素。

（1）年龄和性别

根据商品或服务的特点，确定网络目标市场的年龄和性别。不同年龄、不同性别消费者可能对不同类型商品或服务感兴趣。例如，健身类商品可能更适合年轻人，而护肤品可以针对女性。

（2）兴趣和行为

依据网络目标市场消费者的消费行为和兴趣爱好也是一个重要的市场细分方式。例如，一些消费者可能喜欢购买电子书或音乐，而另一些消费者可能喜欢购买实体书籍或CD光盘。

（3）地理位置

根据商品或服务的地理属性，确定目标市场的地理范围，消费者的地理位置也会影响他们的消费行为。例如，城市居民可能更容易接触到各类线上购物平台，而农村地区消费者可能更倾向于传统的线下购物。此外，可以考虑国际市场的扩展，根据商品适应性和消费者需求选择目标市场。

（4）教育程度和职业

根据目标市场的教育程度和职业来确定相应的网络营销策略。例如，高科技产品可能更适合 IT 专业人士。

（5）消费习惯

在社交媒体上活跃的消费者可能更容易被各种广告和社交分享吸引，从而对网络消费有更高热情。相反，那些不常使用社交媒体的消费者可能更多地依赖于口碑或传统媒体广告。营销人员需要考虑目标市场在互联网和社交媒体上的活跃程度以及消费者使用的主要电子商务平台。

（6）消费能力

根据目标市场的消费能力来确定价格和促销策略。例如，奢侈品可能更适合高消费能力的人群。

> **即学即练**
>
> 请简单阐述在进行消费者市场细分时，你会选择哪些市场细分变量要素。

2. 网络市场细分的评估

实现网络市场细分化，并不是简单地把消费者视为需求相同或不同即可，因为它在企业市场营销活动中的战略地位，直接影响到企业各种营销策略的组合。因此，进行了网络市场细分后，一定要对其进行以下五个方面的评估。

（1）可衡量性

可衡量性是指表明消费者特征的有关资料的存在，以及获取这些资料的难易程度。这样市场细分不仅范围比较明晰，而且能够大致判定该市场的大小。例如，以地理位置、年龄和性别等要素进行市场细分时，相关信息获得比较容易，而以消费者兴趣和行为要素进行市场细分时，其信息就较难获得。

（2）实效性

实效性是指细分市场的需求规模及获利性值得企业进行开发的程度。也就是说，细分市场必须大到足以使企业实现它的利润目标。一个细分市场是否大到足以实现具有经济效益的营销目标，取决于这个市场的人数和购买力。在进行市场细分时，企业必须考虑细分市场中消费者的数量和消费能力。一个细分市场应是适合设计一套独立营销计划的最小单位。因此，市场细分并不是分得越细越好，而应该科学归类，保持足够容量，使企业有利可图。

（3）可接近性

可接近性是指企业能有效集中力量接近细分市场并有效为之服务的程度。企业对所选中的细分市场，应能有效地集中营销能力开展营销活动。可接近性一方面是指企业能够通过一定媒体把商品信息传递给细分市场的消费者；另一方面是指商品经过一定的渠道能够到达细分市场。对企业难以接近的网络营销市场进行细分是毫无意义的。

（4）反应差异性

反应差异性是指不同的细分市场对企业采用相同营销策略组合的不同反应程度。如果网络营销市场细分后，各细分市场对相同的营销组合策略作出类似反应，就不需要为每个细分市场制订一套独立的营销计划，细分市场也就失去了意义。

（5）稳定性

稳定性是指细分市场必须在一定时期内保持相对稳定，以使企业制定较长期的营销策略，有效开拓并占领该细分市场，获取预期收益。若细分市场变化过快，将会增加企业经营风险。

> **即学即练**
>
> 请你简述如何判断细分市场是否合理。

三、网络营销目标市场覆盖策略

在评估不同的细分市场之后，营销人员往往会发现有不止一个细分市场可进入。这时，就需要采用不同的市场覆盖策略。

1. 单一细分市场覆盖策略

当企业资源有限，细分市场并无竞争对象，或者是企业在此单一细分市场拥有关键的成功要素时，营销人员可以考虑采用此种策略，即"集中火力攻击"单一细分市场。

2. 选择性专业化覆盖策略

有选择性地进入几个不同的细分市场。如果每个细分市场都具有吸引力，且符合企业的目标和资源水平，这些细分市场之间很少或根本不发生联系，就可采用此种策略。这种策略的优点在于可分散企业的经营风险。

3. 商品专业化覆盖策略

如果企业在某个专业领域享有良好声誉，则可以凭单一的专业化商品或服务满足数个细分市场的需要。

4. 市场专业化覆盖策略

企业集中满足某一特定消费者群体的各种需求。

5. 全面覆盖策略

企业试图为所有消费者群体提供他们需要的所有商品。这种策略通常只有那些拥有丰富资源的企业以及大型综合类电子商务平台才适合采用，具体可分为无差异性网络营销和差异性网络营销两种方式。

任务五　网络营销产品策略

 学习目标

知识目标：掌握网络营销产品概念和产品品牌与包装。
能力目标：能够分析网络营销产品生命周期阶段和不同阶段营销策略。
素养目标：培养学生在开展电子商务活动中一丝不苟、高度自律的职业精神。

【任务导入】

某知名医药生产企业想进军国内钙片市场，特推出了一款新的钙片产品，这款钙片产品主打高钙、服用方便、价格实惠等优势特点。在该产品上市之前，该企业首先进行了一系列市场调研和竞争对手分析，以确定推广和营销策略。随后，该企业通过多种网络平台宣传这款钙片产品。

在推广过程中，该企业还为消费者提供了精致、美观的钙片分装药盒，并通过网络平台宣传产品不仅适用于有补钙需求的人群，更可以作为关爱家人的礼品，扩大了消费者需求。结合网络及实体药店的促销活动，为该医药生产企业的钙片产品促销带来了非常明显的效果。在很短时间内，该钙片产品销量得以迅猛增长，并在市场中占据了较大的份额。

思考：1. 该钙片产品属于产品生命周期的哪个阶段？
2. 该企业针对这一阶段做了哪些网络营销推广？

一、网络营销产品的概念

网络营销行为是企业利用互联网信息技术，围绕网络环境，通过创建和运营网站，以满足消费者和商家需求的过程。营销是企业经营和运作的重要内容，如何结合实际制定合理的营销策略，是企业实现其经营价值和利润的核心工作。特别是在电子商务环境下，营销方式、技术基础、消费者和市场竞争都发生了深刻变化。市场营销组合由传统营销4P［即产品（product）、价格（price）、地点（place）、促销（promotion）］组合，转变为现代营销4C［即消费者的欲望和需求（customer）、满足需求的成本（cost）、方便的购买环境（convenience）、定时双向沟通（communication）］组合。网络营销突破了传统营销所处的环境，给企业创造了无限生机，同时也带来了挑战，企业的营销理念及其管理模式都要发生根本性改变。

一个企业的生存和发展，关键在于它所生产的产品能否满足消费者需求。任何企业制定产品策略都必须适应消费者的需求以及其发展趋势。

1. 传统营销产品的概念

按照传统观念，产品是指某种有形的可用来交易的劳动产物，如服装、家具等。但从市场营销学的观点来看，市场营销过程不仅是推销产品的过程，更是一个满足消费者需求的过程。而消费者需求是多方面的，不但有生理和物质方面的需求，还有心理和精神方面的需求。因此，营销产品应该是一个产品整体，其中包含核心产品、有形产品和附加产品三个层次。其中，核心产品是产品整体概念中最基本和最实质的层次，是指产品给消费者提供的基本效用和利益，是消费者需求的中心内容。例如，医药产品的核心是预防和治疗疾病。有形产品是指核心产品所展示的全部外部特征，即呈现在市场上的产品的具体形态或外在表现形式，主要包括产品的剂型、质量、规格、品牌、包装等。具有相同效用的产品，其表现形态可能有较大差别。附加产品是指消费者因购买产品所得到的全部附加服务和利益，包括质量保证、咨询、送货、安装、售后、维修等，这是产品的延伸或附加，它能够给消费者带来更多利益和更大满足，如用药咨询、物流状态查询等。

医药产品层次如图3-8所示。

项目三 医药电子商务网络营销

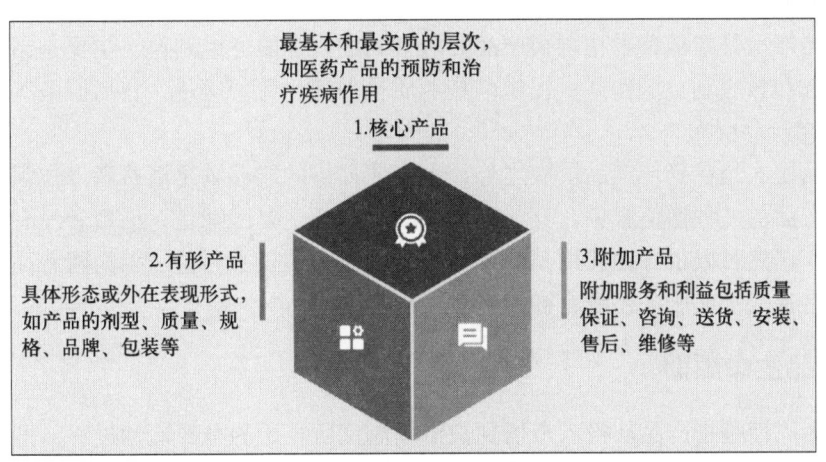

图 3-8 医药产品层次

2. 网络营销产品的内涵

由于网络营销是在网络虚拟市场中开展营销活动并实现企业营销目标的，面对与传统市场的差异，必须满足网络消费者个性化的需求特征。因此，网络营销产品的内涵与传统产品的内涵有一定差异性，主要是网络营销产品的层次对传统营销产品的层次进行了扩展。

在传统市场营销中，产品满足的主要是消费者一般性需求，因此产品相应地分成了三个层次。虽然传统营销产品中的三个层次在网络营销产品中依然起着重要作用，但产品的设计和开发主体地位已经从企业转向消费者。由于企业在设计和开发产品时还必须满足消费者的个性化需求，因此网络营销产品在传统营销产品层次上还要增加两个层次，即期望产品层次和潜在产品层次。据此，网络营销产品可分为以下五个层次。

（1）核心利益或服务层次

核心利益或服务层次是产品最基本的层次，是满足消费者需求的核心内容，也是消费者消费的实质性内容。例如，消费者购买食品的核心是为了满足充饥和营养需要；购买药品是为了获得健康、减少病痛折磨。营销的目标在于发现隐藏在产品背后消费者的真正需求，把消费者所需要的核心利益和服务提供给消费者。因此，营销人员要了解消费者需求的核心所在，以便进行有针对性的生产经营。

（2）有形产品层次

有形产品是产品在市场上出现时的具体物质形态，是企业的设计和生产人员将核心产品通过一定的载体，转载为有形物体表现出来的形态，包括产品的剂型、款式、颜色和包装等。

（3）期望产品层次

网络营销中，消费需求呈现个性化特征，不同消费者可以根据自己的爱好对产品提出不同要求，因此产品的设计和开发必须满足消费者的个性化需求。消费者在购买产品前对可购产品的质量、使用方便程度、特点等方面的期望值，就是期望产品层次。现代社会已由传统的企业设计开发、消费者被动接受，转变为以消费者为中心、消费者提出要求、企业辅助消费者来设计开发产品、满足消费者个性需求的新发展趋势。

(4) 延伸产品层次

延伸产品层次是指消费者在购买产品时所得到的附加服务或利益,主要是帮助消费者更好地使用服务和核心利益。例如,提供信贷、质量保证、免费送货、售后服务等。

(5) 潜在产品层次

潜在产品层次是在延伸产品层次之外,由企业提供的能够满足消费者潜在需求的产品层次,主要是产品的一种增值服务。其与延伸产品层次的主要区别是,消费者没有潜在产品层次的需求时,仍然可以很好地使用其需要的产品的服务和核心利益。因为随着高新技术的发展,有很多潜在需求或服务还没有被消费者发现。

二、产品生命周期

产品生命周期是指产品从投入市场到被市场淘汰所经历的全部运动过程,即产品的市场寿命周期或经济寿命周期。产品生命周期理论认为,产品像生物一样,会经历出生,然后慢慢地成长、成熟、渐渐衰老,最后走向生命尽头,而产品的营销和盈利情况也会随着这个过程而发生改变。根据这个规律,我们把产品从进入市场到退出市场,分为引入期、成长期、成熟期和衰退期共四个阶段。产品处于生命周期不同阶段的时候,市场对它的需求量、它在市场上的竞争情况、针对它的市场营销策略和消费者面对它的心理状态等,都会呈现出不同特点。产品生命周期是由市场的需求生命周期决定的,企业绝不能一概而论,应针对不同阶段的特点灵活运用各种网络营销传播方式。产品生命周期及其营销曲线如图3-9所示。

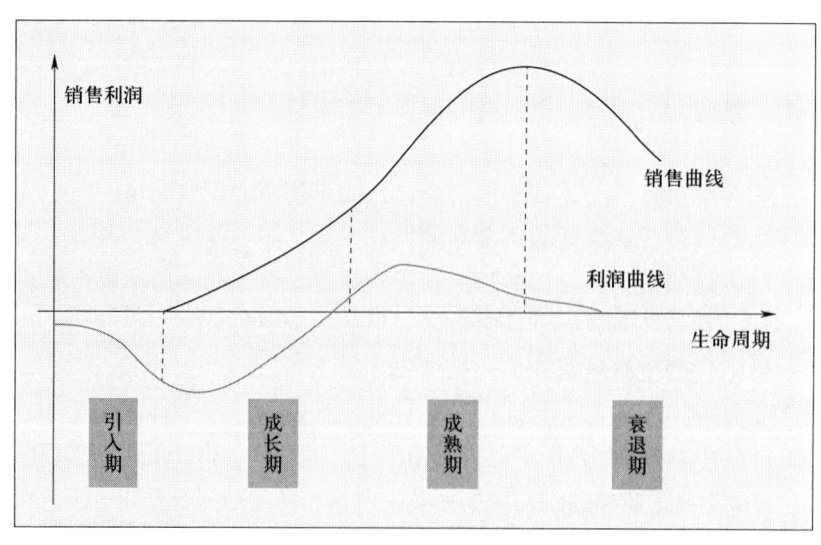

图3-9 产品生命周期及其营销曲线

1. 引入期

在这一阶段,产品刚刚进入市场,消费者对其还不熟悉。因此,企业需要开展广告宣传和市场推广,以提高产品知名度和认可度。同时,企业也需要投入大量资源进行市场调研和产品定位,以确保产品的市场需求和竞争优势。

（1）引入期市场特点

产品刚进入市场，销售量一般较低，其知名度和市场占有率也非常低。对于消费者而言，还不了解产品的特点、用途、性能等信息，受原本消费习惯的影响，消费者很难接受，甚至会拒绝和抵制该产品。对于中间商而言，该产品有无销路还是未知，因此不敢贸然代理或采购。企业为了扩大产品销路，就需要进行广泛宣传。因此，引入期的产品会受到技术、销量等方面限制，很难进行大批量生产，从而导致成本过高，销售额较小，企业不仅利润很低，甚至反而会亏损。

（2）引入期营销目标

引入期营销目标主要包括：全方位宣传企业新产品，促使消费者认识产品，打造产品知名度；提高目标消费者的产品使用率，努力开发中间商，提升产品铺货率，尽快缩短产品入市时间。

2. 成长期

一旦产品开始受到市场认可并获得持续增长的销售额，即进入了成长期。在这一阶段，产品的销售量和市场份额都在不断增长，利润也会随之增加。此时，企业应继续加大市场推广力度，在产品质量和品牌形象上保持竞争优势，以巩固该产品的市场地位。

（1）成长期市场特点

产品在进入成长期后，销售量、市场份额和利润额等都得到快速增长，这个时候企业竞争者也会被利润吸引，争先恐后地进入市场，导致同类产品的供应量大大增加。

（2）成长期营销目标

成长期营销目标主要包括：巩固已有市场，进一步挖掘市场的巨大潜力；打造企业品牌，引导消费者认牌选购，最大限度地抢占市场份额。

3. 成熟期

在成熟期，产品的销售量增速开始放缓，市场已趋于饱和。此时，企业需要思考如何保持市场份额和吸引消费者。一种常见的策略是通过产品创新和不断改进，提供更好的产品特性和更好的用户体验。同时，企业还需要关注产品的定价策略、营销推广和渠道管理，以提高市场竞争力。

（1）成熟期市场特点

在产品成熟期，由于市场对产品的需求渐渐趋于饱和，产品已经被大众熟知。各种品牌的同类产品甚至仿制品进入市场，竞争的结果往往是产品同质化程度大大提高，而消费者对产品的宣传早已不敏感。

（2）成熟期营销目标

成熟期营销目标主要包括：完善企业品牌建设，打造品牌差异化；在稳定产品市场占有率的前提下，去吸引更多消费者，加强消费者忠诚度建设；机智地应对激烈的市场竞争，延长产品成熟期，甚至促使产品生命周期实现新循环。

4. 衰退期

在衰退期，产品的市场需求大幅下降，销售量和利润都在逐渐减少。此时，企业需要评估产品的可持续性和市场前景。如果没有可行的改进策略，企业可能会撤出市场，寻找新的机会或产品。

【知识链接】

特殊产品的生命周期形态有所不同。

1. 非连续循环阶段

例如，时尚品的生命周期只有一个成熟期，一上市即热销，之后很快就会衰退。

2. 再循环阶段

产品销售进入衰退期后由于其他原因又进入增长期，这种形态与企业促销投入有关，或者消费者需求发生改变。

（1）衰退期市场特点

衰退期产品销售量急速下降，产品处于被淘汰的艰难过程中。由于产品利润大大下降，实力弱小的竞争者陆续退出市场，并且常常降低产品价格来处理存货。企业在产品衰退期阶段，一般有四种战略能够选择：第一种是继续策略，这时市场对该产品还有一定需求，营销组合整体变化不大，销售量也会维持在一定的水平；第二种是集中策略，即对于利润高的产品，集中资源进行营销推广，这利于延缓产品退出市场，挖掘衰退期产品最后的利润；第三种是"榨取"策略，即尽量降低营销成本，高度利用忠诚度较高的消费者持续购买，"榨取"一定的利润；第四种是放弃策略，即面对衰退速度较快的产品，应该从现有的产品组合中果断剔除。

（2）衰退期营销目标

衰退期营销目标主要包括：全力减少各种费用，尽量用最小投入争取最大收益；尽力放缓销售量的下降速度和幅度。

【知识链接】

医药产品生命周期就是指医药产品从进入市场开始到被市场淘汰为止的全过程，因其商品特殊性，可扩展分为以下五个阶段：

1. 开发期

医药产品的开发期是指从开发医药产品的构思到医药产品正式上市的阶段。

2. 导入期

医药产品的导入期是指新医药产品首次正式上市后的最初销售阶段。

3. 成长期

医药产品的成长期是指医药产品转入批量生产和扩大市场销售额的阶段。

4. 成熟期

医药产品的成熟期是指医药产品进入大批量生产，市场已渐渐趋于饱和，处于竞争最激烈的阶段。

5. 衰退期

医药产品的衰退期是指医药产品已经过时，进入逐渐被市场淘汰的阶段。

三、产品生命周期各阶段网络营销策略

网络营销已经成为现代企业推广产品的重要手段之一,从一个产品的生命周期角度来说,网络营销策略需要随着不同阶段的变化而变化。在产品生命周期的不同阶段,企业可以利用不同的网络营销手段来提升产品的知名度和销售量。

1. 引入期网络营销策略

根据引入期的市场特点和营销目标,产品在引入期的营销应强调一个"快"字,即快速让广大消费者认识和接受该产品,并快速产生新需求。在这一时期,企业的主要目标是让消费者了解自己的产品,并尝试购买和使用。为了实现这一目标,企业可以利用搜索引擎优化来提高产品在搜索引擎中的排名,增加产品曝光度。同时,可以通过社交媒体平台、博客和论坛等渠道与消费者互动,提供产品的详细信息,并鼓励消费者分享和推荐。需要注意的是,医药健康类产品的网络宣传要遵守《互联网广告管理办法》《药品、医疗器械、保健食品、特殊医学用途配方食品广告审查管理暂行办法》等相关政策文件的规定。

2. 成长期网络营销策略

根据成长期的市场特点和营销目标,企业宣传的重点已经不像引入期那样希望消费者都来购买这种新产品,而是转为大力宣传产品的商标和品牌,以此提高企业产品的品牌知名度,塑造品牌形象,促使消费者形成品牌偏好。在此阶段,企业应优先选择口碑营销类或是口碑营销类和广告类的组合,并且以口碑营销类为主。一方面,可利用网络广告、搜索引擎、电子杂志、社交平台等方式来持续扩大产品知名度,以量取胜;另一方面,企业在保证产品质量的情况下,可利用网络口碑营销,使产品在虚拟社区间,利用相关群体之间的口口相传,引起更大的关注。有效的口碑传播,可为企业节省宣传费用,而且也会因为口口相传的传播方式而使企业产品更受信任,有利于企业在激烈的竞争中树立自己的品牌形象,培养更多高忠诚度的消费者。同时,也可以通过建立定期更新的电子邮件营销和消费者忠诚度维护计划等方式与现有消费者保持联系,提供特别优惠和折扣等福利,增加产品黏性。

3. 成熟期网络营销策略

根据成熟期的市场特点和传播目标,企业应主要采取差异化策略,突出本企业的个性,应优先选择个性化营销类为主,并以口碑营销类传播方式为辅的网络营销策略。企业一方面可通过口碑营销类传播方式继续完善品牌建设,另一方面可以为消费者提供新颖、人性化的传播方式,或是在营销传播的同时改善客户体验等,以此提高消费者满意度。这样,在给老顾客带来惊喜的同时,也给新顾客送去了新奇,既能留住老顾客,同时又吸引来更多新顾客。

4. 衰退期网络营销策略

根据衰退期的市场特点和营销目标,如果企业选择的是放弃策略,则产品的生命已经终结,无需再做网络营销,应该把资源都运用到新产品研发上。如果企业选择的是继续策略、集中策略或"榨取"策略,则应优先选择直接营销类传播方式。因为直接营销类传播方式最大的特点就是精准性和及时性,它能针对消费者作出准确有效的沟通并得到及时反馈,使营销传播的费用减少到最低,并得到良好的效果。

在这个阶段,产品的市场需求逐渐减少,并且市场份额也逐渐被竞争对手所取代。为了延长产品寿命,企业可以考虑降低产品价格,进行折扣促销或者与其他产品进行捆绑销售。同时,可以通过社交媒体营销和影响力营销等手段,重新塑造产品的品牌形象,吸引更多消费者关注。

思政小园地

在医药行业漫长的发展过程中,很多药店历经引入期、成长期、成熟期直到衰退期。而同仁堂至今已有三百五十余年的历史,历经沧桑,依旧屹立不倒。其重要原因是同仁堂一直严格按照规章制度进行采购、生产、加工、经营,体现了医药行业从业人员的高度自律。同时,同仁堂也践行了医药行业的古训,"修合无人见,存心有天知",意思是制药的过程无人了解,但其制作工艺一定要以一丝不苟的态度完成,其动机好坏自会受到道德的评价。

即学即练

产品在经历四个周期阶段时,你会分别选择哪种营销方式?

四、网络营销产品品牌与包装

1. 产品品牌

通过网络营销,可以使企业提升其品牌价值。网络平台是实现产品品牌在互联网上推广营销的根据地。一方面,在实体商店可以配合广告、公关、促销等开展系列营销活动;另一方面,通过互联网平台,营销活动的反馈沟通均可在网络平台上实现。同时,这些营销活动都应以品牌核心价值为基准点,可以确保营销活动的持久性与连贯性。

有效的网络营销活动能够比传统的途径和方法更为快捷地达到深化品牌传播的目的。首先,可以扩展品牌形象,忠诚于这一品牌的消费者,会在网上寻找这个品牌的详细信息;其次,掌握名牌产品的企业更应该引入网络品牌传播理念,不要让网上新兴的虚拟企业抢占有利地位。

2. 产品包装

网络营销已成为企业推广产品的重要手段之一,在进行网络营销时,产品的包装起到非常重要的作用。

(1)吸引消费者

网络营销产品的包装对于吸引消费者的注意力至关重要。在互联网中,消费者通常会快速浏览网页或社交平台,只对那些吸引眼球的产品感兴趣。因此,一个有吸引力的、独特的包装可以快速吸引消费者注意力,促使他们详细浏览并了解产品,从而提高消费可能性。

(2)传达产品价值

网络营销产品的包装还可以传达产品的价值和特点。通过精心设计的包装,企业可以向消费者展示产品的高品质和独特之处。包装可以通过颜色、图案、字体和标语等元素来传达产品特征,让消费者感到产品的价值和吸引力。此外,一个良好的包装设计还可以帮助消费者与品牌建立情感连接,增加产品的认可度和忠诚度。

（3）提升品牌形象

网络营销产品的包装也可以提升品牌形象。包装是企业品牌的一部分，它可以直接反映品牌形象和价值观。一个精心设计的高质量的包装可以表达企业的专业、创新和时尚形象，增强品牌的知名度和竞争力。此外，网络营销产品的包装也能够让消费者更容易识别品牌，并快速将品牌纳入需求范围。

网络营销产品及其包装对于企业推广产品至关重要。一个有吸引力、能传达产品价值和品牌形象的包装设计可以吸引消费者注意力，提高产品的销售潜力。因此，企业在进行网络营销时应该重视产品的包装设计，并不断优化以适应市场需求。

知识点概述

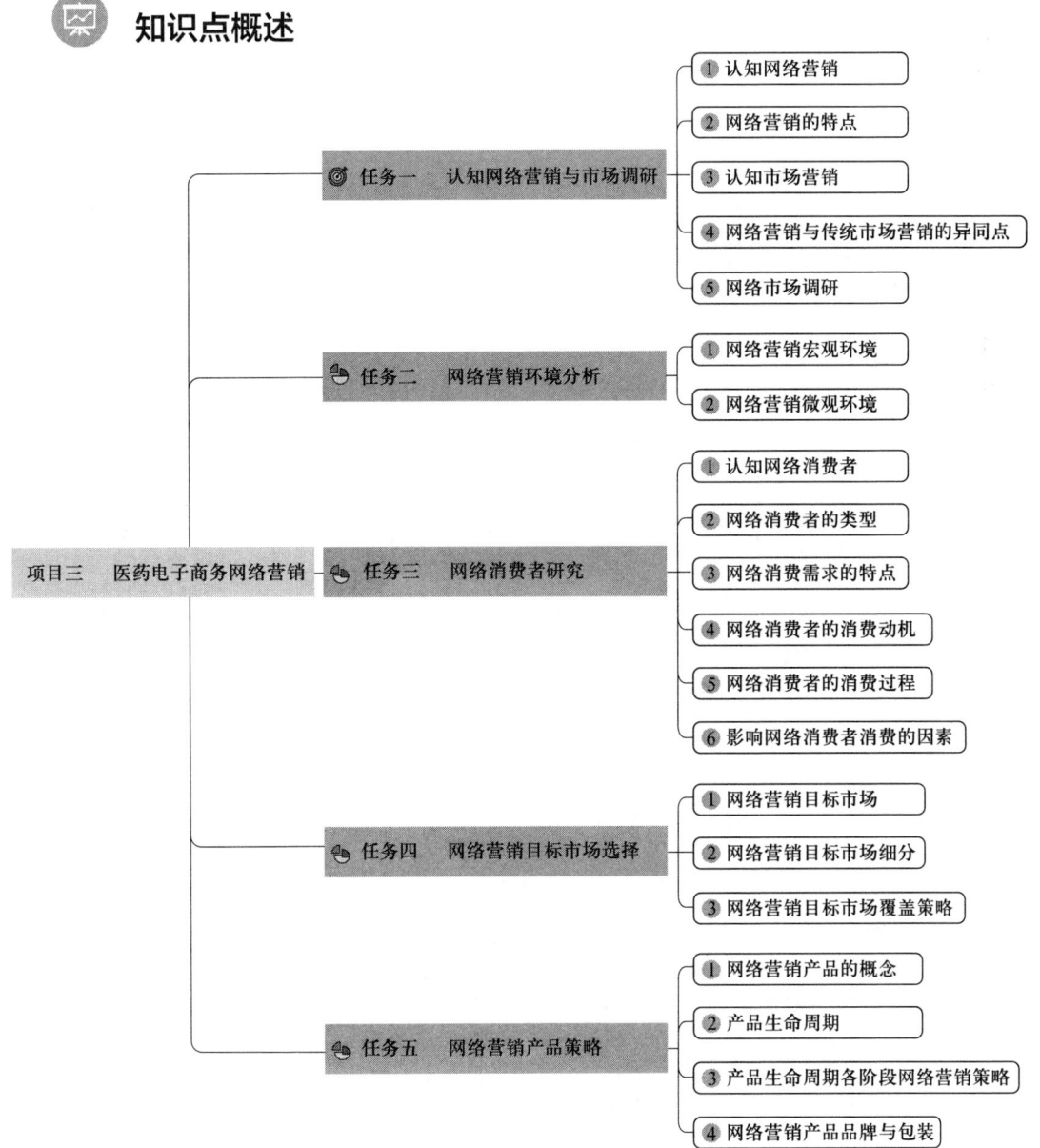

目标任务

一、任务分析

某医药连锁药店新上架一款艾灸贴，经试用效果不错，准备在网上销售。经分析，其成本为每盒8元，快递费为每单6元，请帮助其进行网络营销环境分析和消费者研究。具体任务包括：

1. 根据该产品进行网络营销环境分析。
2. 针对该产品进行消费者研究。

二、任务准备

能上网的计算机、纸、笔。

三、任务实施

1. 任务分组

分成若干小组后，以小组为单位进行任务训练。

2. 小组讨论

（1）并填写网络营销环境SWOT分析表，见表3-1。

表3-1　　　　　　　　　网络营销环境SWOT分析表

营销环境	分析内容
宏观环境	
微观环境	

（2）制作并填写网络消费者分析表。

3. 汇报展示

各组选派代表上台将各组的分析结果进行汇报，说明分析的过程和得出结果的依据。展示完成的营销环境SWOT分析表和网络消费者分析表。

四、任务评价

按照表 3-2 所列评分标准进行测评，并做好记录。

表 3-2　　　　　　　　　　　　　实训评分标准

序号	考核内容	考核标准	配分	得分
1	信息整理	能够搜集、筛选准确有效的信息	5	
2	营销环境分析	能够对营销环境进行正确分析，分析营销环境对企业营销的优势、劣势、机会、威胁	30	
3	消费者分析	能够准确判断网络消费者的类型、特点及消费动机	30	
4	确定目标市场	能够根据网络消费者分析选择目标市场	20	
5	团队合作	团队合作紧密，共同完成任务	5	
6	汇报展示	讲述清楚，逻辑清晰，分工合理	10	
		合计	100	

目标检测

一、单项选择题

1. 产品在市场上被消费者所接受，全面铺开，销售额呈现快速增长的时期是产品生命周期阶段的（　　）。

    A. 引入期　　　　B. 成长期　　　　C. 成熟期　　　　D. 衰退期

2. 由于市场对产品的需求逐渐趋于饱和，产品已经被大众熟知的产品生命周期阶段是（　　）。

    A. 引入期　　　　B. 成长期　　　　C. 成熟期　　　　D. 衰退期

3. 网络营销是基于（　　）及社会关系网络，连接企业、用户及大众，向用户及大众传递有价值的信息和服务，为实现顾客价值及企业营销目标所进行的规划、实施及运营的管理活动。

    A. 广播电视　　　　　　　　　　B. 互联网
    C. 商场　　　　　　　　　　　　D. 交易方式和交易环节

4. 关于网络营销与电子商务的关系，以下错误的是（　　）。

    A. 二者涉及的范围不同
    B. 电子商务关注的重点是实现了电子化交易
    C. 网络营销关注的重点在于交易前阶段的宣传和推广
    D. 网络营销等于电子商务

5. 关于网络营销与电子商务的关系，以下正确的是（　　）。
　　A. 网络营销是电子商务的组成部分　　B. 电子商务是网络营销的组成部分
　　C. 网络营销等于电子商务　　D. 开展网络营销则一定实现了电子商务
6. 下列关于网络营销与传统市场营销相同点说法错误的是（　　）。
　　A. 营销目的相同　　B. 都是通过营销组合发挥作用
　　C. 都是以满足消费者需求为出发点　　D. 信息传播模式相同
7. 网络营销的人口环境不包括（　　）。
　　A. 人口规模　　B. 年龄结构　　C. 城乡结构　　D. 政治环境
8. （　　）是刚接触网络的新手，该类型消费者不只是购买普通的商品，而是更加关注能否与互联网连接，自己的设备是否具有智能化的特性。
　　A. 简单型消费者　　B. 冲浪型消费者　　C. 接入型消费者　　D. 议价型消费者
9. （　　）有一种趋向购买便宜商品的意愿，喜欢讨价还价，并有强烈在议价中获胜的愿望。该类型消费者对价格比较敏感，在商品主图上标明大减价、清仓处理、限时抢购等字眼，能够很容易吸引到该类消费者。
　　A. 简单型消费者　　B. 冲浪型消费者　　C. 接入型消费者　　D. 议价型消费者
10. 网络产品包装的作用不包括（　　）。
　　A. 吸引消费者　　B. 捆绑销售　　C. 传达产品价值　　D. 提升品牌形象

二、填空题

1. 网络消费者的市场细分变量要素有＿＿＿＿、＿＿＿＿、＿＿＿＿、＿＿＿＿、＿＿＿＿。
2. 巩固已有市场，进一步挖掘市场巨大潜力；打造企业品牌，引导消费者认牌选购，最大限度地抢占市场份额，是产品＿＿＿＿期的营销目标。
3. ＿＿＿＿是基于互联网及社会关系网络，连接企业、用户及公众，向用户及大众传递有价值的信息和服务，为实现顾客价值及企业营销目标所进行的规划、实施及运营的管理活动。
4. 网络营销的＿＿＿＿是指以用户关系网络的价值体系为基础设计的网络营销战略。
5. ＿＿＿＿是指企业在竞争的市场环境下，以顾客为中心，通过研究市场需求、制定市场战略、开发产品、运作营销组合、实行销售、服务等一系列活动，以满足消费者需求，提高产品销量和品牌知名度，达到盈利和发展的商业行为。
6. 设计网络调研问卷应遵循的原则有＿＿＿＿、＿＿＿＿、＿＿＿＿、＿＿＿＿。
7. 医药网络市场调研的步骤包括＿＿＿＿、＿＿＿＿、＿＿＿＿、＿＿＿＿。
8. 常见的网络调研问卷平台有＿＿＿＿、＿＿＿＿、＿＿＿＿、＿＿＿＿。
9. 网络消费者的类型主要有＿＿＿＿、＿＿＿＿、＿＿＿＿、＿＿＿＿。

10. 网络消费者的消费过程可分为五个阶段，即_____、_____、_____、_____、_____。

三、简答题

1. 如何进行产品衰退期网络营销方式的优化选择？
2. 网络营销有哪些特点？
3. 请简述网络营销与传统营销的异同点。
4. 请简述网络消费需求的特点。

项目四 医药电子商务运营

任务一 医药电子商务大数据

 学习目标

知识目标：掌握医药电子商务大数据的概念与特征及其大数据的商业价值。
能力目标：熟知医药电子商务大数据精准营销应用和描绘用户画像的流程。
素养目标：培养学生大数据思维，提高信息分析加工能力。

【任务导入】

DD健康成立于2014年，正逢医药电子商务O2O模式集中爆发，市场上涌现出如DD快药（DD健康旗下的子公司）等众多主打O2O模式的医药企业，竞争十分激烈。当时，DD快药打出"28分钟送药到家"的口号，而其他同类公司给出的时间则是"1小时"。可见，28分钟这样巨大的时间优势，为DD快药在市场快速立足打下了较好的群众基础。经过几年的火热比拼，随着资本热度退去，大批O2O模式的医药企业因资金链断裂退场。DD快药却"活"了下来，并于2022年3月成功上市。但上市并不意味着DD快药就此可以松一口气，还需要面对一众医药电子商务即时配送领域巨头的竞争。

思考：随着国家医药电子商务政策明确网售处方药获许可一事落地，DD快药面临的竞争会越来越激烈吗？

随着"互联网+"概念不断深入医药行业，医药零售的格局悄然发生改变。在医药政策加持和需求端的刺激下，医药电子商务作为医药零售的新入口正不断加速。在"互联网+医药"的大趋势推动下，产业链中的各类企业纷纷转型，医药行业获得了全新的商业模式和发展机遇，行业网络零售额快速提升，电子商务已成为医药产品终端消费的重要渠道。

在此背景下，利用大数据判断医药终端需求的趋势，描绘用户画像并进行精准营销已是大势所趋。

一、医药电子商务大数据的概念与特征

1. 医药电子商务大数据的概念

大数据是一个较为抽象的概念，至今尚无确切统一的定义。2018 年，上海交通大学出版社出版的《英汉人工智能辞典》一书①，将大数据定义为：所涉及的资料量规模巨大到无法透过主流软件工具，在合理时间内达到撷取、管理、处理、并整理成为帮助企业经营决策更积极目的的资讯。

医药电子商务大数据是大数据在医药行业的具体应用。随着医药电子商务的快速发展，参与电子商务的主体，如医药生产企业、医药流通企业、医疗机构、第三方网络平台、仓储配送企业及金融机构等，在相关的商务活动过程中产生了海量数据集。通过大数据技术，可形成针对参与医药电子商务整个过程的各个机构、角色和业务活动的智能化应用，提供及时、可预见、可互动、可洞察的体验，从而实现"数智医疗"的目标。

【知识链接】

随着我国整体国力增强、国民生活水平提高、人口老龄化、医疗保障体系不断完善，政府鼓励将医药企业的研发、生产、销售与互联网大数据、云计算等新兴信息技术融合发展，为医药行业发展注入了新动能，促进行业跨越式发展。2022 年，我国医药市场规模约 16 586 亿元。

2. 医药电子商务大数据的特征

近年来，国务院出台了一系列重大政策，在促进创新和更好发挥人力资源优势方面的效应正在显现。以大数据为代表的创新意识和传统产业长期孕育的工匠精神相结合，使新旧动能融合发展，并带动传统产业改造和提升，有力推动虚拟世界和现实世界融合发展，打造我国经济发展的双引擎。

目前，大数据正快速发展为对数量巨大、来源分散、格式多样的数据进行采集、存储和关联分析，从中发现新知识、创造新价值、提升新能力的新一代信息技术和服务业态。大数据具有"5V"特征，即数据规模大（volume）、数据类型多（variety）、数据价值高（value）、处理速度快（velocity）和真实性高（veracity），如图 4-1 所示。

（1）数据规模大

大数据具有当前任何一种单体设备难以直接存储、管理和使用的数据量，其中所说的"大"也包括数据的全面性。

（2）数据类型多

在大数据中，刻画特定事物特征或规律的数据是以多种形式存在的。

---

① 王晓峰，高俊波，孙繁荣. 英汉人口智能辞典［M］. 上海：上海交通大学出版社，2019.

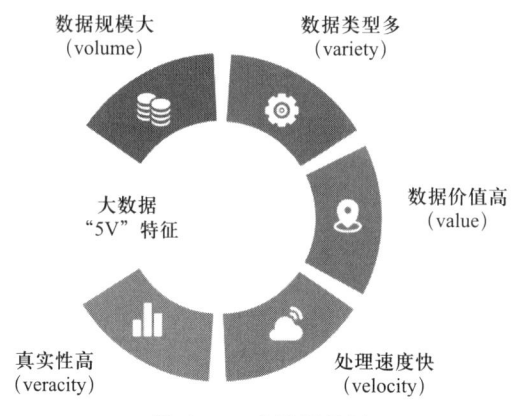

图 4-1 大数据特征

（3）数据价值高

数据就是资源，许多看似杂乱无章的数据，其蕴含着潜在的巨大价值，尤其是规模巨大的大数据的价值在不同的应用目的中得以充分体现。

（4）处理速度快

在大数据中，数据会随着时间和环境而发生变化，而通过相关技术，这些变化的数据处理起来速度更快。

（5）真实性高

大数据来源于现实世界的操作与应用，具有很高的数据质量，即数据的准确性和可信赖度高。

医药企业可以通过收集医药行业产生的各类数据，发掘消费者潜在需求和市场价值，实时指导自身采取有效、精准的营销方式，提升盈利能力。

即学即练

大数据的特征是什么？

二、医药电子商务大数据的商业价值

1. 提升医院和医师竞争力

大数据可以对医疗卫生数据进行专业化处理，将患者的病情、行为等数据进行更精细的挖掘。医药行业大数据的收集尤为重要，现在的医疗诊断大多还依靠医师的临床经验进行诊断和用药。依靠大数据技术，可以协助提高医师诊断的准确性。基于全国各地都已大力推行电子病历，可以对庞大的电子病历数据加以利用，进行全面分析处理。这样，既方便患者摆脱地域限制进行跨区域医疗诊断，更能为医师的诊疗决策提供科学的依据。当患者辗转多家医院就医时，医师可以通过调取患者病历，进行全面分析从而作出更为准确的判断。同时，大量临床决策数据的累积，为后期大数据分析提供了重要参考依据。大数据将为医院发展规划、医师的治疗方案和用药决策等提供数据支持，从而大幅提升医院的医疗服务整体水平和竞争力。

2. 推动医药研究的发展

目前，全球药物研发普遍成功率低、研发与生产周期长。一款新药从开始研发到投入市场，至少需要 10~15 年时间。许多正在研发的抗癌靶向药虽已取得一定疗效，但仍需数年才能上市，因为还要进行大量临床试验验证其安全性和有效性，并进一步优化。漫长的研发周期导致抗癌靶向药价格不菲，单一新药的开发和营销成本甚至高达数亿美元。

随着大数据和数字技术进入生产制造的各个环节，医药行业也开始借助这一技术，力图更经济、更有针对性地开发新药。医药企业内部沉淀了大量数据，但通常存放于不同系统，并未实现数据价值挖掘。过去，医药生产企业主要对临床试验数据进行系统分析，这类"纯数据"能以一套标准化的方式解读。而医疗记录等非结构化数据产生于医药生产的各个流程，一些关键数据甚至只能在研究人员手写的实验室记录中找到。大数据则可以收集和解读非结构化数据，从而优化生产流程。新药研发相关数据量庞大，每一个成功上市的新药背后都有上百万页文献资料。大数据技术有助于从海量临床记录和医学期刊中，帮助研究人员发现创新机会，提高成功率。而对一些突发、传染性强、死亡率高的疾病，更是需要迅速找到有效的抑制药物。大数据分析可以在全球范围内更快地检测疾病模式，加速新药研发。

因此，大数据技术可以分析医药商品需求，帮助医药企业有针对性地进行市场投放，优化资源配置。通过搭建数据平台，实现企业数字化资产沉淀并进行数据挖掘，可以赋能医药企业研发、生产等环节，助力医药企业降本增效。

3. 有利于医药电子商务企业精准营销

最早的营销方式一般依赖于大量前期调研，但会耗费大量的人力物力。目前，我国电子商务呈现爆发式增长，竞争非常激烈。利用大数据技术能帮助医药电子商务行业实现精准营销。

许多医药企业已经实现信息化管理，由此产生了大量数据，从这些数据入手，可以轻易挖掘自身企业已经拥有患者群体的潜在需求。建立一个完善的、具有一定规模的数据库，是进行精准营销的基础。而建立数据库是一项长期细致的工作，需要企业从基础数据的搭建上就开始规划，并持之以恒地坚持基础信息的录入，确保信息完整。获得这些信息之后，可以从中筛选出符合企业自身标准的潜在消费者，并在进行广告投放过程中，对消费者进行全面了解，再按照消费者的消费偏好为其推广需要的产品，提升消费者的体验度，真正实现医药电子商务行业的精准营销。

三、医药电子商务大数据用户画像

1. 用户画像定义

随着科技的不断发展，社会生产力不断提高，社会交易也从以产品为导向的"卖方市场"变成了以用户为导向的"买方市场"。同时，随着互联网在日常生活应用中的普及，使人们的生活方式、消费习惯、信息的获取和传达方式等都发生了很大改变。在这一背景下，企业竞争力已经不仅体现在产品是否存在技术或资源壁垒，更体现在如何更加深入地理解消费者，生产出符合消费者预期或偏好的产品。此外，如何能用消费者喜欢的方式将所生产的产品告知潜在消费者，用合适的营销方式最终让消费者买单，也是决定产品能不能在市场上取得好成绩的重要因素。

要解决以上问题，一个必不可少的环节或前提就是要足够了解用户，在互联网或企业软件服务领域使用用户画像来描述用户。用户画像，即用户信息标签化，通过收集用户的社会属性、消费习惯、偏好特征等各个维度的数据，对用户进行刻画，并对这些特征进行统计分析，挖掘潜在价值信息，从而抽象描述出用户的信息全貌。用户画像可看作企业应用大数据的根基，是定向广告投放与个性化推荐的前置条件，为数据驱动运营奠定了基础。由此看来，如何从海量数据中挖掘有价值的信息更加重要。

在谈论用户画像时，往往离不开"大数据"这个词。这是因为任何营销主体都希望自己构建的用户画像是全面的、全息视角的，离不开海量数据的支撑及大数据相关技术的支持。在这里，用户画像是对现实世界中用户进行数学建模，强调了用户画像是对现实世界的描述。数学建模指的是使用海量的多维度的数据进行用户画像的描述。所以，可以用两句话形容用户画像：源于现实，高于现实；源于数据，高于数据。用户画像"源于现实，高于现实"是因为其是描述用户的数据，是符合特定业务需求的，是对用户形式化的描述；用户画像"源于数据，高于数据"则是因为用户画像是通过挖掘和分析用户尽可能多的数据信息得到的。因此，在一定程度上，可以将用户画像看作"大数据+洞察"的结合。

2. 用户画像的分类

（1）用户角色画像

用户画像是抽象描绘一个自然人的属性，是通过调研问卷、电话访谈等手段获得用户的定性特征。用户角色画像的前提是用户间有差异，因为存在差异所以需要描述。用户画像的使用者往往是产品经理、营销人员、部分前瞻性业务的决策人员，他们从用户群体中抽象出来典型用户，并把这些典型用户作为实际用户的虚拟代表。用户角色画像不是脱离产品和市场之外所构建的，要有代表性，能代表产品的主要受众和目标群体。

假设现在要设计一款新产品，并同时准备好产品上线之后的营销活动，营销人员必然希望新产品和营销活动上线之后会受到用户欢迎。为了尽可能实现这一目标，新产品和营销活动的设计都应该尽量从用户角度去思考和设计，用户角色画像就会在这个环节中起到重要作用。在调研环节，产品经理和相关人员会使用调研问卷、用户访谈等方法，再根据自己的经验了解用户的差异和共性，刻画出不同的虚拟用户。刻画虚拟用户经常使用一些属性和场景作为描述维度，如性别、年龄、身高、学历、家庭状况、职业、常用交通工具等。通过这些预估维度，当产品经理在功能设计、流程设计等环节出现意见不一致时，可以通过用户角色画像在一定程度上甄别出怎样的功能是用户的真实需求、怎样的功能是臆想出来的伪需求、怎样的功能是共性需求或刚性需求、怎样的功能是离散需求或弹性需求，如此，产品设计才能是站在用户角度出发的设计。同样，为新产品上线而设计的营销活动也应该参考用户角色画像所描绘出的虚拟用户属性或场景设计。

(2) 用户档案画像

用户档案画像是和数据挖掘、大数据息息相关的应用，是通过数据建立的描绘用户标签，是根据每个人在产品中的用户行为数据，生成描述用户的标签集合。例如，判断这个用户的性别、生活工作所在地、要买哪种类型的产品等。

在行业中，除新产品设计阶段外，大部分工作是通过用户档案画像来指导和协助工作的。后文提到的用户画像及标签体系，在没有特定说明的情况下，也是指用户档案画像及其相应的标签体系。用户画像有多种表现方式，在大多数情况下人们使用标签集合来表示用户画像，这就决定了在大多数情况下，为了更好地刻画一个用户，需要建立一个用户画像的标签体系。各维度的用户数据都是刻画标签体系的"原材料"，建立一个好的标签体系就是使用好用户档案的前提。对用户标签一般可分为以下三种类型。

1) 统计类标签。这类标签是最基础也是最常见的标签类型。例如，对于某一用户来说，其性别、年龄、所在城市、近7日活跃时长、近7日活跃天数、近7日活跃次数等字段可以从用户注册数据、用户访问数据和用户消费数据中统计得出。该类标签构成了用户画像的基础。

2) 规则类标签。该类标签基于用户行为及确定规则的产生。例如，对平台上"消费活跃"用户这一指标定义为"近30天交易次数≥2"。在实际开发用户画像过程中，由于营销人员对业务更为熟悉，而数据人员对数据的结构、分布、特征更为熟悉，因此规则类标签的规则应由营销人员和数据人员协商确定。

3) 算法挖掘标签。该类标签通过算法挖掘产生，用于对用户的某些属性或某些行为进行预测判断。例如，根据一个用户的行为习惯判断该用户是男性还是女性，根据一个用户的消费习惯判断其对某商品的偏好程度等。

3. 用户画像的流程

用户画像的核心工作就是给用户"打标签"，标签通常是人为规定的高度精练的特征标识，如年龄、性别、地域、兴趣等。这些标签集合就能抽象显现一个用户的信息全貌，每个标签分别描述了该用户的一个维度，各个维度之间相互联系，共同构成对用户的整体描述，从而加以应用。用户画像的流程主要分为三个阶段，分别是数据采集、数据建模、用户画像的应用。

(1) 数据采集

构建用户画像是为了还原用户信息，其数据来源于所有用户。用户数据可分为静态数据和动态数据两大类。

静态数据包括用户的人口属性、商业属性、消费特征、生活形态等。其获取方式有多种，数据挖掘是最常见也是较为精准的一种方式，如果数据有限，则需要定性方法与定量方法结合补充。定性方法如小组座谈会、用户探访、日志法、阶梯法、透射法等，主要是通过开放性问题归纳出用户真实的心理需求，具象化用户特征；定量方法更多的是通过定量问卷调研的方式进行，关键在于后期定量数据的建模与分析，目的是通过封闭性问题，一方面对定性假设进行验证，另一方面获取市场的用户分布规律。

动态数据是指用户不断变化的行为信息。一个用户打开网页买了一个杯子，习惯于傍晚出去跑步锻炼等，这些都是用户行为数据。随着互联网的发展，各种动态行为数据都可以被记录下来。

(2) 数据建模

1) 定性化与定量化相结合的研究方法。定性化研究方法是确定事物的性质，是描述性的；定量化研究方法是确定对象数量特征、数量关系和数量变化，是可量化的。定性化研究方法表现为对产品、行为、用户个体的性质和特征作出概括，形成对应的产品标签、行为标签、用户标签。定量化研究方法则是在定性化研究方法的基础上，给每一个标签打上特定权重，最后通过算法计算得出总的标签权重，从而形成完整的用户模型。所以说，用户画像的数据建模是定性化与定量化研究方法相结合。

2) 数据建模——给标签加上权重。用户的行为，一般可以用4W表示，即谁（who）、什么时候（when）、在哪里（where）、做了什么（what）。

谁（who）：定义用户，明确运营的研究对象。主要用来进行用户分类，划分用户群体。网络上的用户识别，包括但不限于用户注册的ID、昵称、手机号、邮箱、身份证号、微信号、微博账号等。

什么时候（when）：这里的时间包含了时间跨度和时间长度两个方面。其中，时间跨度是以天为单位计算的时长，指某行为从发生到现在间隔了多长时间；时间长度则是为了标识用户在某一页面停留时间的长短。越早发生的行为，标签权重越小；越近期发生的行为，标签权重越大。这就是所谓的"时间衰减因子"。

在哪里（where）：用户发生行为的接触点，里面包含内容和网址。其中，内容是指用户作用的对象标签，如某品牌手机等；网址则指出用户行为发生的具体地点，如该品牌手机的官方网站等。权重是加在网址标签上的，例如，购买一件商品，在不同网站购买计算的权重不同。

做了什么（what）：用户发生了怎样的行为，根据行为的深入程度添加权重。例如，用户购买了权重计为1，用户收藏了权重计为0.85，用户仅仅是浏览权重计为0.7。

当上面的单个标签权重确定下来后，就可以利用标签权重公式计算总的用户标签权重：标签权重 = 时间衰减因子 × 行为权重 × 网址权重。通过这种方式对多个用户进行数据建模，能够更广泛地覆盖目标用户群体，为其打上标签，然后按照标签进行分类。例如，总权重达到0.9及以上的被归为忠实用户，他们都购买了该产品。这样企业和商家就能够根据相关信息进行更加精准的营销推广和个性化推荐。

(3) 用户画像的应用

当前，医药电子商务处于用户精细化营销阶段。在这个阶段，营销人员可以借助用户画像制定如下产品营销策略。

1) 个性化推荐。对于电子商务和内容类平台，可将访问的用户细分为很多属性标签，根据用户实时标签变化并不断刷新用户模型和推荐内容。例如，根据标签组成用户画像模型，再利用平台的推荐算法机制匹配用户感兴趣的内容，做到个性化推荐。

2）广告精准营销。把用户画像作为广告投放依据，不仅能够降低成本，还可以大大提高点击率和转化率，提升整体广告投放效果。

3）辅助产品立项与优化。产品测试将功能先提供给匹配的用户画像，通过用户画像的反馈得到比较合理的优化建议，这样更方便给产品选择较为正确的迭代方向。

4）个性化服务。依据各种渠道对数据进行收集、整理和分类，向用户提供和推荐相关信息以满足用户需求。例如，某服装设计公司将 25 岁以上职场男性作为目标用户，提供季度服装搭配服务，每个季度根据用户的预算、偏好和需要为其推荐衣服和搭配套装，并且提供一对一的设计师沟通，按照目标用户的需求直接提供解决方案。

当然，用户画像包含的内容并不是完全固定的，不同的用户群体，所关注的特征也有所不同。用户画像必须是基于对用户的深入理解开展的，同时还需要考虑到不同的业务场景和业务形态。

【案例分析】

AL 健康研究院联合 ZK 科技发布的《2022 线上用药趋势白皮书》中显示，2021 年购药人群的画像发生的变化如下：医药电子商务中的女性、中青年购药者是消费主力军，一"老"一"少"增速快——"Z 世代"（18～27 岁人群）和老年人（50～65 岁人群）均以近七成的增长率领跑其他人群，成为线上购药"新生力量"。随着用户群体和用户需求的快速增长，非处方药（OTC）市场也诞生了多个新趋势赛道，包括皮肤健康、肠胃健康、维生素与矿物质营养、儿童健康、五官健康等。其中，皮肤用药在医药电子商务渠道的增速呈现整体上涨的态势。

四、医药电子商务大数据精准营销

悄然而至的大数据时代已经改变了人们的生活，在社会化媒体时代，任何能接触到的信息都可能是一则广告。因此，广告的形式、内容和传播方式就显得尤为重要，营销的"相关性时代"已经到来。如何精准找到、抓住和留住目标客户，是对当代企业的最大考验。为了使精准营销变为可能应做到：利用基于数据的生命价值营销，有效挖掘高价值客户，减少在低价值客户身上花费的成本；利用大数据分析手段，多保留和重新激活老客户以保证高效增长，而不是只注重增加新客户；运用聚类、分类等数据挖掘算法发现新的客户群体，并用来区分和优化营销活动。

大数据在精准营销中的应用，可总结为以下四个方面。

1. 市场细分

大数据技术的发展为市场细分理论提供了更加丰富的适用场景。利用大数据技术天然存储和分析数据的优势，可以更加方便、快捷、有效地开展市场细分理论相关步骤的实施。对于网络营销而言，合理使用大数据技术，可以使企业更加便捷地对消费者数据进行存储和分析，从而更加高效地开展市场细分活动；通过对消费者消费数据展开分析，可以更加精确地掌握消费者在特定时期内的消费情况，包括消费的频次、金额、产品分类等，并以此为依据开展市场细分活动。利用数据挖掘技术，对消费者的消费记录、浏览情况进行分析，可以推测消费者的兴趣爱好。随后对不同的消费者开展有针对性的服务，实现有效的商品推荐，从而提高消费者存留度，培养消费者忠诚度。因此说，大数据技术下的市场细分，有利于企业获得核心竞争力，在激烈的市场竞争环境中抓住机遇。

2. 精准投放广告

广告投放的目的是提高企业品牌在消费者群体中的知名度，如果消费者对某种商品有消费需求，广告就会引导消费者购买该企业的商品。一些拥有固定客源的企业，其目标并不仅仅是增加新顾客，而是以维系老顾客以及维护客户的社会化营销为主，通过老顾客的口碑来实现新顾客的增长。社交媒体可以帮助企业与消费者进行良性互动，也使整个营销变得更加精准，但对于受众比较精准的企业而言，广告必须更加具有针对性，而社交媒体对大数据的解构可以解决这一问题。用户常常会根据收集到的各种信息作出判断并随时分享，将个人体验的影响扩大到更大范围的群体之中，使用户不断转化。

因此，通过大数据的相关性分析，在消费者有消费欲望的时候，企业将广告及时传达给消费者，将大大刺激消费者的消费欲望，完成潜在消费者转化为实际消费者的目的，以此做到广告的精准投放，降低企业在广告方面的投入，提高广告转化率。

3. 优化营销活动

（1）关联销售

一个健康的品类结构应该是通过若干核心品类来关联其他品类，所以企业选择某一品类时，除了要考虑其面临的市场和消费者群体，更要考虑这一品类能否对其他品类产生带动作用。例如，日常使用的医疗器械及耗材类可以看作流量品类，可带动核心品类——药品和保健品的销售。近年来，医疗器械行业的兴起可以很好地带动心脑血管类药品的销售。

（2）品类选择

大多数医药商品价格的制定往往基于医保、线下实体药店的销售和第三方终端的销售，客单价低、利润低、重复购买周期长等特性违背电子商务原则，不适合网上药店销售。因此，医药电子商务的品类规划与选择重点更应当在长尾品种中寻找。通过数据分析，一些医药商品在线下实体药店销售已经成熟，但网上销售数据却不够出色，因此这类医药商品可以作为网上药店重点营销品种。于是，一批拥有这些特质的医药商品正陆续涌现，如减肥类商品、补益类商品、补血类商品等。

（3）个性化定制

有些网上药店的医药商品销售还存在前端的营销能力不足的问题。许多企业并没有对销售数据进行深入分析，仅仅停留在依靠低价吸引用户的层面。医药电子商务完全可以进行功能定制化、区域定制化以及价格区间定制化。

可见，医药电子商务企业可以通过大数据分析，完成定位用户群体、分析用户内容偏好、分析用户行为偏好、建立受众分群模型、制定渠道和创意策略、试投放并收集数据、优化确定渠道和创意、正式投放并收集数据、实时调整投放策略和完成投放评估效果等。完整的数据应用过程应不断把控营销质量与效果，实现从效果监测转向效果预测，由此制定出更完善的营销活动及策略,以带动客单价的提升。

4. 满足用户个性化需求

医药电子商务企业可以借助新媒体技术,拉近自身与用户的距离,通过直接交流的方式,确保用户需求能够得到最大限度的满足。要想使电子商务的优势得到充分发挥,企业首先要细分市场,通过大数据技术统计并分析用户和潜在用户习惯浏览的网站,将海量的消费数据进行整合分析。由此,可更加全面地洞悉用户的真实需求偏好和消费习惯,适时为目标用户提供个性化商品和服务,保证用户接收到所需信息和产品,让用户深度参与到企业的营销过程中,得以实现用户价值主张。

在广告投放的过程中,利用大数据可以对用户进行全面了解,按照用户的消费喜好为其推荐偏好产品,简化用户烦琐的输入和搜索过程,方便用户购买。对企业而言,个性化企业推广、智能化广告推送和服务意味着企业可以拓展商业空间,真正实现电子商务企业的精准营销。例如,在销售医疗器械时,某企业创造性地采取了交互营销模式,用户既可以点击企业上传的视频,根据医师演示,对医疗器械使用方法加以了解,也可以选择向企业发送电子邮件,根据企业回复内容决定是否购买医疗器械。由此可见,新媒体使互动交流的设想成为现实,企业可以根据用户诉求,对广告内容加以调整,保证营销精准且有效。

任务二　医药电子商务新媒体运营

 学习目标

知识目标:掌握医药电子商务新媒体运营的基本概念;了解电子商务短视频、直播、微博、微信运营模式和技巧。

能力目标:熟悉医药电子商务新媒体运营的常见平台并进行分类分析。

素养目标:培养学生创新能力,认识创新能力对经济社会发展的意义。

【任务导入】

据北京某科技有限公司总经理介绍,目前,做新媒体付费渠道投入的医药零售企业可以分为两类:一类是"专业选手",他们在线上的广告投放量较大,对各种资源和渠道较为了解,对新媒体营销应用得心应手;另一类是"非专业选手",如重视线下营销的传统药店、在早期医药电子商务"烧钱战"中失败过的企业,或者是顺应私域流量建设的需要,正在尝试新媒体营销的企业。

YK公司近些年积极布局网络销售,进行数字化建设,进一步突出电子商务和数字化优势,在这一方面已进行过多种尝试,包括自主研发的YK到家App、微信小程序等私域平台开始产出。为获取私域流量,YK采取线上线下联动推广的方式,除了凭借线下实体药店大力推广、针对会员巩固私域流量池,还依托各种新媒体营销付费平台,对属地化消费者进行营销。例如，特定节日时在大流量网络平台投放贴片广告、信息流广告、通栏广告等，进行活动推广；在手机应用商店搜索市场、搜索引擎平台进行广告投放，助力 YK 到家 App 提高下载量和使用量。经过一段时间的新媒体渠道广告投放，YK 到家 App 的下载量和活跃用户数量都得到了大幅度提升。

思考：请问除了案例中涉及的平台或渠道，医药企业还有什么类型的新媒体渠道可以投放？

随着网络消费的盛行，医药电子商务成为医药市场发展新趋势，在不断变化的市场中寻求机会和更高效的营销策略，开始在新媒体运营环节开展各种尝试。投入的资金和精力越来越多，从最初的保守试探，到医药电子商务的站内外引流，再到私域流量的运营推广，医药零售企业一直在精准触达消费者的路上探索前行。近年来，国家密集颁布了多项医药相关政策，对医药产业的扶持力度加大，"互联网＋医药"也将成为未来的发展热点，因此新媒体平台无疑是医药企业在新时代竞争中站稳脚跟的法宝。对于医药企业，要想在新媒体竞争中取得优势地位，独立发展单一新媒体平台显然是不够的，必须要多平台协同发展才能在企业形象塑造、文化传播和产品推广中产生"一加一大于二"的效果。在现实经营中，企业要思考如何利用好新媒体这块宣传阵地，提供既符合消费者生活方式转变要求，又能够让更多消费者认可的企业产品和文化。

一、医药电子商务新媒体运营的基本概念

1. 新媒体概念

新媒体正在快速全面影响人们的生活，但其概念早在 20 世纪 60 年代就出现了，且一直在不断发展变化。1967 年，美国哥伦比亚广播公司技术研究所所长戈尔德马克首先提出了与传统媒体相对的"新媒体"概念。美国《连线》杂志认为，新媒体是"所有人对所有人的传播"。联合国教科文组织则把新媒体定义为：以数字技术为基础，以网络为载体进行信息传播的媒介。清华大学熊澄宇教授认为，新媒体的内涵和外延在不断延伸，在传统互联网和移动互联网之外还出现了其他新的媒体形态，凡是跟计算机相关的都可以被视为新媒体。

相较于传统媒体，新媒体有信息双向化、互动性更强、内容多元化及传播速度快等特点，为企业提供了以低成本向用户传递信息的渠道。企业只有了解新媒体的概念，明确新媒体与传统媒体的具体区别，才能更好地利用新媒体的优势做好营销工作，帮助自身实现影响力的扩大和收益的增长。

新媒体有狭义和广义之分。狭义的新媒体是指与报纸、广播、电视等传统媒体不同的一种新的媒体形态，包括互联网媒体、移动互联网媒体、数字电视、博客、微博、微信等形态。广义的新媒体是指在各种数字技术与互联网技术的支持下，通过计算机、手机、数字电视等一切互联网终端向用户提供信息或服务的新的媒体形态。新媒体运营是指企业通过新媒体平台向用户传递信息，对产品进行宣传及推广的运营手段。新媒体运营的目的，是帮助企业以较低成本获得在新媒体平台向用户传递信息的机会，最终获取收益。

2. 新媒体和传统媒体的区别

新媒体的本质是一种媒体，但其关键在于一个"新"字。与传统媒体相比，新媒体的"新"主要体现在以下五个方面。

（1）信息的双向传播

传统媒体是信息传播者单方面发出信息，受众只能被动接受而无法有效回馈。新媒体的互动性很强，传播者与受众不再壁垒分明，每个人既是传播者又是受众。新媒体为用户提供了互相交流的平台，也给很多普通的个人用户带来了变现的机会。用户可以通过新媒体发布信息，吸引其他用户观看，继而实现新媒体平台账号的"涨粉"，再通过植入广告、带货等方式获取收益。

（2）信息传播不再局限于固定场所

移动互联网的出现让新媒体传播变得无孔不入。只要有智能手机，人们就可以随时随地上网，因此人们的上网时间比过去大大增加，信息覆盖水平也远超以往。新媒体具有更强的互动性，新媒体平台上的用户可以通过点赞、评论等方式与内容发布者进行互动并给予更多反馈。一些新媒体平台也收集并分析用户对不同内容的反馈，如停留时长、点赞情况、评论情况等，以此判断用户的内容偏好，以便于向用户推送其可能感兴趣的内容。相较于传统媒体，新媒体更强的互动性可以帮助企业更精准地找到目标用户，投放更有针对性的广告信息，并且可以根据用户的互动反馈判断所推送信息的质量，及时调整推广策略等。

（3）传播行为个性化

传统媒体具有很强的专业性和垄断性。但在新媒体时代，人人都可以制作和传播新闻快讯。由于在新媒体平台发布内容的门槛很低，大量的普通用户都乐于参与内容创作及传播，传播内容的来源不再局限于传统媒体机构。内容创作者的增加，使新媒体平台上的内容更加多元化。在新媒体平台，用户可以通过不同类型的内容满足自己娱乐、学习等多方面的阅读需求。这样，微博、微信等新媒体平台，可以让每个人都能变成一个内容制作中心和信息传播中心。

（4）实现了即时传播

传统媒体要派出记者采访，然后由记者撰写报道，相关部门审核，最后再发出。除了一句话的新闻快讯外，传统媒体发布的信息总有一定滞后性。即使是传播速度相对较快的电视媒体，其大部分播出的内容也是事先编辑过的，实况直播的内容较少。互联网的出现及技术手段的革新，使得信息在新媒体平台以更快的速度传播，这为企业带来了更多的便利。

（5）传播内容多元化且充满原创性

传统媒体很少报道没有新闻价值的内容。而新媒体的内容多种多样，且拥有大量原创内容，这使得新媒体成为人们展示自我的有利平台。

思政小园地

在新媒体时代，传媒伦理一直是信息创作与传播中较为热点的话题，媒介融合背景之下，大数据成为一种趋势，媒介的地位和作用日益凸显，新闻生产秩序也发生了相应变化，信息传播者与受众通过信息交流形成了一定的伦理关系。在新媒体时代的大背景之下，如何做到更好地坚守新闻职业道德、维护传媒伦理关系是值得深入探究的问题。

二、医药电子商务新媒体运营常见平台

随着互联网与人们日常生活联系日益紧密，越来越多的人渴望更便捷、快速、直观的互联网消费模式。消费者属性改变的同时，消费市场环境和消费场景也发生了变化。一些短视频平台对用户生活的影响越来越广泛，且用户规模增长势头明显，普及率不断提升。短视频平台集交易与推广为一体，既是创新性新媒体营销平台，又是直播带货的热门平台，消费场景也比实体经济简单。运用长期的专享优惠活动留住这些用户，对企业品牌的长远发展有极大帮助。

新媒体平台的本质就是信息载体，每个平台都汇聚了大量希望获取信息的用户，而新媒体运营是企业通过新媒体平台向用户传递信息，对产品进行宣传及推广的一种运营手段。新媒体运营者需要掌握社群运营、网站运营、流量运营、平台运营等项目运营技能，再结合每个新媒体平台不同的规则及特点实施不同的运营手段。常见新媒体运营项目的运营手段见表4-1。

表4-1　　　　　　　　常见新媒体运营项目的运营手段

运营项目	社群运营	网站运营	流量运营	平台运营
运营手段	QQ群、微信群、小红书等	产品运营、内容运营、用户运营	阅读量、粉丝量、曝光量、访问量等	微信公众号、今日头条、抖音、小红书等

1. 社群运营

在企业新媒体运营过程中，部分企业会将用户运营的重心从微信公众号、微博等内容平台转移至QQ群、微信群等社群平台，因此对用户的运营与管理便随之迁移至聊天群管理。

2. 网站运营

网站运营由产品运营、内容运营、用户运营三大模块衍生而来，主要特点是：第一，网站作为企业的互联网产品之一，需要按照产品管理的流程进行开发、调试、上线测试、改版等；第二，网站新闻、产品信息等内容，需要进行日常更新；第三，网站的注册用户需要分类管理，日常浏览用户也需要进行点击跟踪，从而充分挖掘用户需求。

3. 流量运营

流量运营也称为推广运营。为了提升企业微信公众号文章的阅读量、企业微博的粉丝量和曝光量以及企业网站的访问量，部分新媒体运营团队需要进行专门的流量统计与管理。一方面，运营者需要做好推广内容，因为推广需要通过优质内容承载；另一方面，运营者需要策划活动，阶段性地提升流量效果。

4. 平台运营

由于内容运营的主要工作是微信公众号等内容平台的日常运营，因此一部分企业将内容

运营细化，把其中内容平台的注册、发布、推送等工作归类到平台运营中。实际上，平台运营也可以看作将内容运营的一部分工作放大与细化。例如，内容运营的工作之一是微信公众号编辑与推送，通常只操作微信公众号的素材管理、留言管理等相关功能。而在此基础上，平台运营需要继续围绕微信公众号进行细化管理，对自动回复、自定义菜单、消息管理、统计、设置等功能进行日常管理与维护。

如今，企业纷纷在各新媒体平台以不同形式进行免费宣传和推广。例如，企业常常使用小程序商城，提供药师咨询、在线购药、送药上门等服务，多点触达消费者；企业还会通过官方微博、微信公众号等追求信息推送的广度。同时，消费者也可通过企业微信与药师保持长期沟通，通过微信公众号、视频号等新媒体平台了解健康资讯、用药知识、医药商品销售信息等。

三、医药电子商务小程序平台商城运营

1. 小程序的概念

小程序是一种用于网络应用程序执行的客户端应用程序，包含 App 程序及某些平台内的小程序。狭义的小程序是指运行在微信平台免安装的程序。与传统 App 设计理念不同，小程序的设计理念是服务直达用户、应用直达用户，其最本质的特点是"小"。在国内，微信小程序所占市场份额最多，日活跃用户规模最大，已处于市场主导地位。下面将以微信小程序为典型代表展开介绍。

2. 医药电子商务小程序平台商城的作用

移动互联网时代，医药电子商务类小程序是将线上用户资源变现的最直接有效的方式，医药行业不仅可以将医药商品在其小程序平台商城中上架销售，也可将问病荐药、健康管理等服务展示在小程序中。利用小程序可快速有效地打通线上线下业务链，是医药商品新零售线上线下一体化的引流利器。

（1）小程序连接线上线下

小程序是一个不需要下载安装即可使用的应用，它实现了应用触手可及的梦想，用户扫一扫或者搜一下即可打开应用。这也体现了随时可用、即用即走的理念，用户不用担心下载太多应用的问题。小程序不占用内存空间，可有效提升用户的使用体验，提高用户留存率，因此更加容易从线下引流进入线上。

（2）小程序拉动传统电子商务升级布局

电子商务小程序平台商城的界面相对于 App 而言更简约，运行更加方便、快捷、安全；小程序电子商务标准化程度更高，交易更加快捷。这些优势都能有效提升用户的使用黏性，一旦用户在微信上形成使用小程序的习惯，将保持稳定的流量。与传统医药电子商务相比，医药电子商务小程序平台商城是一种新的医药商品及服务销售渠道，拥有更强的转化能力，能带来更高利润，进一步推动了医药企业布局小程序的投入力度。

3. 医药电子商务小程序平台商城运营技巧

医药电子商务小程序平台商城的持续盈利，离不开高效的用户获取。当吸引到大量的种

子用户后,必须保持种子用户在小程序平台商城上的活跃度,医药企业才能与用户保持长久稳定的关系。医药电子商务小程序平台商城的最终目的是要提升用户转化率和留存率,在用户获取以及促进用户活跃的基础上,把高活跃度的用户转化为忠实用户,促使用户购买企业的医药商品及服务。下面从用户获取、用户促活、用户转化三方面介绍医药电子商务小程序平台商城运营的技巧。

(1) 用户获取

用户获取的手段丰富多样,需要医药企业结合自己的产品定位和用户需求进行综合策划与经营。用户获取主要从以下三个阶段开展工作。

1) 宣传推广。任何产品的用户获取都需要从广泛宣传入手,即所谓广泛撒网、重点捕鱼。在用户获取阶段,要积极吸引精准用户;用细节展示产品的核心性能;借助第三方平台的数据进行科学推广,积极开展内容营销、精确营销;借线下推广开拓市场。所以,医药电子商务小程序平台商城在进行宣传时,需要尽可能扩大宣传范围,综合借助广告宣传、新媒体转发、线下推广以及种子用户口碑营销等。

2) 使用体验。医药电子商务小程序平台商城在页面设计上要简洁,在功能上要能够切中用户的核心需求,才能充分发挥小程序即用即走的优势。通过方便快捷的操作,提升种子用户的使用频率,最终提升用户的转化效率;通过提升用户的使用体验,提高种子用户的满意度。这样企业就能够有效将种子用户转化为忠诚用户。

3) 建立激励机制。医药电子商务小程序平台商城获取用户离不开有效的激励手段。例如,用户在消费后,总会获得相应的社交立减金,以此循环往复,用户获得的实惠将越来越多。相应地,企业获得的用户也将越来越多,用户的留存率与转化率也会迅速提升。

(2) 用户促活

医药电子商务小程序平台商城要促进用户的活跃度,必须从三个角度入手,分别是形成有效的价值机制、建立有趣且良好的激励机制以及高效的用户召回机制。

1) 形成有效的价值机制。要增加小程序功能,为用户创造更大价值。在具体的操作层面上,运营人员要深入实践,了解用户的真实需求。例如,针对不同患者用药需求对应的病症,增加小程序在用药环节的使用场景;积极开发和制作原创性功能或产生高质量的原创内容,增加用户对产品的信任度,培养产品偏好;定时推出一些价格折扣方案和优惠套餐活动,提高用户的活跃度。

2) 建立有趣且良好的激励机制。有效促进用户的活跃度,离不开用户激励体系的建设。用户激励体系建设的目的是让用户主动投入更多的时间、金钱与精力,核心是增加产品的刚需,提升用户的消费体验。在具体的操作方法上,通过设立积分商城、建立等级制度的方法进一步激励用户;通过图文功能的完善,进一步优化产品介绍,从而满足用户的多元化需求。

3) 高效的用户召回机制。为了提高用户的活跃度,绝对不能忽视流失用户。流失用户越多,商家的用户基数也就越小,用户活跃度的提升也将更困难。从用户运营成本角度而言,医药电子商务小程序平台商城维护老用户的成本只有获取新用户成本的两成。所以,运营促活环节的工作重点之一是要采用一切合理的办法留住老用户。对已经流失的用户，可以利用邮件、短信推送等方式召回。

（3）用户转化

在医药电子商务小程序平台商城运营中，用户转化率是指最终购买医药商品的用户在所有浏览医药商品中所占的比例。用户转化率越高，医药电子商务小程序平台商城的盈利水平越高。用户转化率是衡量医药电子商务小程序平台商城是否盈利的关键，提升转化要遵循以下规律。

1）明确小程序的定位。医药电子商务小程序平台商城运营的最终目标是提升用户转化率。医药电子商务小程序要想获得持续竞争力，在功能上就要突出自身特色。例如，每种医药商品具有不同的成分和功能主治，可利用小程序为用户提供不同医药商品成分的详细介绍；用户在线输入自己的症状，系统便可根据症状推荐对应医药商品及用药指导；突出自己的各项优惠措施，吸引用户到店消费或线上购药；聘请专业的医师团队或保健专家提供在线专业咨询服务，包括医药商品使用方法、注意事项、不良反应等，解答用户疑问，增强用户信任感；向用户推荐附近的线下实体药店，以便用户可以选择附近线下实体药店下单并提供快速送货上门服务，从而提升用户转化率。

2）界面设计简洁。在使用医药电子商务小程序平台商城时，用户最关心的是服务体验。因此，需要注重界面设计和交互功能，在确保小程序易用性的同时，也要提供良好的视觉效果和用户交互体验。这就要求医药电子商务小程序平台商城在用户页面设计上下足功夫，营造健康的氛围感，追求页面设计的简洁性和交互效果，这样才能提高用户的使用体验。用户的使用体验提升后，留存率和转化率自然就有了提升的空间。

3）优化影响因素。医药电子商务小程序平台商城要综合自己的产品特色与人群定位，优化自己的产品介绍，优化能够增加引流效果的影响因素。医药电子商务小程序平台商城要依据药品说明书的内容，突出药品主图设计、药品详情页介绍等。例如，在药品详情页介绍中，强调对特殊人群的用药指导，增加互动分析模块让用户在小程序中分享自己的购药服务体验等。这样可增加用户黏性和忠诚度，达到最佳的引流转化效果。

四、医药电子商务短视频与直播运营

优质的医药电子商务短视频与直播的内容，一方面帮助消费者更好地进行消费选择，另一方面也实现了最大化的商业变现。这些变化的背后原因，是消费升级的趋势不断深化，消费者从单纯地关注商品价格和商品功能参数，到更关注整个消费过程的精神体验。而在这个过程中，越来越多的消费者希望获取更多知识性、专业性的信息内容来为自己的消费行为提供决策参考，优质内容对于消费者产生的影响越来越大。对于医药电子商务企业而言，如何跳脱出传统的电子商务运营思维，快速拥抱内容电子商务的新趋势，抢占新零售时代的商机，是必须直面的新课题。

与此同时，新商业与消费升级的核心，不仅是更多地消费，而是通过消费数据及消费引导，让商业与情感传递的结合变得更加紧密，从而引导整个商业生态的升级。而这种变化会体现在内容化引导需求和个性化引导消费两个维度，消费需求将从过去的衣食住行，向个性化、定制化、标签化转变，内容需求向更个性、更有趣、更有效的生活资讯类转变。社交化、人格化、态度化是内容电子商务背后对消费者的深刻洞察。对于优质内容的提供者，即内容创作者和内容机构来说，如何持续洞察消费需求，如何持续产出优质内容，如何将优质内容进行商业变现，这些都是短视频和直播运营的关键环节。

1. 短视频运营

（1）短视频的概念

目前，业界对短视频没有统一的概念界定。通常情况下，可认为短视频是一种在互联网中进行内容传播的形式，其传播时长因不同平台要求而有所不同，从几秒钟到几分钟不等，一般不超过5分钟。依靠智能手机这个移动终端进行内容生产制作，能够将图片、文字、声音、影像等形式很好地结合在一起，操作简单易行，之后依托各类短视频社交平台进行内容传播。因短视频依托社交平台，故其具有一定的社交属性。

当前，短视频平台一方面加速布局知识领域，推动知识传播；另一方面不断与传统产业融合，创造出更大的经济价值。近年来，各大短视频平台一方面大力扶持内容创作者，鼓励泛知识内容产出，另一方面积极开发出诸如视频合集等新功能和直播课等新形式，打造多层次、立体化的知识图谱。在广度上，短视频平台知识内容已涵盖生活、教育、人文、财经、军事等众多领域，充分满足用户多元化需求。在深度上，短视频平台通过推出视频合集等功能形式，促进知识体系化传播，以提升知识学习深度。医药新媒体运营者应当深入研究短视频制作，借助知识传播，用小创意来引爆大流量。

（2）短视频的特点

短视频是一种新的网络内容表现形式，具有自己独特的个性化特点，而这些特点是其区别于其他内容形式的主要不同之处。

1）短小精悍。短视频的播放时长通常为几秒到几分钟不等，娱乐性强，注重在前3秒即抓住用户，视频节奏快，内容比较充实紧凑，符合用户碎片化阅读习惯。短视频的制作周期一般为1~3天，简单的几个小时甚至几分钟即可制作完成。

2）制作简单、成本低。人们可以借助移动设备实现短视频的拍摄、剪辑、上传与发布。创作者依靠移动智能终端即可实现快速拍摄和剪辑美化，轻松创作出具有个性化特点的优秀作品。由于短视频没有特定的表达形式，对拍摄方式和制作团队等也没有过多要求，因而创作门槛较低，几个人的小团队甚至个人即可完成制作，投入成本也较低。

3）传播、交互性强。用户可通过平台对作品进行点赞、评论和分享，创作者可根据用户的反馈调整创作内容。短视频传播平台门槛低、渠道多样，可以实现内容的裂变式传播，同时还可以进行熟人圈层式传播。多方位的传播渠道和方式使短视频的信息内容呈现辐射式扩散传播，信息传播力度大、范围广、交互性强，社交黏性大。

4）信息接受度高。在快节奏生活方式下，人们在获取日常信息时习惯追求短、平、快的消费方式。短视频需要在短时间内将信息表述完整，并真实生动地传达给观众，因此呈现出的内容精练集中、指向性强，利用精湛的视频内容达到吸引用户的目的，容易被用户理解与接受，信息传达度和接受度更高。

5）精准营销效果。与其他营销方式相比，利用短视频开展营销在商业变现方面表现出较高价值，可以准确地找到目标用户实现精准营销。短视频平台通常会设置搜索框，并对搜索引擎进行优化，用户可以在平台上搜索关键词，这一行为使短视频营销更加精准。它的高效性体现在用户可以边看短视频边购买商品，这是传统的电视广告所不具备的重要优势。在短视频中，创作者可以将商品链接放置在商品画面四周或短视频播放界面四周，从而实现"一键购买"。

（3）短视频的类型

越来越多的视频软件为短视频内容的制作和传播提供了平台，这些平台都有相同特征，即较高的下载量、较高的视频点击量、受众群体较为广泛、观看视频较为便捷等。这在互联网信息传播的市场上已经占据了很大优势。短视频呈现出"宅经济"与线下经济相结合的发展趋势，它的内容持续输出吸引着用户注意力，增强了用户与视频内容之间的黏性，加快了短视频向全时段、全场景渗透发展。短视频的内容类型多样化，其中主要包括知识类、搞笑类、美食类、美妆类、影视解说类、资讯类等。

（4）主流的短视频平台

1）短视频平台渠道。这种类型的短视频主要通过短视频平台流通，目前主要有抖音、快手、腾讯微视、秒拍、火山小视频等。

2）社交媒体渠道。这种类型的短视频主要通过社交媒体平台流通，目前主要有微博、微信和QQ空间等。

3）在线视频渠道。这种类型的短视频主要通过一些视频播放平台流通，目前主要有腾讯、爱奇艺和搜狐等。

4）新闻资讯渠道。这种类型的短视频主要通过新闻资讯平台流通，目前主要有今日头条、腾讯新闻和一点资讯等。

5）电子商务垂直渠道。这种类型的短视频主要通过电子商务平台流通，目前主要有淘宝、京东、拼多多等。

（5）短视频的制作流程

1）前期策划。优秀的短视频有明确的拍摄目的，其内容形式应该符合平台及用户的内容偏好。例如，抖音是短视频平台，运营人员应该以制作及发布1分钟以内的短视频为主。运营人员在策划内容选题时，要考虑抖音用户的阅读偏好，同时不能偏离品牌及商品，做到两者兼顾。运营人员在确定内容风格时，要绘制用户画像，根据用户画像确定内容风格，确保内容吸引用户关注。

2）中期拍摄。短视频中期拍摄是将创作者的创意构思转换成视频的过程，是整个流程中最重要且繁杂的环节，需要团队成员协作完成。通常情况下，在拍摄前要先布置好场景和灯光，拍摄期间由导演把控全场，指导演员表演；演员需要熟记剧本台词，配合演出相关角色；摄影师需要理解脚本，根据脚本设计，运用镜头技巧完成拍摄任务。拍摄过程中，创作者要防止出现画面混乱、拍摄对象不突出的情况。成功的构图应该是作品主体突出、主次分明，画面简洁明晰，让人有赏心悦目之感。

3）后期处理。后期处理是创作者利用智能手机或计算机对拍摄好的素材进行剪辑、校色、配音、添加效果和制作字幕等操作，最终输出短视频并进行发布。创作者首先要把短视频资源有效分类，在正式剪辑前要构思短视频最终的呈现效果，包括主题、风格、背景音乐、大致画面衔接过程等，这样剪辑时才会更加得心应手。

4）发布运营。短视频在制作完成之后就要进行发布。在发布阶段，创作者要做的工作主要包括选择合适的发布渠道、渠道短视频数据监控和渠道发布宣传优化。只有做好这些工作，短视频才能够在最短的时间内打入新媒体营销市场，迅速吸引用户，获得知名度。

（6）短视频运营模式

短视频在运营过程中，首先需要明确价值主张。适合的价值主张可帮助企业在运营过程中指引正确方向，明确市场和消费者需求，使自己的商品或服务实现利用价值最大化。

将短视频观众划分为游客、一般粉丝、铁粉、黑粉等几种类型。游客观看短视频的目的以娱乐放松为主，偶然刷到短视频，在很短时间内对视频内容进行评估，一旦离开，一般不会再次观看。这类观众虽驻足时间有限，但却是短视频浏览量的主要贡献者。一般粉丝以社交娱乐为主，在观看短视频的同时会进行关注、评论、点赞等行为，偶尔进行互动。一般粉丝也是转化为铁粉的基础。铁粉由一般粉丝转化而成，往往会与短视频制作方进行线上线下的深度互动，具有很强的稳定性。黑粉对短视频内容不满或对短视频创作者不满，通过评论、私信等方式作出负面评价，会给账号带来负面影响。四种观众类型的互动性、黏性和变现能力由弱到强，需要分层次做好维护工作。要想获得更好的短视频运营效果，需要做好盈利模式规划。

1）广告付费。短视频创作者通过收取广告费将自己的视频内容与推广产品相联系，以提高产品知名度与增加销量。这样做的缺点是，可能存在选品不好、虚假宣传的问题，不利于粉丝忠诚度的维护，也会影响视频内容的质量。此外，短视频创作者还会在视频下方开通商品橱窗进行带货，观看者点击商品链接即可直接跳转到购买页面，这种方式常与广告付费相结合。短视频创作者还通过直播向受众推荐产品，以此获得合作费。因可与受众直接交流，其推广效果往往优于直接在视频中推广。但直播也存在选品不严的风险，可能损害消费者的利益。

2）粉丝变现。短视频创作者将视频发到平台上，通过受众关注、点赞等方式来提高自己的后台数据，使视频被推荐到热门板块，以此提高知名度。但有些短视频创作者为了获得更美观的数据作出扭曲价值观的行为，打"擦边球"，传播负能量。

3）打赏模式。有的短视频创作者进行直播时除了带货，还可以直接与受众聊天、进行才艺表演从而获得打赏礼物，后续与平台分成。

4）IP运营。根据作品的类型、特点和用户属性，不断进行更多的运营手段尝试，IP在创作阶段就拥有大量的忠实粉丝。当IP成熟后就可以进行授权等商业化探索，发展出更多更广泛的付费用户。可以以某一垂直细分领域为切入点，吸引用户关注，形成个人品牌特点。

5）线下商业活动。线下商业活动是指有一定粉丝基础的短视频创作者参加一些线下商业活动，获取商业活动费用。

（7）短视频运营技巧

1）固定时间更新。短视频创作者要尽量稳定自己的更新频率，固定更新时间，这样不仅能让自己的账号活跃度更好，同时也能够培养受众的阅读习惯，从而有效提高受众留存率与黏性。

2）与受众互动。受众可以说是短视频创作者的"衣食父母"，如果没有他们的流量，那么短视频创作者很难获益。因此，短视频内容发布之后，创作者要积极与受众互动。很多创作者发布短视频之后什么也不做，白白损失一批受众。

3）发布热点内容。短视频内容可以蹭热度，但是创作者需要注意热点的安全性，不要侵权，要按照平台要求去追热点。总的来说，就是创作者要做好内容质量。

2. 直播运营

（1）电子商务直播的概念

电子商务直播是指主播借助视频直播形式进行商品推荐和销售，实现"品效合一"的新型电子商务形式。

作为网络直播类中的一种，电子商务直播是电视直播购物、电子商务在媒介技术的动态演变中融合发展的结果，实质上是将网络消费与直播形式相结合。电子商务直播充分利用了网络直播技术开展电子商务活动，通过即时视频、音频通信技术，以高互动、现场解说与演示的形式向消费者进行商品或服务介绍、展示、说明与推销，并与消费者实时沟通互动，最终以达成交易为目的，整个过程具有极强的互动性与娱乐性。

医药电子商务的边界也已经突破货架电子商务，逐渐向内容电子商务、社群电子商务、社交电子商务延伸。电子商务直播，正是内容电子商务的代表模式或渠道，其在新冠病毒感染疫情的催化下可谓"一夜走红"。实践证明，电子商务直播用户是所有网络用户中增长速度最快的群体。电子商务直播目前所承担的职能是流量制造商和销售商，商品或服务交易多在各互联网平台产生。货架电子商务以"商品+公域"为核心，盈利模式多为建场收租，流量低买高卖；而电子商务直播以"内容+私域"为核心，展示方式从货架变成内容，主播可以通过直播与消费者建立情感连接，根基从交易变成关系，是对货架电子商务的颠覆式创新。

（2）电子商务直播的运营模式

1）电子商务类直播模式"电子商务+直播"目前主要以淘宝、京东、拼多多为代表。纯粹电子商务获客成本居高不下，因此用直播形式为其赋能。电子商务平台本身就是以网购交易为主，拥有电子商务运营和商家资源优势，用户进入平台也是以购物为主要目的，因而在电子商务平台上线直播功能无疑是锦上添花，可以更好地提高转化率。电子商务平台丰富的货品和商家资源，可保证供应链稳定，能够满足用户的多样化需求，增加直播功能后可以让用户更直观、更高效地了解产品，打造极致的消费体验，从而增加平台的流量引进。商家是电子商务直播模式的主要参与者之一，他们通过直播平台展示自己的商品，与消费者进行互动，回答消费者的问题，并提供优惠活动等方式吸引消费者购买。商家需要制定直播策略，包括直播时间、直播内容、主播人选等，以确保直播效果最大化。

2）短视频类直播模式"内容+电子商务+直播"，目前主要以抖音、快手、小红书为代表。短视频平台主要以输出短视频为主，但随着直播形式的发展，很多短视频平台也开通了直播功能。商家或个人首先在短视频平台上发布具有吸引力和创意的短视频内容，这些视频可能包括产品展示、使用教程、用户评价等，以吸引潜在消费者的关注。一旦观众对短视频内容产生兴趣，会被引导至商家的直播间。在直播间，商家可以进行实时互动，回答观众问题，展示产品细节，甚至进行限时折扣或优惠活动，以促进观众转化为购买者。短视频平台通常会提供算法推荐、流量扶持等功能，帮助商家扩大产品曝光率和吸引更多观众。商家可以通过投放广告、参与平台活动等方式，增加直播间流量和观众互动。商家在直播过程中，可以与观众进行实时互动，建立社群关系。通过互动，商家可以了解消费者需求，优化产品和服务。同时，社群建设也有助于提高品牌忠诚度和用户黏性。

3）社交媒体类直播模式"社子+电子商务+直播"，目前主要以微信为代表。社交媒体类直播模式主要依托社交媒体平台庞大的用户基础和活跃的社交功能，实现内容传播、用户互动与商业变现。社交媒体类直播模式的内容多样化，涵盖了娱乐、生活、教育、电子商务等多个领域。主播可以根据自己的兴趣和特长，创作和分享多样化的内容，以吸引不同类型的观众。

【知识链接】

FAB法是非常典型的利益推销法，而且是非常具体、可操作性很强的利益推销方法，被广泛应用于直播和短视频中，其关键内容如下。

1. F（features）：产品的特质、特性等最基本功能，以及产品是如何满足消费者各种需要的。

2. A（advantages）：代表由特征所产生的优点。

3. B（benefits）：所列的产品特性究竟发挥了怎样的功能。向消费者证明"消费的理由"，同类产品相比较，列出比较优势，或者列出这个产品独特的地方。

具体操作如下：因为产品本身的×××特点，所以有×××的优点，带给消费者×××的好处。

FAB法是在找出消费者最感兴趣的各种特征后，分析这一特征所产生的优点，找出这一优点能够带给消费者的利益。它通过上述F、A和B三个关键内容解答消费诉求，证实该产品确实能给消费者带来这些利益，极为巧妙地处理好消费者关心的问题，从而顺利实现产品的销售诉求。

【即学即练】

短视频具有哪些主要特点？

任务三　医药移动电子商务的内涵及应用

 学习目标

知识目标：了解医药移动电子商务的概念和优势。
能力目标：熟悉移动电子商务在医药行业中的应用。
素养目标：培养学生在开展电子商务活动中，对用户隐私等数据的保护意识。

【任务导入】

医药电子商务平台应该拓宽用户群体，而不只是聚焦于"患者"群体，通过移动健康管理主动帮助用户发现自身亚健康状态，及早预防和诊治，避免小病拖延成大病的风险。

如亚健康集中地带的"上班族"，普遍存在久坐不动、颈椎病、慢性病等问题。德国就有企业涉足了健康管理领域，成立企业健康委员会，对员工进行科学健康管理。国内目前这类领域开拓者很少，若医药电子商务平台切入到职场，为企业免费建立移动健康管理，帮助员工监管其健康状况，预防疾病，为员工提供用药指导，提高员工健康水平，对于企业、员工与医药电子商务平台来说是多方共赢的好事。

又如针对社区，在平台投放"智慧药房"，在实行医药新零售的基础上，帮助社区居民建立健康档案，对老年人慢性病进行数据监管、按时用药提醒，对儿童、孕妇进行禁忌用药提醒，帮助社区居民养成科学的饮食、作息习惯，引导其塑造健康生活方式，在对平台信赖度的塑造以及需求的挖掘上，都会起到很好的辅助作用。

思考：在激烈的竞争中，医药电子商务未来决定成败的业务重心是什么？

一、医药移动电子商务的概念

医药移动电子商务是指利用智能手机等移动无线终端进行的 B2B、B2C 或 O2O 模式的医药电子商务。它是互联网移动通信技术、短距离通信技术及其他信息处理技术完美结合的产物，使人们可以在任何时间、任何地点进行医药商品交易活动，实现随时随地的线上线下消费以及各种交易活动、商务活动、金融活动和相关综合服务活动等。

医药移动电子商务是由医药电子商务的概念衍生出来的，是医药电子商务发展的新形态。医药移动电子商务将传统电子商务和已经发展起来但是分散的医药电子商务整合起来，将各种业务流程从有线向无线转移和完善，是医药电子商务发展的一种新突破。医药移动电子商务是对传统医药电子商务的有益补充，它具有商务活动即时、身份认证便利、信息传递实时、移动支付便捷等特点。随着无线通信技术的发展，智能移动无线终端性能不断提升，医药移动电子商务应用领域不断拓展、技术不断创新，由最基本的移动支付转向商务活动的各个环节。例如，用户可以直接利用移动设备进行网上身份认证、账单查询、互联网电子交易和无线医疗等。

二、医药移动电子商务的优势

1. 特点

医药移动电子商务是一种与传统医药电子商务存在较大差异的新型交易方式，其主要特点是方便、简单、灵活。医药移动电子商务可以根据用户所处位置，提供个性化服务和定制服务。通过随身携带的移动终端，人们可以在移动状态下处理相关事务，随时随地进行商务交易，可以随时查询物流信息，可以选择网银支付、第三方支付平台支付等多种支付方式。相比传统医药电子商务来说，移动电子商务具有以下六大显著特点。

（1）开放性、包容性

医药移动电子商务的无线化接入方式，使人们更容易进入网络世界，从而使网络范围延伸更广阔、更开放，网络虚拟功能也更具现实性和包容性。

（2）个性化服务

由于移动终端具有更高的可连通性与可定位性，因此医药移动电子商务的生产者可以更好地发挥主动性，为不同消费者提供定制化服务。

（3）无处不在、随时随地

传统医药电子商务已经使人们感受到了网络所带来的便利和快乐，但它的局限性在于必须有线接入。而医药移动电子商务则可以弥补传统医药电子商务的局限性，无线通信技术使电子商务摆脱有线网络的束缚，用户可以不受时间、距离和地域的限制，真正做到随时随地进行商务活动以及获取所需服务、应用和娱乐。

（4）易于推广使用

移动通信所具有的灵活性和便捷性等特点，决定了医药移动电子商务更适合大众化消费，使其易于推广使用。

（5）潜在用户规模大

随着移动通信的普及，移动终端用户远远超过了传统有线网络用户。从用户群体来看，移动终端用户中基本包含了消费能力强的中高端用户。因此，以移动终端为载体的医药移动电子商务在用户规模和用户消费能力上都优于传统的医药电子商务。

（6）安全性

手机 SIM 卡具备身份的特殊性，其中存储的信息可以用来确认手机用户身份，这是认证安全的基础。SIM 卡卡号是唯一的，每个 SIM 卡对应一个用户，这使 SIM 卡成为移动用户天然的身份识别工具。利用可编程的 SIM 卡，还可以存储用户的银行账号、CA 证书等用于标识用户身份的有效凭证。移动终端本身具有的密码锁认证功能也增强了其安全性，用户在支付时也可以通过短信认证来确保安全交易。

2. 优势

医药移动电子商务作为一种新型的电子商务方式，利用了无线网络的优点，是对传统医药电子商务的有益补充，主要优势体现在以下三个方面。

（1）多样性

相对于传统医药电子商务，医药移动电子商务增加了移动性和终端多样性。

（2）直接性

无线系统允许用户访问移动网络覆盖范围内的任何地方的服务，通过对话交谈和文本文件进行直接沟通。

（3）应用广泛

由于移动终端的广泛使用，使其比有线网络具有更广泛的用户基础。

三、医药移动电子商务的应用

医药移动电子商务的应用范围非常广，它不仅可以提供购物环境，还可以提供一种全新的销售和信息发布渠道。目前，医药移动电子商务主要提供的服务比较典型的有移动购药、移动问诊、健康管理等。

1. 医药移动电子商务的发展趋势

医药商品在移动终端的成交超过有线网络端等其他渠道。实际上，这也是目前整个电子商务领域的主要特征之一。医药电子商务领域的消费者80%来源于移动终端，并且平台移动渠道的市场占比大大领先自营移动渠道。医药消费是一个低频消费，整合到平台 App 中较为便捷，但如果在电子商务中嵌入健康管理、医疗咨询等服务，App 的点击率或可提高。目前有很多网上药店都推出"药+医"模式，可从线上问诊切入到医药商品导购，导流效果明显。从整个行业来说，已有很多企业将强化药师和健康咨询团队领域建设，以保证线上购药和线下服务水平相统一。当前，医药电子商务已经扩充到轻问诊、互联网医院等医疗服务中，未来这种趋势还将继续深入，同时也激活更多以"药"为核心的经营行为。

2. 医药移动电子商务的运营定位

人们对医药电子商务服务质量的要求越来越高，医药移动电子商务在医药市场的激烈竞争中，差异化定位显得尤为重要。例如，有的医药移动电子商务企业不但可以在其手机应用 App 中查找专科医院，而且拥有专业医疗团队进行在线健康科普，并开设在线医师讲堂，针对日常问题建立医学专家在线课程等；有的企业注重自建药师团队和自营门店，专业服务队伍可为用户提供选药、用药、健康管理的建议，增强了服务的渗透性；有的企业主打药品"特卖"，专门为慢特病患者用户提供产品和服务。医药移动电子商务由于不受地域和时间限制，更容易聚合起有相同用药需求的用户，形成长期稳定的联系，在满足用户购药需求、指导合理用药的同时，也有效培育了用户的品牌忠诚度。

即学即练

移动电子商务的特点主要包括哪些？

知识点概述

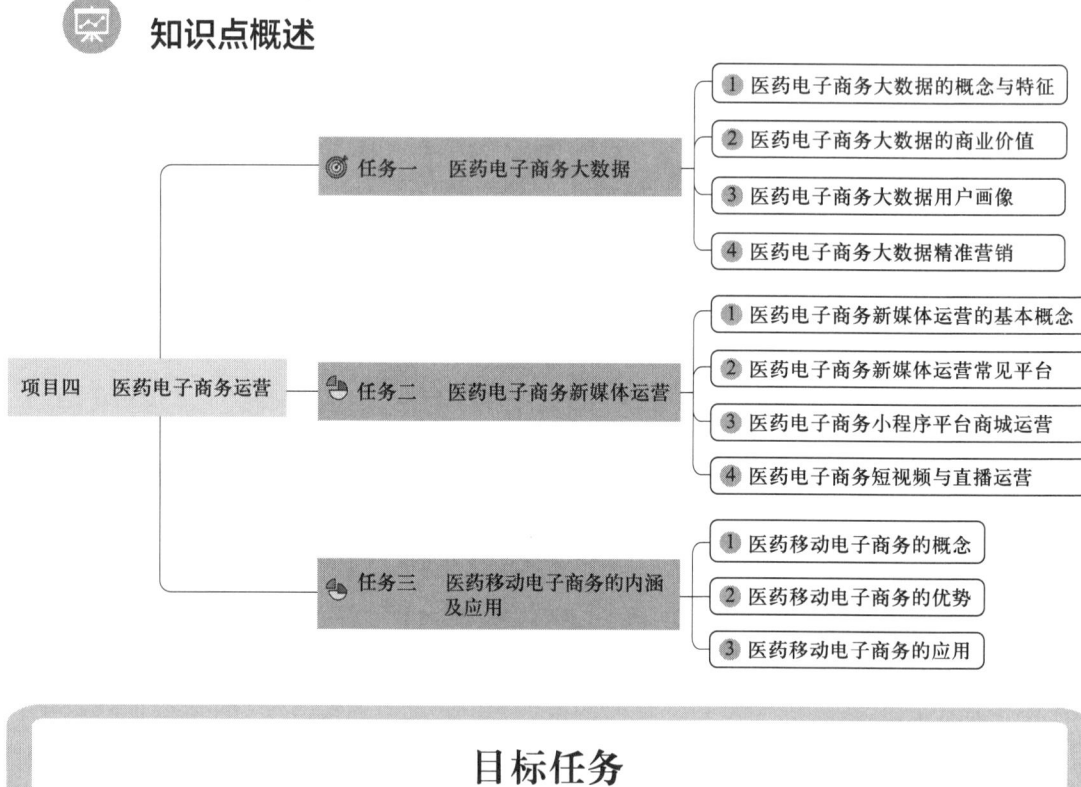

目标任务

一、任务分析

某医药电子商务企业计划增设维生素类产品线,为了顺利推出新产品并取得优质的营销效果,该企业负责人安排员工小张收集客户特征信息并构建用户画像,为企业精准营销提供依据。

构建用户画像,首先需要明确人群画像涉及的分析维度有哪些。一般来说,构建用户画像需要分析的维度主要有地域分布、人群属性、兴趣分布等。因此,小张决定利用"百度指数"渠道收集维生素类产品用户的地域分布、年龄分布、性别分布、兴趣表现等主要指标数据,然后汇总形成初步的用户画像,为接下来的客户营销策略制定提供参考。

1. 选择合适的方式收集网络消费者用户信息。
2. 根据网络消费者用户数据精准提炼用户特征,并构建用户画像。

二、任务准备

能上网的计算机、纸、笔。

三、任务实施

1. 任务分配

以个人为单位,进行任务训练。

2. 任务操作

选择收集方式，建议使用"百度指数"。登录百度指数（https://index.baidu.com/），进入百度指数官网，在首页的搜索框中输入"维生素"，按"Enter"键，打开搜索结果页面，单击"人群画像"超链接，查看近30天内搜索"维生素"的用户信息。

3. 构建用户画像

对用户画像数据进行整理与分析，最后完成表4-2构建网络消费者用户画像。

表4-2　　　　　　　　　　网络消费者用户画像

序号	标签		用户画像
1	地域分布		
2	人群属性	年龄分布	
		性别分布	
3	兴趣分布		

4. 汇报展示

随机指定学生上台汇报展示分析结果，说明分析的过程。

四、任务评价

按照表4-3所列评分标准进行测评，并做好记录。

表4-3　　　　　　　　　　实训评分标准

序号	考核内容	考核标准	配分	得分
1	按时完成	在指定时段内完成任务	10	
2	资料收集过程	能够使用百度指数，搜索网络消费者地域分布、人群属性、兴趣分布信息	30	
3	构建用户画像	进行数据分析，绘制数据图表	20	
4	汇报展示	讲述清楚，逻辑清晰	40	
		合计	100	

目标检测

一、单项选择题

1. 用户画像的数据建模中的用户行为，一般可以用（　　）表示。

A. 2W　　　　　B. 3W　　　　　C. 4W　　　　　D. 5W

2. （　　）是由医药电子商务的概念衍生出来的。
A. 医药移动电子商务　　　　　　B. 新媒体营销
C. 社群营销　　　　　　　　　　D. 短视频营销

3. 下列不属于短视频内容类型的是（　　）。
A. 知识类　　B. 美食类　　C. 电子书类　　D. 资讯类

4. 大数据具有"（　　）"特征。
A. 2V　　B. 3V　　C. 4V　　D. 5V

5. （　　）画像是通过调研问卷、电话访谈等手段获得用户的定性特征。
A. 用户档案　　B. 用户角色　　C. 用户偏好　　D. 用户特征

6. （　　）是最为基础也最为常见的标签类型。
A. 统计类标签　　　　　　　　　B. 规则类标签
C. 机器学习挖掘标签　　　　　　D. 大数据标签

7. （　　）是指与报纸、广播、电视等传统媒体不同的一种新的媒体形态。
A. 视频　　B. 新媒体　　C. 微博　　D. 直播

8. "社交+电子商务+直播"目前主要以（　　）为代表，流量聚合以后，转化为商业价值。
A. 抖音　　B. 快手　　C. 淘宝　　D. 微信

9. 与传统App设计理念不同，小程序的理念是服务直达用户、应用直达用户，其最本质的特点是"（　　）"。
A. 快　　B. 小　　C. 准　　D. 新

10. （　　）指利用智能手机等移动无线终端进行的B2B、B2C或O2O的医药电子商务。
A. 医药新媒体　　　　　　　　　B. 医药移动电子商务
C. 药品直播　　　　　　　　　　D. 网上药店

二、填空题

1. 新媒体的本质是一种媒体，但其关键在于一个"＿＿＿"字。

2. ＿＿＿＿＿＿是指企业通过新媒体平台向用户传递信息，对产品进行宣传及推广的运营手段。

3. ＿＿＿＿＿＿类型的短视频主要通过社交媒体平台流通，包括微博、微信和QQ空间等。

4. ＿＿＿＿＿＿通过收集用户的社会属性、消费习惯、偏好特征等各个维度的数据，对用户进行刻画，并对这些特征进行统计分析，挖掘潜在价值信息，从而抽象出用户的信息全貌。

5. ＿＿＿＿＿＿是指区别于原生App，具有免安装、随用随走特性的程序。

6. 短视频在运营过程中，首先需要明确＿＿＿＿＿＿。

7. 电子商务直播是指主播借助视频直播形式进行商品推荐和销售，实现"_____"的新型电子商务形式。

8. 随着无线通信技术的发展，智能移动无线终端性能不断提升，医药移动电子商务应用领域不断拓展、技术不断创新，由最基本的_____转向商务活动的各个环节。

9. 医药消费是一个_____消费，整合到平台 App 中较为便捷，但是如果在电子商务中嵌入健康管理、医疗诊咨询等服务，App 的点击率或可提高。

10. 医药移动电子商务在医药市场的激烈竞争中，_____定位显得尤为重要。

三、简答题

1. 请列举新媒体运营的常见平台，并进行分类分析。
2. 请简述医药电子商务大数据的商业价值。
3. 请简述用户画像的流程。

项目五

医药电子商务客户服务与管理

客户服务与管理是企业为了建立、维护和发展客户关系而进行的各项服务工作的总称，其目的是建立并提高客户的满意度和忠诚度，最大限度地开发客户的规模。客户服务与管理的核心理念就是企业全部的经营活动都要以满足客户需要为出发点，以提供满足客户需要的商品或服务为企业的义务，以客户满意为企业的经营目的。

任务一　认知医药电子商务客户服务

 学习目标

知识目标：了解医药电子商务客户服务及药物警戒的概念。
能力目标：熟悉医药电子商务用药咨询管理的原则。
素养目标：培养学生以人为本的服务意识和工作态度，提升学生社会责任意识。

【任务导入】

某连锁药店和某外卖平台合作，主推复方氨酚烷胺片感冒药，在外卖平台的销售价格为 9.8 元/盒，在平台感冒药销售价格中偏高，加之该感冒药生产商是小企业，知名度低，因此销量不尽如人意。该连锁药店为此进行了网络市场调研，结果发现消费者购买感冒药的平均支出为 8 元，加之感冒药网络销售竞争激烈，很难单纯通过降价吸引消费者。同时，通过调研发现，82% 的消费者会在购买感冒药的同时，购买清热解毒类药物来消除感冒引起的嗓子发炎、咳嗽等症状，总支出为 18 元左右。因此，该连锁药店在外卖平台开展了促销活动，购买感冒药的消费者加 0.1 元就可以获得价值 5 元的某清热解毒药，这样不但提升了产品价值，同时也将企业产品组合销售给消费者。

思考：如果你是电子商务平台的运营者，还可以提供哪些令客户满意的服务呢？

医药电子商务客户服务承载着客户投诉、订单业务受理、开展客户调研、与客户直接联系等一线业务受理功能。

一、医药电子商务客户服务的概念与特征

1. 医药电子商务客户服务的概念

客户服务是一个过程,即在合适的时间、合适的地点,以合适的价格、合适的方式向合适的客户提供合适的商品和服务,使客户的合理需求得到满足,活动价值得到提升的过程。

客户服务还可以理解为逐步深入的三个层次关系:首先是基本服务,也就是客户在购买商品之前假定自己必须获得的服务;其次是反应服务,也就是客户能够向企业明确表达希望得到的服务,这一层次服务的内容可以通过调研获得;最后是意外服务,也就是企业给客户带来的意外惊喜,是企业改进服务的重点。

医药电子商务客户服务是指医药电子商务企业通过各种渠道与客户保持联系,了解客户需求和反馈,并及时提供服务的过程。

2. 医药电子商务客户服务的特征

(1) 成本低

电子商务环境下的客户服务成本大大降低,企业可以通过网络传播商品和服务,大大减少流通环节,降低经营成本。企业与客户在充分沟通的基础上,相互了解对方的价值追求和利益所在,寻找最佳的合作方式,使企业在向客户提供服务的同时降低成本,从而提升商品的竞争优势。

(2) 效率高

互联网可以支持客户随时、准确地访问企业信息,寻找决策依据及满足需求的可行途径。客户通过网站留言、发送电子邮件等方式可以快速将问题传递给企业,方便企业及时解答。即时信息、聊天室等客户服务手段不断推出,缩短了客户服务的时间,大大提高了客户的满意度和企业的服务效率。

(3) 手段多样化

电子商务环境下的客户服务方式日趋多样化,除了电话、上门服务等传统方式之外,论坛、电子邮件、即时信息等网络客户服务手段不断出现,为客户提供更加方便、快捷、高效的客户服务。

(4) 理论新

互联网带来的不仅是一种手段,而且是企业组织架构、工作流程的重组以及管理思想的变革。随着电子商务的飞速发展,企业从以产品为中心向以客户为中心转移,"客户联盟"的概念被提出,企业通过与客户建立共同获胜的关系,达到"双赢"的结果。

二、医药电子商务的药物警戒

1. 药物警戒的概念

世界卫生组织将药物警戒定义为:发现、评价、认识和预防药物不良作用或其他任何与药物相关问题的科学研究和活动。

药物警戒不仅涉及药物的不良反应，还涉及与药物相关的其他问题，包括不合格药物、药物治疗错误、缺乏有效性报告、对没有充分科学根据而不被认可的适应证的用药、急慢性中毒病例报告、与药物相关的病死率的评价、药物滥用与错用、药物和食品的不良相互作用等。

2. 药物警戒的主要工作内容

（1）早期发现未知药物的不良反应及其相互作用。

（2）发现已知药物的不良反应的增长趋势。

（3）分析药物不良反应的风险因素和可能的机制。

（4）对风险和效益评价进行定量分析，发布相关信息，促进药物监督管理和指导临床用药。

3. 药物警戒的目的

（1）评估药物的效益、危害及风险，以促进药物安全、合理、有效应用。

（2）防范与用药相关的安全问题，提高患者在用药、治疗及辅助医疗方面的安全性。

（3）教育、告知患者药物相关的安全问题，增进涉及用药的公众健康与安全。

4. 药物警戒的意义

（1）加强用药及所有医疗干预措施，优化患者的医疗质量。

（2）提高用药安全，促进公众健康。

（3）对药物使用的利弊、药物的有效性和风险性进行评价，促进合理用药。

（4）促进对药物安全的理解、宣传教育和临床培训，推动与公众的有效交流。

三、用药咨询管理

1. 用药咨询的定义

用药咨询是指药师利用药学专业知识和工具向患者、患者家属、医务人员以及公众提供药物信息，宣传合理用药知识，交流与用药相关的问题的过程。

2. 用药咨询的原则

（1）药师应遵守国家相关法律法规、规章制度及诊疗指南等要求。

（2）药师应基于药物说明书、循证医学数据库或专业参考文献，结合医学和药学专业知识，对所回复的咨询内容做到有据可查，注重证据的实效性。

（3）对于暂时无法核实或确定的内容，药师应向咨询者解释，需要经核实或确定后再行回复。

（4）如用药建议与医师治疗方案不一致，药师应向咨询者解释，需要经核实或确定后再行回复。

（5）药师应注意保护患者隐私。

（6）药师应拒绝回复以患者自我伤害或危害他人为目的的用药咨询。

（7）药师应严谨理性地回复患者，增强风险防控意识。

（8）对超出职责或能力范围的问题，药师应及时将患者转诊给医师或告知咨询去向。

(9) 在提供互联网咨询服务时，要保存咨询记录，以作为服务质量风险控制和追溯凭证。识别危急重症疾病等不适合互联网咨询的情况，应取消咨询并告知咨询者，尽快去正规医疗机构就诊。

【知识链接】

药品网络销售监督管理办法（节选）

第三章　平台管理

第十七条　第三方平台应当建立药品质量安全管理机构，配备药学技术人员承担药品质量安全管理工作，建立并实施药品质量安全、药品信息展示、处方审核、处方药实名购买、药品配送、交易记录保存、不良反应报告、投诉举报处理等管理制度。

第三方平台应当加强检查，对入驻平台的药品网络销售企业的药品信息展示、处方审核、药品销售和配送等行为进行管理，督促其严格履行法定义务。

第十八条　第三方平台应当将企业名称、法定代表人、统一社会信用代码、网站名称以及域名等信息向平台所在地省级药品监督管理部门备案。省级药品监督管理部门应当将平台备案信息公示。

第十九条　第三方平台应当在其网站首页或者从事药品经营活动的主页面显著位置，持续公示营业执照、相关行政许可和备案、联系方式、投诉举报方式等信息或者上述信息的链接标识。

第三方平台展示药品信息应当遵守本办法第十三条的规定。

第二十条　第三方平台应当对申请入驻的药品网络销售企业资质、质量安全保证能力等进行审核，对药品网络销售企业建立登记档案，至少每六个月核验更新一次，确保入驻的药品网络销售企业符合法定要求。

第三方平台应当与药品网络销售企业签订协议，明确双方药品质量安全责任。

第二十一条　第三方平台应当保存药品展示、交易记录与投诉举报等信息。保存期限不少于5年，且不少于药品有效期满后1年。第三方平台应当确保有关资料、信息和数据的真实、完整，并为入驻的药品网络销售企业自行保存数据提供便利。

第二十二条　第三方平台应当对药品网络销售活动建立检查监控制度。发现入驻的药品网络销售企业有违法行为的，应当及时制止并立即向所在地县级药品监督管理部门报告。

第二十三条　第三方平台发现下列严重违法行为的，应当立即停止提供网络交易平台服务，停止展示药品相关信息：

（一）不具备资质销售药品的；

（二）违反本办法第八条规定销售国家实行特殊管理的药品的；

（三）超过药品经营许可范围销售药品的；

（四）因违法行为被药品监督管理部门责令停止销售、吊销药品批准证明文件或者吊销药品经营许可证的；

（五）其他严重违法行为的。

药品注册证书被依法撤销、注销的，不得展示相关药品的信息。

第二十四条　出现突发公共卫生事件或者其他严重威胁公众健康的紧急事件时，第三方平台、药品网络销售企业应当遵守国家有关应急处置规定，依法采取相应的控制和处置措施。

药品上市许可持有人依法召回药品的，第三方平台、药品网络销售企业应当积极予以配合。

第二十五条　药品监督管理部门开展监督检查、案件查办、事件处置等工作时，第三方平台应当予以配合。药品监督管理部门发现药品网络销售企业存在违法行为，依法要求第三方平台采取措施制止的，第三方平台应当及时履行相关义务。

药品监督管理部门依照法律、行政法规要求提供有关平台内销售者、销售记录、药学服务以及追溯等信息的，第三方平台应当及时予以提供。

鼓励第三方平台与药品监督管理部门建立开放数据接口等形式的自动化信息报送机制。

任务二　医药电子商务客户服务内容

 学习目标

知识目标：了解医药电子商务售前服务、售中服务、售后服务的概念，熟练掌握售后客服的岗位职责。

能力目标：掌握医药电子商务售前服务、售中服务、售后服务的工作内容。

素养目标：培养学生以人为本的服务意识和工作态度，遵守道德规范，树立诚信经营理念，提升学生社会责任意识。

【任务导入】

某医药电子商务平台的售前服务分为需求收集、分类整理和任务分配三个步骤。首先，平台通过与合作医院、药店等进行沟通，收集到各类医药商品的需求信息，包括规格、库存情况、价格等。其次，平台将收集到的需求信息进行分类整理，如按照医药商品类型、疾病类型等进行归类，以便后续任务分配。最后，平台根据需求的紧急程度和合作商家的能力情况，将任务分配给相应的供应商，确保及时满足用户需求。

通过这样的售前服务流程，该医药电子商务平台能够高效收集和整理各类医药商品的需求信息，确保用户能够快速准确找到所需医药商品。同时，通过合理的任务分配，平台也能够提高供应商的工作效率，提升用户体验。

思考：请你分析、梳理医药电子商务平台客户服务的内容。

一、医药电子商务售前服务

售前服务是指在产品销售前阶段,即商品相关信息获取、选择和试用等过程中所提供的服务,既有企业主动提供的服务,也有潜在客户要求的服务。它是企业树立良好第一印象的关键,目的是尽可能地将商品信息迅速、准确、有效地传递给客户,沟通双方感情,同时也要了解客户潜在的、尚未满足的需求,并在企业能力范围内尽量通过改变商品特色去满足这种需求。从服务角度来说,售前服务是一种以交流信息、沟通感情、改善态度为中心的工作,必须全面、仔细、准确和实际。售前服务是企业赢得客户良好印象的第一步,所以企业的工作人员对待客户应该热情主动、诚实可信。

1. 售前服务的内容

(1) 提供咨询服务

无论何种商品,客户在购买前都会存在或多或少的疑虑,这就需要企业相关部门为客户提供综合咨询服务,对促进客户购买会有很大帮助。

(2) 提供配套销售服务

提供配套销售服务就是将某些具有连带性的商品或者配套使用的商品,按照客户的需要组合在一起,以便客户一次性购买。例如,一些商家针对患有呼吸系统疾病的患者,推出了各种型号、各种价格档次的呼吸机和制氧机的组合类型,打消了客户的顾虑,坚定了他们的购买决心。

(3) 提供缺货代购服务

一般来说,商家比客户掌握更多的商品信息,应该随时为客户提供代购服务。为了做好这项服务工作,可以建立相应的代购服务制度,如缺货登记制度等,将客户需要购买而暂时没有的商品登记下来,代客户购买。

(4) 请客户参与产品设计

售前服务的任务之一就是挖掘客户需求。客户需求是产品开发设计的出发点和落脚点。为了使产品或服务更加符合客户需求,在开发设计阶段,有的企业会邀请客户参与产品开发与设计。据哈佛大学商学院的一项调查显示,在上市的新产品中,有57%是直接由消费者创造的。麻省理工学院斯隆管理学院调查结果也表明:成功的民用新产品中,有60%~80%来自用户的建议,或是采用了用户使用过程中的反馈。

此外,售前服务的方式还包括举办免费培训班、参观产品生产和试用过程、开展产品宣传活动、上门介绍、商品质量资质展示等。

2. 售前服务的重要性

优质的售前服务不仅可以满足客户的物质需求,还可以满足客户的心理和精神需求,有效避免和减少售后服务。与售后服务相比,售前服务其实是在为自己服务,因为它不直接面对客户,但同时也是因为这一点,售前服务总是被很多企业忽视。售前服务具有以下两方面重要意义。

(1) 扩大产品销路,提高企业竞争力

优质的售前服务是产品销售的前提和基础,是提高企业经济效益的关键所在。企业只需要多花费些精力，就可以把已经出现或即将出现的隐患在产品出厂前消灭，为企业在售后环节避免麻烦。对于消费者来说，终身免修的产品较终身保修的产品更会受到他们的青睐。此外，企业还可以通过让消费者参与产品开发设计的方式满足其个性化需求，提高设计水平，增强与消费者的互动。企业赢得消费者的支持就是赢得了市场，也就提高了自身竞争力。

（2）售前服务是企业经营决策之一

如果没有售前服务，企业就会缺乏消费者信息，造成市场信息不完整，企业的经营决策不理想。随着行业竞争的加剧，售前服务成为越来越多企业关注的焦点，只有切实将其做好，才能在竞争中胜出。

综上所述，应该把售前服务看作关系企业生存发展的大事认真做好。做好售前服务工作，好处很多，难度也很大，对企业成本控制也不利。但是，有远见的企业应当打"价值战"，而非"价格战"，把售前服务及售中服务、售后服务都做好，即使价格高一点，消费者也是支持的。

思政小园地

中华民族源远流长的优良道德传统提倡言行一致，强调恪守诚信。诚信之德在于言必信，行必果，言行一致，表里如一，讲究信用，遵守诺言。医药电子商务企业的管理者要重视诚实守信的经营原则，坚决抵制虚假宣传、假冒伪劣等行为，确保客户能够获得满意的产品和服务。

二、医药电子商务售中服务

售中服务是指企业向进入销售环节的客户提供的服务。售中服务主要由企业的销售人员提供。企业应事先对销售人员予以培训，保证其专业性。售中服务与客户的实际消费行为相关，是促成交易的核心环节。售中服务的目标是为客户提供性价比最优的消费方案。针对客户的售中服务，主要体现为销售过程管理。销售过程管理是以销售机会为主线，围绕销售机会的产生、控制和跟踪以及合同签订、价值交付等一个完整销售周期而展开的，是既满足客户消费欲望的服务行为，也满足客户心理需要的服务行为。售中服务的主要内容包括以下六个方面。

1. 客户咨询的回复

打开客户咨询的商品详情页，利用客户打字时间迅速浏览。检查该商品是否有货，向客户介绍最新的优惠政策和套餐；务必将商品的独有卖点告知客户；不要刻意与客户提示价格问题；围绕商品本身与客户交流。

作为一名合格的客服，首先要对商品了如指掌，能知道商品本身的卖点，从而更好地介绍它，并能够适当给客户推介一下同类其他商品以及优惠商品。

2. 促单及赞美客户

要知道根据情况去肯定客户选择商品的眼光，把商品的优越性介绍给客户。所有的商品销售行为都应围绕商品本身，要注意沟通时的语气。

客服应尽量肯定客户的眼光，适当地赞美客户，给客户带来良好的消费心情，这也可以称为情感营销。

3. 赠品及讨价还价问题

确认客户是否购买多个或是金额比较大的商品；申请过程中仔细说明情况；不要刻意围绕价格与客户沟通；应多提示商品本身价值；根据情况为客户推荐其他商品。

客户在与客服讨价还价期间，客服尽量不要直接与客户进行价格讨论，应把商品本身的优越性介绍给客户，让客户自己权衡，或者向客户介绍他能接受的价格范围内的商品。赠品要针对实际情况来定，不要一开始就承诺有赠品。

4. 物流问题

客户长时间未回复，客服需要主动与客户进行沟通，要不间断地保持与客户的联系；应不厌其烦地给予客户产品推荐；注意查看客户所属地区，与客户确认收货地址，询问物流是否可以到达。

5. 发货时间问题

务必在承诺时间点发货，如果有困难，不要随意给客户承诺；活动期间，要保证发货时间与平台的规则保持一致，及时更新商品详细描述。

6. 客服结束语及订单的跟踪问题

要给客户讲述收藏、评价的好处；请客户加入社群，以方便与企业联系，并随时解决问题；做好客户售后准备；安排好客户要求的物流；以围绕客户满意消费、愉快生活等进行沟通；及时跟踪物流信息，提醒客户查收商品时的注意事项，给客户留言物流状态，提醒客户作出好评。

对于客服来说，网店成交转化率和客服的售中服务技巧是相关联的，因此客服在销售过程中应不断提升自己，承担起相应的运营责任。对于企业来说，要加强对客服的培训，保证网店转化率的稳定持续提高。

优秀的售中服务将为客户提供享受感，促进客户作出消费决策。融洽自然的销售服务还可以有效消除客户与企业之间的隔阂，在双方之间搭建信任的桥梁。

总之，客服质量是决定客户消费的重要因素，因此，对于售中服务而言，提高服务质量至关重要。

【案例分析】

某医药电子商务平台提供了多种客户服务方式，如24小时在线客服、电话咨询和即时邮件回复等。此外，他们还推出会员制度，为会员提供专属福利和优惠。

通过及时回复客户问题和解决疑虑，该医药电子商务平台赢得了客户的信任和满意度。他们还根据客户的反馈意见，不断优化网站功能和服务流程，为客户提供更好的消费体验。

问题：这家医药电子商务平台的做法对你有什么启示？

三、医药电子商务售后服务

售后服务是指企业向已购买商品的客户所提供的服务。它是商品质量的延伸，也是对客户感情的延伸。这种服务的目的是增加商品实体的附加值,解决客户由于使用本企业商品而带来的问题,降低客户的使用成本和风险,从而增加客户消费后的满足感或减少客户消费后的不满情绪,以维系和发展企业的目标市场。售后服务的关键是坚持、守信、求实,是企业设计服务项目时最有潜力可挖的一个方面。

为了做好售后服务,售后客服应了解售后工作的相关理念及工作内容,并掌握各种具体工作技巧。

1. 售后客服的岗位职责

电子商务售后客服的工作主要集中在处理已消费客户反映的问题上,如退货、退款、补差额、跟踪物流、处理投诉、客户评价等事宜,工作要求较为严格,必须履行以服务客户为宗旨的岗位职责,处理好每一起售后事件并维护好企业与客户的利益。

售后客服岗位职责具体包括如下六个方面。

(1)解答商品相关问题,处理网店的中差评,安抚客户情绪。

(2)查单查件,及时解决客户的物流问题。

(3)处理客户退货退款问题,了解退货退款需求,尽量挽回订单,避免损失,尽量让客户选择对网店影响最小的退款理由。

(4)处理客户投诉,做好沟通工作,给出解决方案,以和平解决为原则,当平台介入纠纷时,客服要配合平台提供相应证据。

(5)整理客户信息,如客户账号、下单金额、下单次数等,为维护客户关系、推销商品做好准备。

(6)应在客服上岗培训时进行学习并考试,如有轮岗顶岗制度,则所有轮岗顶岗人员都应进行上岗前的岗位职责培训。在日常工作中,也应定时进行考核,敦促客服不忘职责。

2. 正确应对投诉

客户有时会跳过与客服协商,而直接向电子商务平台投诉网店商品或服务问题,并请求电子商务平台进行仲裁解决。

客户投诉网店的原因有很多,可能是因为客服不认真解决问题,也可能是客户无理取闹。但不论什么原因,投诉都会对网店造成严重影响。投诉对网店造成的损失比中差评更大,因为一旦网店被平台认定为过错方,就会受到严厉的惩罚。因此,网店一般十分重视客户的投诉,要求客服掌握处理投诉的正确方法,力争让客户取消投诉,或让平台判定本网店无过错。

要弄清客户投诉原因,只要客户的投诉成立,商家就必须对平台进行解释。例如,有些医药电子商务平台规定,商家在收到投诉后,必须在规定时间内处理,否则就自动判定商家为过错方,根据规则进行处理。因此,对投诉最好的处理方法是及时联系客户,与客户协商,争取让客户撤销投诉。尽早联系客户,不仅可以争取更多的处理时间,而且还有一定心理学上的原因。试想客户刚刚投诉就接到客服电话,必然会有一种受重视的感觉,也会变得更好沟通。

项目五　医药电子商务客户服务与管理

> **即学即练**

简述在医药电子商务中，客户投诉处理的基本步骤。

3. 发货与物流问题的处理

在电子商务平台购买的实物商品，一般都要通过邮寄的方式送达客户，因此快递是最重要的商品物流渠道。作为客服，应详细了解各种邮寄方式，根据客户需求选择合适的物流公司。

针对不同的商品，要采用不同的包装方法，这样既能保证商品在包装、运输过程中的安全，也能尽量减少在商品包装上的成本支出。

> **思政小园地**

《中华人民共和国电子商务法》第二十条规定，电子商务经营者应当按照承诺或者与消费者约定的方式、时限向消费者交付商品或者服务，并承担商品运输中的风险和责任。但是，消费者另行选择快递物流服务提供者的除外。

这告诉我们，在医药电子商务经营中要有合法经营意识，富有勇于承担责任和诚实守信的精神。

4. 熟悉国内外常用的发货渠道

客服应熟悉国内外常用的发货渠道，这样在与客户交流时，才能回答客户关于收发快递的问题。有些兼任发货工作的客服，更应能根据客户实际需求选择合适的快递公司。

5. 处理关于商品物流与签收方面的问题

快递运输过程中，容易发生一些物流签收问题，如快递破损、未按客户备注要求的方式邮寄、显示签收但实际客户未收到等。客服应掌握这些问题的基本处理流程，更好处理好客户反馈的问题。

6. 处理退换货问题

退换货问题在售后问题中较为常见。客户在收到商品后，有时会因为商品的质量问题，或者对大小、颜色、款式等不满意，而要求网店退换商品。处理好退换货问题，是一名售后客服的基本能力。

7. 确定退换货邮费及补差费用

实体商品一旦确定退换货，必定涉及邮费问题。不同的医药电子商务平台对退换货邮费归属有不同规定。因此，售后客服应确认责任归属后配合客户处理好邮费归属及相应补差。

8. 与仓管人员协调处理退换货

大中型网店一般会设置独立的仓管人员。在处理退换货事宜时，客服还需要仓管人员的协助与配合。客服与仓管人员交接工作一般是通过退换货表格来进行的。

9. 客户评价的正确对待与及时处理

客户消费后的评价对其他客户有重要的参考作用。中差评较多的网店，交易状况会每况愈下。很多电子商务平台为制约网店和客户，都会制定相应的评价规则。例如，在平台中，客户收到货物后，可用图文、视频的形式对商品进行评价。无论是好评、中评还是差评，都将展现在商品详情页中，供其他客户查看。换言之，中差评将直接影响网店的销量。因此，客服应该对客户评价进行监控管理，一旦发现中差评，就要积极联系客户，做好售后服务，并总结经验教训，从源头上杜绝中差评的产生。

【知识链接】

如何正确回复中差评

1. 针对物流的中差评

有的客户把物流问题也怪罪到网店身上，不仅给网店作出中差评，还在评价中对快递公司表示不满。对于这样的客户，客服要耐心解释，表明网店并不能控制快递公司的运输，请求客户谅解，并在可能的范围内对客户进行补偿。

2. 针对客服工作的中差评

因为客服态度不好而给网店中差评的案例比比皆是。至于其发生原因，则应具体分析，有的的确是因为客服态度有问题，但也有可能是因为客户本人太敏感，还有可能是因为双方沟通不畅造成误会。不论什么原因，只要客户在评论中提到了客服态度问题，网店在处理时要遵循"换人处理，赔礼道歉"的原则，这样通常能够取得较好的效果。

任务三 医药电子商务客户管理

 学习目标

知识目标： 了解医药电子商务客户关系管理的概念、掌握医药电子商务客户开发的方法。

能力目标： 能够运用医药电子商务客户开发的方法有效开发新客户，处理好客户投诉，把握客户关系维护的技巧。

素养目标： 培养学生以人为本的服务意识和工作态度，提升学生社会责任意识。

【任务导入】

随着互联网的普及和快速发展，医药电子商务正崭露头角。为了扩大市场份额，一家医药电子商务企业决定开展客户开发活动。他们利用大数据分析，精确锁定潜在客户群体，并通过社交媒体和线下活动进行宣传。经过一段时间的努力，该企业成功吸引了大量新客户，并获得了可观的销售额。

思考： 请结合实际案例分析医药电子商务客户开发的重要性。

一、医药电子商务客户关系管理

1. 客户关系管理的概念

客户关系是指围绕客户生命周期发生、发展的信息归集。客户关系管理是一种以"客户关系一对一理论"为基础，旨在改善企业与客户之间关系的新型管理机制。

客户关系管理（customer relationship management，CRM）是一种以客户为中心的管理思想和经营理念，是指企业为赢取新客户、维护老客户，以增进企业利润为目的，通过不断沟通和了解客户，达到影响客户消费行为的目标。客户关系管理是通过对客户详细资料的深入分析来提高客户满意度，从而提高企业竞争力的一种手段，其核心是以客户为中心，提高客户满意度，培养和维持客户忠诚度。

综上所述，医药电子商务客户关系管理是一种以医药电子商务客户为核心的商业策略，借助互联网信息技术，以客户为导向实施营销、服务等一系列工作，力求与客户之间建立持续性关系，从而达到吸引新客户、留住老客户，实现持续提高客户忠诚度和利润贡献度的目的。

2. 客户关系管理的优势

（1）降低企业成本，增加收入

企业实施客户关系管理后，可对消费者进行一对一营销，成本低、效果好。通过客户关系管理，对客户信息进行全面整合，实现信息充分共享，发掘客户潜在需求，可增加企业收入。

（2）加强企业内部管理，提高效率

客户关系管理有助于企业将运作重心从生产产品、提供服务转移到了解客户需求、掌握市场动态、销售商品等方面，有助于企业对客户信息进行全面整合，实现信息充分共享，为客户提供更快捷周到的服务，优化企业业务流程，把为客户解决需求的理念贯穿到所有环节中。

（3）提高客户忠诚度，拓展市场

客户关系管理的核心是客户价值管理，具体表现为客户可以通过多种形式与企业交流业务往来，企业可以记录分析客户的个性化需求，建立起一对一营销关系，充分挖掘客户潜在价值，提高客户忠诚度，掌握更多的业务机会。

【知识链接】

一般来说，网店客户关系管理可以采用网店企业资源计划（enterprise resource planning，ERP）管理系统来实现，但目前市场上网店ERP管理系统很多，质量也良莠不齐。一款好的网店ERP管理系统至少需要包含以下五项功能。

1. 库存管理

网店ERP管理系统的库存管理功能可以随时清晰查询到库存、出库、入库、调拨、盘点及退货信息，库存状态一目了然。网店ERP管理系统记录了从调拨、收货、上架、拣货、验货、打包、称重、移库、盘点、补货、调整、返架到出库发货等各个作业流程及库存变化情况。

2. 订单管理

网店 ERP 管理系统的流程化订单管理围绕企业全渠道业务流程设计，其功能模块可以实现订单、备货、配货、退换货、付款等业务环节的全流程管理。

3. 采购管理

网店 ERP 管理系统在采购管理和销售管理的基础上，增加了基于大数据的采购需求分析、销售分析和成本分析。采购人员可以从需求分析表中查看哪些商品需要提前采购，预防销售过程中出现断货、超卖现象；销售分析可以在集成多种历史销售数据的基础上，对未来的销量和目前的库存量作出精准分析预判，为决策提供支持；成本分析可以全面掌握库存的资金占用情况。

4. 售后管理

网店 ERP 管理系统可与电子商务售后服务平台对接，实现自动化退款。网店 ERP 管理系统可实现将退货直接退入卖家仓库，并回传信息给系统后台，实现自动化退款，大大缩短了网店的退款时长。

5. 财务管理

网店 ERP 管理系统根据日常运营数据自动生成应收款或应付款表单，支持平台对账、快递物流对账等，可对接多类财务软件，系统自动生成凭证，自动对账并生成报表，具有完整的线上线下售后功能并生成相关报表，让网店财务管理更省心。

---

3. 电子商务环境下客户关系管理

（1）电子商务环境下客户关系管理的概念

随着互联网信息技术的不断进步，客户关系管理模式有了新的发展，电子商务环境下的客户关系管理被统称为电子化客户关系管理。电子化客户关系管理是指从企业的战略和竞争角度出发，利用现代信息技术，通过对企业业务流程中客户关系的交互式管理，提升客户满意度，建立长期的客户关系，拓展企业附着于客户关系网络的无形资产基础，为相关业务流程提供有效决策信息，提高业务流程的效率和整合程度，从而使企业获得有利的市场定位和持续的竞争优势。

（2）电子商务环境下客户关系管理的特点

电子商务环境下客户关系管理是在传统客户关系管理的基础上，以互联网信息技术为平台的一种新兴客户关系管理理念与模式，其主要特点表现为以下四个方面。

1）信息共享，利于沟通。电子商务环境下，客户可以随时随地登录企业网站，了解产品和服务信息，满足自身需求。企业通过客户关系管理可集中内部原有分散的客户数据，形成正确、完整、统一的客户信息为各部门所共享。客户能得到来自企业任何一个部门的一致信息，营销人员可全面把握企业的运行状况及变化趋势，以便为客户提供更有效的信息，改善信息沟通效果。

2）集成的客户关系管理解决方案。在电子商务环境下，为了使企业业务的运作保持协调一致，需要建立集成的客户关系管理解决方案，使后台应用系统与电子商务运作策略相互协调。客户可选择电子邮件、电话、传真等多种方式与企业联系，以便得到满意答复。

3）提供个性化服务。电子商务环境下，客户关系管理强调的是企业要与客户之间有效、实时互动。无论是维系老客户还是发掘新客户，客户关系管理都可以通过互联网实现同步操作，利用大型数据库来管理客户信息，利用数据挖掘和数据仓库技术对客户数据和商业数据进行智能化分析，最大限度地满足客户个性化需求。

4）筛选出正确的客户群。客户关系管理对企业客户进行了划分和管理，对开展电子商务起到举足轻重的作用。实施客户关系管理可以筛选出正确的客户群，使企业在进行电子商务活动时花费尽量小的代价而获得较多的利润，使电子商务活动更有针对性和效率。

4. 医药电子商务环境下客户关系管理的实施

电子商务极大地促进了客户关系管理的发展，而客户关系管理发展中出现的问题不断向电子商务和互联网技术及应用提出挑战。可见，电子商务与客户关系管理之间是互相推进、互相制约的关系。在医药电子商务环境下，成功实施客户关系管理要做到以下七点。

（1）管理者支持，形成项目实施决策合力

企业管理者的理解和支持是成功实施客户关系管理的关键。首先，企业管理者要树立客户关系管理理念，确定客户关系管理战略。其次，管理者必须树立权威，保证项目的顺利开展。最后，管理者必须对项目有相当的参与度，对项目实施有一定认识和理解。

（2）确立合理的实施目标

客户关系管理的实施必须有明确目标。企业在制定规划与目标时要结合自身资源条件、管理状况和外部环境对自身要求和挑战统筹考虑，同时也要清晰地认识到企业自身对客户关系管理的需求以及客户关系管理如何改变或影响自己的商业流程。

（3）组建权责明确的实施团队

实施团队是保证客户关系管理系统正常运行的核心动力。成功的客户关系管理实施团队应包括企业的决策领导层及企业内部信息技术、营销、财务、生产研发等相关部门的业务骨干。此外，还需聘请专业顾问人员，也可邀请客户代表参与项目实施。

（4）通过业务驱动客户关系管理项目的实施

客户关系管理的实施是以业务过程来驱动的，互联网信息技术只是为客户关系管理的实现提供了技术支持。因此，要从客户和企业相关部门的角度出发，分析他们对客户关系管理系统的实际需求，选择合适的客户关系管理软件，提高系统的有效性。要在软件提供的先进技术和企业目前的运作流程之间找到平衡点，尽可能在应用中保留企业流程的特点和优势。

（5）灵活运用技术，提高客户参与度

企业应根据业务流程中存在的问题选择合适的技术，而不是调整流程来适应技术要求。在选择客户关系管理技术时，要重视灵活性和可扩展性，以满足未来扩展的需要。

（6）有目的、有步骤地实施业务调整

企业实施客户关系管理项目要遵循总体规划、分步实施的原则。客户关系管理是一项复杂的系统工程，要根据企业的经济实力、实际业务需求，在确定客户关系管理总体规划的基础上，对需要处理的问题根据其重要程度设置优先级，按优先级高低分步实施各个子项目，这样才能确保实施效果。

（7）优化系统资源配置，提高系统效率

企业应充分调动每一名员工的积极性，提高终端用户界面的可操作性，加强企业内联网和外联网建设，使客户关系管理系统各部分的功能协调运行，提高系统效率。

在电子商务环境下，有效实施客户关系管理是企业保持旺盛竞争力的强劲动力，是企业持续、快速、健康发展的必然选择。这就要求企业大力发展电子商务，通过电子商务的应用来重组客户关系管理流程，使客户关系管理真正成为提升企业竞争力的利器。

5. 客户关系管理在医药电子商务中的重要作用

（1）降低医药商品客户开发和维护成本

客户关系管理可以增强老客户对网店的信任感，通过情感维护，保持老客户在网店消费的习惯，节省向老客户宣传和促销的费用。

（2）缩短交易流程，降低交易成本

例如，客户长期在网店购买保健品，已熟知网店商品发货时间、常用快递等信息，在选购商品时，就可以省去询问客服的环节。并且作为老客户，清楚每次代金券的领取页面和使用门槛，也几乎不用进行客服咨询。

（3）促进购买量和交叉购买

例如，客户长期在网店购买某款口罩，当他需要购买其他防护用品时，可能优先考虑来该网店购买。

（4）给网上药店带来更多利润

客户关系管理使网上药店有相对稳定的网络客户群体，能稳定销售，降低经营风险。

6. 客户关系管理的流程

客户关系管理应对客户进行识别和选择，以支持医药电子商务企业在合适的时间和合适的场合，通过合适的方式，将合适价格的产品和服务提供给合适的客户。

（1）客户信息资料搜集

主要是搜集、整理相关资料，以分析客户的基本类型、需求特征和购买愿望，并在此基础上分析客户差异对医药电子商务企业利润的影响。

（2）客户信息分析

客户关系管理不能仅仅停留在对客户信息数据的分析上，更重要的是对客户的态度、能力、信用、社会关系等进行评价分析。

（3）医药电子商务客户服务管理

医药电子商务客户服务管理的主要内容包括：服务项目的快速录入、安排、调度和重新分配；事件的升级、搜索与跟踪；生产实践报告的生成；服务协议和合同的管理；订单管理和跟踪；医药商品客户服务问题及解决方法数据库建立等。

（4）客户时间管理

客户时间管理的主要内容是：安排客户管理日程，如约见客户与活动计划冲突时，系统会及时提示；进行客服事件和团队事件安排，以免发生冲突；并把事情的安排通知到相关人员处理。

【案例分析】

某医药电子商务企业推出了一种新药品，并开展了线上销售。一位客户购买了该药品并按照说明书使用，但出现了过敏反应。客户拨打企业客服电话，表达了自己的困扰。

企业客服及时回应了客户需求，并提供以下售后服务：首先，客服耐心倾听客户的问题，并了解了过敏症状和使用情况。其次，客服向客户解释了可能的原因，并提供了相关指导意见。最后，客服还向客户建议进行对症治疗，并提供了相关药品说明和购买链接。

在整个售后过程中，企业客服始终保持耐心、细心的服务态度，以确保客户问题得到解决，并提供专业建议和帮助。通过有效地售后管理，公司树立了良好的客户形象，增强了客户的信任感和忠诚度。

综上所述，医药电子商务在售后管理中应注重对客户需求的及时响应和解决，提供专业的指导和帮助，以增强客户满意度和忠诚度。同时，也应加强对产品质量监管，确保产品的安全和有效性，这样才能在竞争激烈的市场中获得持续发展。

二、医药电子商务客户开发

客户开发工作是销售工作的第一步，通常来讲，由销售人员通过市场调研初步了解市场和客户情况，与有实力和有意向的客户重点沟通，最终完成目标区域的客户开发计划。

在竞争激烈的市场中，能否通过有效方法获取客户资源往往是企业成败的关键。如今，客户越来越明白如何满足自己的需要和维护自己的利益，因此，获得与保持客户的难度增大，加强客户开发对企业的发展至关重要。

客户开发的前提是确定目标市场，研究目标顾客，从而制定客户开发市场营销策略。营销人员的首要任务是开发准客户，通过多种方法寻找准客户并对准客户进行分析识别，使企业的营销活动有明确的目标与方向，使潜在客户成为现实客户。

1. 客户开发方法

要开发客户，提高客户忠诚度，可以在正确识别客户的基础上按照以下三个步骤发展客户关系。

（1）对客户进行差异分析

客户之间的差异主要有两点：第一，客户对公司的商业价值不同；第二，客户对产品的需求不同。因此，对客户进行有效的差异分析，可以帮助企业区分客户，了解客户需求，进而更好地配置企业资源，改进产品和服务，牢牢抓住客户，取得最大利益。

（2）与客户保持良好的关系

客户关系管理的重要内容是增加与客户联系的成效。一方面，可以用互联网上的信息交互来代替人工重复工作；另一方面，需要及时充分地更新客户信息，从而加强对客户需求的透视深度，更精确地描述需求画面。具体来说，就是把每一次的联系都了解清楚，形成一条连续不断的客户信息链。

(3) 调整产品和服务以满足客户需求

要进行有效的客户关系管理，因人而异，提供个性化产品和服务，其调整点不仅是最终产品，还应该包括服务。客户关系的进展程度与企业客户管理和服务水平紧密相关，建立客户关系的过程还要注重：对客户进行感情投资，与客户接触的各个方面都应让客户感到亲切；尽可能给客户更多方便和更多选择；为客户提供个性化服务，更有效地满足客户需求；提供快速有效的客户服务，建立客户服务快速反应机制。在进行客户管理时，既要确保优先服务重要客户，也要照顾到中小客户的服务质量。

2. 潜在客户开发注意事项

潜在客户开发是销售人员工作流程当中非常重要的环节，销售人员需要不断开发新客户，弥补流失的老客户，提高客户质量和数量。潜在客户开发是销售业绩增长的来源，不断学习提升销售技能，对潜在客户进行有效开发和管理，将帮助销售人员提高销售效率，为其提供稳定的销售业绩。

在潜在客户开发工作中，应注意以下三个方面事项。

(1) 要不断开发潜在客户以补充流失的老客户

在实际销售工作中，无论企业的服务做得多么周到，都会面临销售额的波动和客户的流失。在这种情况下，企业必须不断开发新客户，有新资源补充进来，才会取得稳定的销售额。要随时关注市场中的客户情况，选择那些有价值的潜在客户进行开发，只有这样才不会受市场波动的影响。

(2) 要吸收潜在客户新需求

随着市场变化，随时都可能产生新的潜在客户，或者形成新的市场需求。客户开发过程中，要随时把握市场需求的变化，获得新商机。

(3) 潜在客户开发要更新客户结构

尽管企业拥有很多客户，但是绝大部分销售额却来自少部分客户，客户的质量差异也很大。为了完成销售额，企业对小客户也要尽心尽力地服务。然而，小客户服务量不会少，其客单量却很低，这就使企业销售人员虽然工作很努力，但是销售额却无法提升。如果企业不断进行客户开发，就会发现更多的大客户，企业把工作重点转移到这些客户身上，减少他们的流失，就可以用同样的时间和工作量，取得更多销售业绩。

3. 客户价值

客户价值是客户细分管理的基本依据。通过客户价值分析，能使企业真正理解客户价值的内涵，从而针对不同客户进行有效的客户关系管理，使企业和客户真正实现双赢。

(1) 客户价值的含义

从客户角度看，客户需要从购买的产品和服务中得到需求的满足。因此，客户所认为的客户价值是，客户从某种产品或服务中所能获得的总利益与在购买和拥有时所付出的总代价的比较，即客户从企业为其提供的产品或服务中所得到的满足。

从企业角度看，企业需要从客户的消费中实现企业收益，也就是客户的盈利能力。因此，企业所认为的客户价值是企业从与其具有长期稳定关系，并愿意为企业提供的产品和服务承担合适价格的客户中获得的利润，即客户对企业的利润贡献。长期稳定的关系表现为客户的时间性，即客户生命周期。因为一个偶尔与企业联系的客户和一个经常与企业保持联系的客户，对企业而言具有不同的客户价值，这一客户价值的衡量是根据客户消费行为和消费特征等变量，所测度出的客户能为企业创造的价值。

（2）客户价值的区分

企业对客户实施差异化管理是客户关系管理的一个重要前提，这是双向利益驱动。从企业角度而言，不同客户对企业贡献的价值具有差异性。因此，企业就有必要对客户进行分类并区别对待，采取不同的服务政策与管理策略，对其有限的资源进行优化配置，以实现高产出。

对客户价值的区分可以从以下两个维度来进行：一是客户终身价值，二是客户与企业的战略匹配度。客户终身价值是客户消费、客户口碑、客户信息、客户知识、客户交易五种价值的总和，客户与企业的战略匹配度是定位匹配、能力匹配、价值观匹配三个匹配度的总和。

可以将客户价值区分为战略客户、利润客户、潜力客户以及普通客户四类。战略客户是客户价值高，战略匹配度也高的一类客户；利润客户是客户价值高，但战略匹配度低的一类客户；潜力客户是战略匹配度高，但客户价值低的一类客户；普通客户是战略匹配度与客户价值都低的一类客户。

（3）客户价值分析方法

客户是企业持续经营的必要条件，如果不能留住客户，企业也将陷入困境之中。但是在留住客户时，还要分析他们本身的价值。客户价值分析方法有以下三种。

1）排除法。这种方法就是将一些对于客户来说多余的需求去除掉。例如，对于产品的生产流程来说，可以从多个环节进行考量。在这些环节当中，需要考虑一下那些对于客户来说完全不必要的需求，并适当将这些需求进行删减或是排除。

2）增加法。这种方法与排除法刚好相反，排除法是将不需要的删减，这种方法则是将客户的需求进行添加。只有将客户当作中心，才能得到最好的效果。

3）递进法。递进法是指将做得还算可以的部分继续进行改进，以便让这些部分变得更加完美。对于企业而言，最大的支持者是老客户，而老客户也是因为对企业的产品感到满意才会反复消费。

一个企业依赖客户，但是客户不一定非选择该企业不可。虽然每一位客户的价值都是不同的，但是对于高价值客户和低价值客户，企业始终要保持一视同仁，不能因为价值的不同而采取不同的行为。面对低价值客户，企业可以从不同角度作出对策，以此来让这些客户的价值有所提升。除了客户之外，还能影响企业的是竞争对手，如果竞争对手威胁极大，那么企业就需要更加努力来弥补自己的不足。在这种情况下，每一位客户都是十分重要的。企业除了要留住客户外，还要将自身优势发扬光大。

（4）客户价值分析的意义

客户价值的理解是企业管理的关键，如果没有评价客户价值的要素标准，就无法使企业的客户价值最大化。如果不知道客户价值，企业就很难判断什么样的市场策略是最佳策略。

客户管理可以帮助企业清楚地掌握客户价值，通过客户价值分析可以有效地帮助企业发现最有价值的客户，并清楚为获得或保留这些客户所需要的投入。

三、医药电子商务客户关系维护

在网络经济下，客户是企业最重要的虚拟资产或潜在资产，客户关系维护是供应商维持已建立的客户关系，使客户不断重复购买产品或服务的过程，从而为企业创造更多价值。

电子商务环境下市场透明，缩小了企业、客户与竞争者之间的距离，客户关系维护实际上就是一个建立和保持客户忠诚度的过程。客户价值的核心是客户忠诚度，客户忠诚度是客户关系维护的目标，高度的客户忠诚度是客户不断重复消费的保证。企业只有把客户忠诚度的理念作为其客户关系维护战略的着眼点，通过各种努力保证客户忠诚度，才能有效地促进销量。

1. 客户忠诚度的建立

客户忠诚度是指客户对企业的产品或服务的依赖和认可，它主要通过客户的情感忠诚度、行为忠诚度和意识忠诚度表现出来。其中，情感忠诚度表现为客户对企业的理念、行为和视觉形象的高度认同和满意；行为忠诚度表现为客户再次消费时对企业的产品和服务的重复消费行为；意识忠诚度则表现为客户作出的对企业产品和服务的未来消费意向。由情感、行为和意识三个方面组成的客户忠诚度营销理论，着重于对客户行为趋向进行评价，通过开展这种评价活动，反映企业在未来经营活动中的竞争优势。

客户忠诚度是营销活动的关键环节之一，是客户对产品感情的度量，反映出客户转向另一品牌的可能程度，尤其是当企业产品在价格或特性上有变动时，随着客户对企业产品忠诚度的增加，基础客户受到竞争行为的影响程度降低。

2. 忠诚客户的效益

忠诚客户所带来的效益是长期且具有累积效果的。一个客户能够保持的忠诚度越久，企业从他那里得到的收益越多。

（1）提升销量

忠诚客户向企业重复购买产品或服务，不但不是刻意追求价格上的折扣，而且他们还会带动和影响周围的人发生同样的消费行为。因此，忠诚客户保证了企业销量的不断提升，使企业拥有稳定的利润来源。

（2）加强竞争地位

忠诚客户持续向企业购买产品或服务，使得该企业在市场上的地位变得更加稳固。

（3）减少营销费用

首先，通过忠诚度高的客户多次消费，企业可以定量分析出他们的消费频次，不必再花更多成本吸引他们；其次，由于企业和客户关系紧密，会减少合约谈判及命令传达等经营管理费用；最后，忠诚度高的客户会帮助企业宣传推广，使企业获得更多正面口碑。

（4）推广新产品

忠诚度高的客户在购买产品或服务时，呈现多样性选择，他们信任并支持企业，所以他们会较其他客户更关注企业所提供的新产品或服务。

3. 医药电子商务客户关系维护的措施

医药电子商务企业除了通过传统的电话、电子邮件等渠道维护客户关系外，还可采取以下两个方面的措施。

（1）企业网站

网站是电子商务中企业与客户联系的特殊且重要的平台和沟通工具。网站直接消除了提供产品和服务的生产商与最终客户之间的距离。作为客户，可以通过网站直接向生产商咨询信息、投诉意见、发表看法；作为生产商，则可以利用网站实现向客户提供一对一个性化服务。企业还可以通过网站了解市场需求和客户信息，加快了信息传递和商流周期。

（2）网络社区

网络社区是网上特有的一种虚拟社会，主要通过把具有共同兴趣的访问者集中到一个虚拟空间，达到成员相互沟通的目的。针对客户开放的网络社区能够让成员产生互动、进行情感维系及资讯分享，企业在此不仅可以发起网上调研、了解市场需求和客户消费倾向变化，还可以让客户参与企业产品研发与改进，从而提高客户忠诚度。

【知识链接】

客户关系维护黄金法则

获得一个新客户比留住一个老客户花费更大；

除非你能很快弥补损失，否则失去的客户将永远失去；

欢迎客户投诉，因为投诉使你有机会进行挽救；

在一个自由的市场经济里，不要忘了客户有选择的权利；

必须倾听客户的意见以了解他们的需求；

如果你不相信，你怎么能让你的客户相信呢；

如果你不照顾你的客户，那么别的人就会去照顾。

四、客户分级管理

客户分级管理，就是根据客户对企业的贡献率等各个指标进行多角度衡量与分级，最终按照一定的比例进行加权。根据分类标准对企业客户信息进行分类处理后，在同类客户中根据销售信息进行统计分析，发现共同特点，开展交叉销售，做到在客户下订单前，就能了解客户需求，有针对性地进行商品推荐。

服务决策的基础是客户信息，要做好客户关系管理，首先应建立客户信息档案库，对客户进行分级，并分别制定营销策略，才能合理配置服务资源，让客户产生更多效益。而对临近流失和已经流失的客户，则应尽量挽回，减少服务成本损失。

1. 客户分级管理的评分指标

（1）客户的信用状况

收集企业统计客户最近一年的付款情况是否及时、是否存在拖延、拖延的天数和原因等因素，根据这些因素来判定客户级别。

（2）客户的消费金额

统计企业近一年或两年客户消费金额，按照客户消费金额从高到低进行排列。

（3）客户的发展前景

新客户因为历史交易数量少、金额低，所以很难用具体数据来支持企业决策。因此对于新客户，企业可以通过考察、沟通、第三方评价等手段，挖掘客户的潜在价值，判断其重要性。

（4）客户对企业利润的贡献率

这种方法既要从客户的消费金额角度考虑，还涉及其购买产品的成本与利润问题。企业需要统计过去一年客户的消费金额及其购买产品的利润率，计算客户为企业创造了多少利润，然后以这个利润的大小进行优先级排名。

（5）综合加权

前述指标都只是从某一方面进行衡量，企业也可根据实际情况进行多维度评价。首先设计评价维度，再根据实际情况赋予评价维度不同的权重，综合评分靠前的即是企业的优质客户。

2. 客户分级管理的作用

（1）提升企业客户服务水平

提升企业客户服务水平是企业实施客户管理的主要目标。不同客户对于企业的价值不同，因此企业应当对客户进行分级管理，针对不同客户采取不同级别的管理和服务。企业应系统整合与记录各个部门所接触的客户资料，并对这些资料进行统一管理。通过对客户信息的分析和挖掘，深入了解客户需求，发现企业的高价值客户，从而向客户提供更加具有针对性、更加专业化的服务。

（2）提高客户忠诚度

客户分级是实现客户忠诚的基础。企业针对不同客户的差异化需求提供个性化管理，能够提升客户满意度，培养他们对企业的忠诚度，实现有效的客户关系管理，进而促进企业可持续发展。

（3）提高企业销售收入

客户分级有利于企业根据关键客户和合适客户的需求，进行客户化设计、制造和服务，使客户个性化需求得到满足，让客户价值最大化。在此基础上才能提升客户盈利能力，通过客户价值挖掘和客户价值评估，挖掘出更多的销售机会。

3. 建立客户信息档案库

在做好客户关系管理之前，应先收集客户信息，并建立相应档案库，这样在维护关系时才能做到有的放矢。例如，某生产儿童医药产品的企业在某电子商务平台的药店开店之前，先收集了怀孕 5～7 个月孕妇的数据，根据数据显示的育儿需求制定了一套营销方案，即一边用企业微信公众号为孕妇提供育儿教育服务，一边进行婴儿医药商品的促销活动。许多电子商务平台都能够提供相应数据，如可在后台管理中的客户运营平台中查阅已成交客户、未成交客户和询单客户的交易额、交易笔数及最近交易事件等数据，在获得客户信息后，可在相应平台建立客户信息档案库。除了在平台内进行管理，也可根据最近一次消费时间，单独将客户信息导入到表格中进行消费频率整理与统计，以便于今后查阅。

> **即学即练**
>
> 请根据客户信息档案的分类，讨论医药电子商务企业应采取哪些相应的措施维护或促进客户关系。

4. 根据客户价值进行分级

每个客户能为商家带来的价值不同，而商家资源又有限，因此商家需要根据不同价值的客户分配不同资源。根据客户产生的价值大小，电子商务平台中的客户可分为关键客户、普通客户和小客户。

（1）关键客户

关键客户又被称为重点客户、主要客户、核心客户等，指对产品或服务消费频率高、消费量大、客户利润率高，且对商家经营业绩能产生一定影响的要害客户。关键客户是商家利润的主要来源，也是商家发展的重要保障。

（2）普通客户

根据普通客户为网店创造的利润和群体数量，商家要提升客户级别和控制服务成本，努力培养其成为关键客户。对于有潜力升级为关键客户的普通客户，客服可以通过引导、创造和增加客户需求，使其加大消费力度，提高对商家的利润贡献率。例如，某客户半年内在店内购买次数超过 10 次，但每次的客单价都不高，说明他信任店内商品，只是由于某些原因导致客单价较低。针对这种情况，可以配置专门客服进行回访，询问最近需求，并在原有优惠基础上再给予更强有力的优惠，刺激其消费以提高客单价，从而使其发展成为关键客户。

（3）小客户

小客户在利润贡献上是最小的一个群体，但也不能忽视对其管理，应尽量努力提升客户等级。客服应筛选出有升级潜力的小客户，对其进行重点关心和照顾，挖掘其消费能力，将其提升为普通客户甚至关键客户。为降低服务成本，要压缩和减少对小客户的服务时间。例如，对普通客户可以每周发一次慰问短信，而对小客户可以调整为每月一次。

不同等级的客户为网店带来的利润贡献率不同，因此，应该对不同等级的客户设计不同的关怀项目。例如，关键客户为店铺贡献总利润的 50％。应该为这类客户提供最优服务，给予特殊关怀，提高这部分客户的满意度，维系他们对商家的忠诚度。对于普通客户，由于这是数量最大的一个群体，因此应提供适宜的服务，努力将部分客户转化为关键客户。

医药电子商务

知识点概述

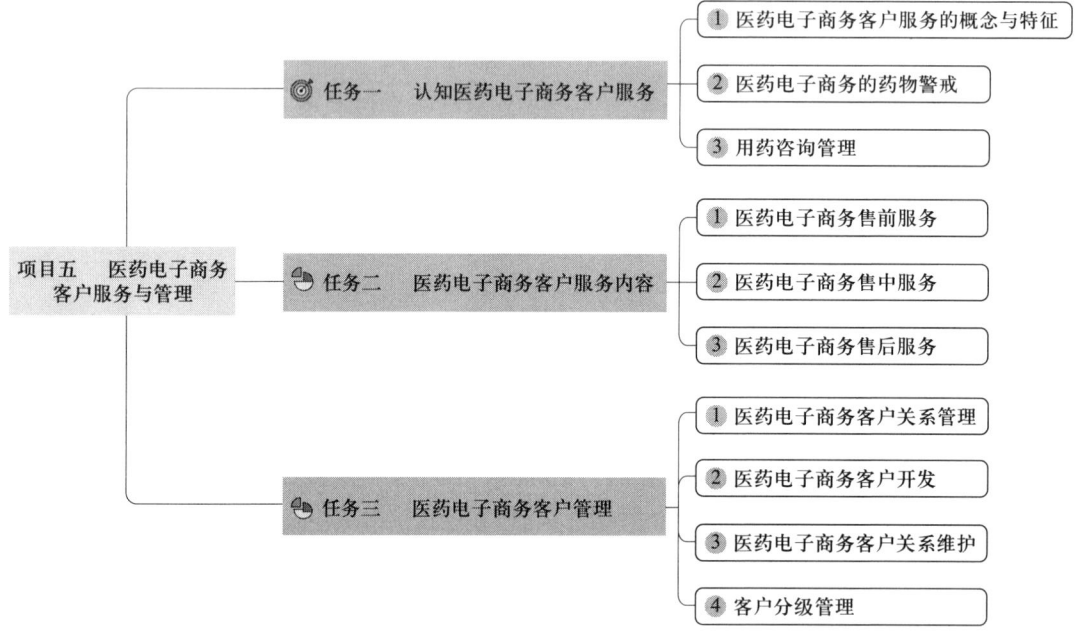

目标任务

一、任务分析

某医药电子商务企业在经营过程中,发现网店客户服务水平评分偏低。为了更好提升客户服务水平,优化回复信息,企业客服经理安排员工小刘调研同类优秀医药电子商务企业客服,做好收集汇总分析工作。

1. 设计回复的问题。
2. 收集优秀企业对设计问题回复的相关信息。

二、任务准备

能上网的计算机、纸、笔。

三、任务实施

1. 任务分配

以个人为单位进行任务训练。

2. 设计问题

以买家视角，设计医药电子商务客户常见问题。

3. 任务操作

根据已设计的问题，选择相关医药电子商务企业，以买家角色进行调研，如实做好电子商务企业的回复收集。

4. 汇总分析

根据任务实施过程中设计的问题及答案汇总整理完成表5-1。

表5-1　　　　　　　　　　　问题及答案汇总表

序号	问题	问题类型	问题内容	企业回复
1				
2				
3				
4				
5				

5. 汇报展示

选派学生上台汇报，展示汇总表并分析结果。

四、任务评价

按照表5-2所列评分标准进行测评，并做好记录。

表5-2　　　　　　　　　　　实训评分标准

序号	考核内容	考核标准	配分	得分
1	按时完成	在指定时段内完成任务	10	
2	资料收集过程	(1) 准确设计合适问题 (2) 做好问题类型划分 (3) 记录好企业的回复	50	
3	汇报展示	讲述清楚，逻辑清晰	40	
		合计	100	

目标检测

一、单项选择题

1. 在医药电子商务中，（　　）可以有效避免和减少售后服务。

A. 价格便宜　　　B. 产品销量　　　C. 优质的售前服务　　D. 经济效益

2. （　　）是指企业向进入销售环节的客户提供的服务。
   A. 售前服务　　　　B. 售中服务　　　　C. 售后服务　　　　D. 优惠服务
3. 在医药电子商务中，（　　）是一名售后客服的基本能力。
   A. 处理好退换货问题　　　　　　　　B. 良好的客户开发能力
   C. 解释相关法律法规　　　　　　　　D. 了解药品疗效和副作用
4. 在医药电子商务中，（　　）可以增强老客户对网店的信任感。
   A. 客户关系管理　　　　　　　　　　B. 提供优惠券和促销活动
   C. 提供货到付款选项　　　　　　　　D. 提供在线医生咨询
5. 客户关系管理的优势不包括（　　）。
   A. 降低企业成本，增加收入　　　　　B. 加强企业内部管理，提高效率
   C. 提高客户忠诚度，拓展市场　　　　D. 提高外部管理，维持成本

二、多项选择题

1. 医药电子商务客户服务的特征包括（　　）。
   A. 成本低　　　　B. 效率高　　　　C. 理论新　　　　D. 手段多样化
2. 医药电子商务售前服务的内容包括（　　）。
   A. 提供咨询服务　　　　　　　　　　B. 提供配套销售服务
   C. 提供缺货代购服务　　　　　　　　D. 请客户参与产品设计

三、简答题

1. 简述用药咨询的原则。
2. 简述客户关系管理在医药电子商务中的重要作用。

项目六

医药电子商务供应链与物流

随着物联网、大数据、人工智能等现代化技术越来越多地延伸、渗透甚至融入物流行业，医药电子商务行业的物流管理模式也发生了新变化，从传统的自营物流到第三方、第四方物流以及智慧供应链管理系统，都促进了医药企业构建数字化、有韧性、快速响应的物流配送体系。这些变化不仅使人们更方便快捷地买到医药商品，满足消费者的医药消费需求，也影响着医药电子商务企业市场份额占有率和综合竞争力。

任务一 医药电子商务供应链管理

 学习目标

知识目标：掌握医药电子商务供应链管理的基本概念。
能力目标：熟悉医药电子商务配送流程和配送体系。
素养目标：通过对智慧医药电子商务供应链学习，增强学生对中国制造的民族自信。

【任务导入】

2022年，某电子商务平台医药馆负责人接受采访时曾说，医药电子商务的本质即为电子商务。纵观电子商务的发展历程，从早期的C2C交易，到现在作为主流的B2C，最根本的就是供应链的变化，供应链是电子商务的生命线。在自发的C2C交易中，最不受控制的就是商品交易品质，而互联网最适宜推广复制的就是标准化产品，这意味着交易标的在质量、价格等方面要保持高度一致性，这就促使电子商务商品往更高标准化的路径上迁移，企业而非个人能够始终保持这种一致性，采购的一致性（或有平台能够验证交易标的属性并认证）又造就了企业或平台的口碑并形成品牌。目前主流电子商务平台企业都遵循这一发展路径，其丰富的产品、标准化的交易流程同样适用于医药电子商务。

供应链是医药电子商务的生命线，用户最关注的是医药商品质量是否可靠。首先，与医药企业的广泛合作可为医药电子商务自身背书，创建品牌。其次，广泛的合作有助于扩充上架商品品类，这在很大程度上会成为用户选择医药电子商务的理由。同为零售渠道，医药电子商务与线下实体药店相比，服务对象并无差异，而药店的高渗透率、高覆盖率、高连锁率已经让用户没有多少理由去线上购买，很多用户是在线下找不到某款医药商品的情况下才选择医药电子商务这一渠道。从几家头部的医药电子商务平台公布的数据可知，其常备种类能够达到或超过 50 000 个。因此，借助供应链管理医药电子商务可以发力的点在于医药商品种类的丰富性。

思考： 对医药电子商务而言，供应链是其生命线，主要解决了用户最关注的哪两大问题？

医药电子商务供应链管理是医药电子商务经营环节的关键，其运营管理水平决定了医药电子商务的类目是否齐备、产品质量是否稳定，最终决定着消费者对医药电子商务企业的选择，进而影响到企业的市场占有率和竞争力。因此，掌握医药电子商务供应链管理的方法是医药电子商务企业经营过程中的关键一环。

一、医药电子商务供应链管理的概念

供应链是围绕核心企业，通过对信息流、物流、资金流的控制，完成产品从采购原材料、制造产品及销售产品的一个网链结构，此网链结构将供应商、制造商、分销商、零售商连接成一个功能整体。

医药电子商务供应链管理是指围绕医药行业核心企业，通过对信息流、物流、资金流的控制，将医药产品的原料供应商、医药生产商、医药分销商与用户、医药行业监管部门连接成一个整体功能的网链结构模式。和普通供应链相比，由于医药产品的特殊性，其供应链管理增加了医药行业监管部门这一角色，在其中履行监管职责。

二、医药电子商务供应链管理方法

供应链管理方法可分为快速反应，有效客户反应，供应商管理库存，联合管理库存，协同规划、预测和连续补货五种类型。

1. 快速反应

快速反应（quick response，QR）是指医药物流企业面对多品种、小批量的买方市场，不是储备了"产品"，而是准备了各种"要素"，在用户提出要求时，能以最快速度抽取"要素"，及时"组装"，提供所需商品或服务。

开展快速反应的三个条件是：对所有医药商品单元条码化，利用电子数据交换（electronic data interchange，EDI）传输订购单和发票文档；采用 EDI 传输发货通知、收货通知等文档，增加内部业务处理功能；采用联合补货系统等更高级的策略加强与贸易伙伴的合作，以对客户需求作出迅速反应。

【知识链接】

EDI 是指按照统一规定的一套通用标准格式，将标准的经济信息通过通信网络传输，在贸易伙伴的电子计算机系统之间进行数据交换和自动处理。由于使用 EDI 能有效地减少直到最终

消除贸易过程中的纸面单证,因而 EDI 也俗称为"无纸交易",是一种利用计算机进行商务处理的新方法。EDI 是将贸易、运输、保险、银行和海关等行业的信息,用一种国际公认的标准格式,通过计算机通信网络,使各有关部门与企业之间进行数据交换与处理,并完成以贸易为中心的全部业务过程。

2. 有效客户反应

有效客户反应(efficient consumer response,ECR)又称为高效客户反应,是指以满足客户需求和最大限度降低物流过程费用为原则,能及时作出准确反应,使提供的商品或服务流程最佳化的一种供应链管理战略。

ECR 的概念包含了有效新产品导入、有效促销、有效商店空间管理、有效商品补充四个部分,能实现以低成本流通,消除组织间隔阂,协调合作以更好满足消费者需求。

3. 供应商管理库存

供应商管理库存(vender managed inventory,VMI)是在 QR 和 ECR 基础上发展而来的,是指通过信息共享,由供应链的上游企业根据下游企业的销售信息和库存量,主动对下游企业库存进行管理和控制的管理模式。

VMI 的核心思想是供应商通过共享用户企业的当前库存和实际耗用数据,按照实际的消耗模型、消耗趋势和补货策略进行有实际依据的补货。由此,交易双方都变革了传统的独立预测模式,尽最大可能减少由于独立预测的不确定性导致的商流、物流和信息流的浪费,降低了供应链的总成本。实施供应商库存管理模式要注意零售商对供应商的信任问题、数据传输准确性和及时性的技术问题、存货所有权问题和货款支付问题等。

4. 联合管理库存

联合管理库存(joint managed inventory,JMI)是一种在 VMI 基础上发展起来的上游企业和下游企业权利责任平衡和风险共担的库存管理模式。

JMI 能够解决 VMI 的局限性和传统库存管理中出现的牛鞭效应(指供应链上的一种需求变异放大现象)。JMI 体现战略供应商联盟的新型企业合作关系,强调了供应链企业之间的合作互利关系。JMI 有两种模式:一种是各个供应商的零部件都直接存入核心企业的原材料库中,即各个供应商的分散库存转变为核心企业的集中库存。在这种模式下,库存管理的重点在于核心企业根据生产需要,保持合理库存量,既能满足需要,又使库存总成本最小化。另一种是无库存模式,供应商和核心企业都不设立库存,核心企业实行无库存的生产方式。这种按需供货模式,由于完全取消了库存,所以效率最高,成本最低。但是这种模式对供应商和核心企业的运作标准化、配合程度、协作精神要求较高,操作过程要求也比较严格,而且二者的空间距离不能太远。

【知识链接】

牛鞭效应是经济学上的一个术语,指供应链上的一种需求变异放大现象,信息流从最终客户端向原始供应商端传递时,无法有效实现信息共享,使得信息扭曲而逐级放大,导致了需求信息出现越来越大的波动。此信息扭曲的放大作用在图形上很像一个甩起的牛鞭,因此被形象地称为牛鞭效应。

牛鞭效应是市场营销中普遍存在的高风险现象，是销售商与供应商在需求预测修正、订货批量决策、价格波动、短缺博弈、库存责任失衡和应付环境变异等方面博弈的结果，增大了供应商的生产、供应、库存管理和市场营销的不稳定性。企业可以从六个方面规避或化解牛鞭效应的影响：一是订货分级管理；二是加强入库管理，合理分担库存责任；三是缩短提前期，实行外包服务；四是规避短缺情况下的博弈行为；五是参考历史资料，适当减量修正，分批发送；六是提前回款。

5. 协同规划、预测和连续补货

协同规划、预测和连续补货（collaborative planning forecasting and replenishment，CPFR）是指在连续补货系统的基础上，进一步推动共同计划的制订，即不仅合作企业实行共同预测和补货，同时将原来属于各企业内部事务的计划工作（如生产计划、库存计划、配送计划、销售规划等）也由供应链各企业共同参与。

医药电子商务供应链的结构可包括供应商、线上平台、供应链管理平台、物流配送系统、消费者等组成部分（见图6-1）。在医药电子商务供应链中，可按照发生的顺序和性质不同分为供应物流和销售物流两大类。供应物流是指医药生产企业之间，以原材料为对象的运输、仓储、装卸、搬运、信息处理等物流活动，其特点是运输线路固定、批量大、频次稳定。销售物流是指从医药生产企业的成品仓库送达消费者这一过程中，以成品药为对象，从医药生产企业到零售终端，包含两个性质不同的运输方式，即干线运输和区域配送。因此，在医药电子商务供应链中，VMI和JMI两种管理方法常见于供应物流中，而QR、ECR和CPFR三种管理方法常见于销售物流中。

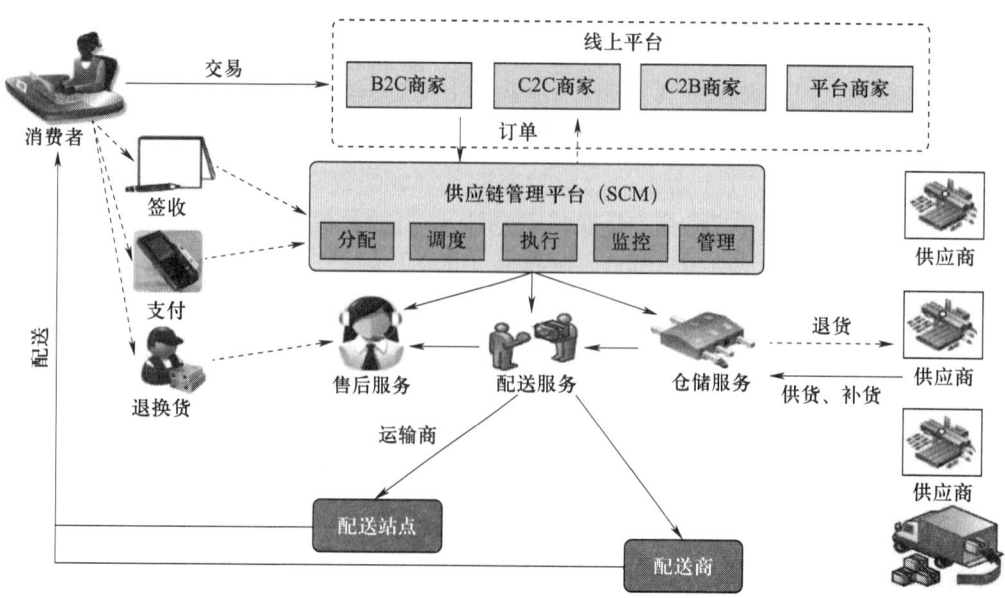

图6-1 医药电子商务供应链的结构

三、智慧医药电子商务供应链管理

近年来,随着医药行业"两票制"、带量采购、药品零加成等政策的频繁出台,给医药供应链带来深刻影响。其中,最为突出的就是流通环节链条进一步压缩,导致医药供应链扁平化,并对医药企业的供应链成本管控和精细化管理提出更高要求。通过搭建数字化供应链协同管理系统,可支撑医药企业构建生产端到配送端透明可视的物流全流程,解决信息无法实时共享的问题。

思政小园地

"两票制"是指医药产品从医药生产企业卖到一级经销商开一次发票,经销商卖到医院再开一次发票,以"两票"替代目前常见的"七票""八票",可有效减少流通环节的层层盘剥,并且每个品种的一级经销商不得超过两个。

【案例分析】

哈药集团的"云端"供应链改革

随着"两票制"的推行,医药商业集中度越来越高,传统销售模式将被颠覆,医药流通企业转型已成定局,原有的运输管理需要下沉到基层医疗网络。为了开展批发零售一体化经营,增加上下游间联动以实现供应链上下游协同,让业务实现全程可控,压缩医药商品流通成本,哈药集团的供应链改革迫在眉睫。

在集团战略需求下,哈药集团开始推动业务重构,以供应链为主线,通过强化供应链中心系统,完善优化供应链上下游平台,并融合互联网信息技术实现全程可追,推进集团信息整体化、协同化。

哈药集团物流采购部负责人认为,此前集团使用的管理系统,硬件投入非常高,亟需采用云平台模式来解决配送问题。在集团高度重视下,仅花费两个多月时间后便成功上线了云平台项目。通过云平台建设和落实,哈药集团推行区域专营模式,对原有供应链体系进行了重构:将多工厂资源整合,有效节省了人力成本;将原来下沉在工厂下的物流职能提升至集团大物流中心统合管理,建立起了哈药集团物流管理体系。

智慧医药电子商务供应链管理系统,是基于最新的大数据分析、云计算、无人仓和智慧仓、物流机器人等现代化技术,专业提供医药企业供应链协同系统解决方案,帮助企业实现医药供应链的商业数字化升级。医疗数字化供应链协同平台实现了对信息流、物流、资金流的控制,整合供应链资源,撮合上下游供应采购对接,实现采购、生产、库存、销售、售后的协同。其主要能解决以下三个方面的问题。

1. 实现供求信息对接,撮合交易

通过医疗数字化供应链协同平台,采购商发布采购需求,供应商可在线报价。供应商发布供应信息,采购商可进行询价,商业供应链系统实现采购信息和供应信息的共享与匹配,精准对接供求,撮合交易。通过协同平台对供应商进行精细化管理,赋能产业链中的生产商、经销商,实现数据可溯源,采购管理、电子合同整个流程实现电子化。

2. 库存共享,促进上下游企业协同

通过医疗数字化供应链协同平台,建设医药企业库存共享和货源互通体系,减少重复备货,供应链系统可以消减供应商或者采购商的库存,进一步提升经营效率,实现了上下游企业协同。通过医疗数字化供应链协同平台,实现医院从采购到管理的一站式体验,协同平台辅助所有医疗机构实现院内外物资流通的全流程可视化管理,可以做到大幅缩减医院管理成本,提高管理效率。

3. 打通企业供应链财务

通过医疗数字化供应链协同平台,可在线统一人、财、物、产、供、销各个环节的管理,在规范医药企业基础信息及业务流程的基础上,数字化供应链协同平台实现内外部系统的无缝集成和医药行业商务过程的全程贯通。通过打造数字化供应链协同平台覆盖全链的闭环模式,使上下游都能一步到位,提升了企业自身的管理能力与服务能力,并在彼此之间实现良性循环,进而形成一个更为健康的医疗供应链生态圈。

即学即练

供应商管理库存指的是什么?

任务二　医药电子商务物流体系

 学习目标

知识目标:掌握医药电子商务物流的概念和特点,了解医药电子商务主要物流模式。
能力目标:了解医药电子商务物流的发展趋势。
素养目标:帮助学生了解绿色物流的内涵,树立绿色环保理念。

【任务导入】

"昨天凌晨4点多,孩子突然发烧,家里只有老母亲,我实在是心急如焚,想到网络平台的送药到家服务,于是下单了退烧药,大概只用了20分钟药就送到了!"来自北京海淀区的创业者韦女士告诉记者,"我自己既是老板又是两个孩子的妈妈,也是网购药的老用户。每当孩子生病,自己分身乏术的时候,都有网购平台排忧解难,不得不为这样的方式点赞。"

在医药电子商务普及之前,医药商品零售模式比较单一,老百姓大病去医院,小病小痛去药店。由于各个药店药师专业水平参差不齐,能做到24小时营业的药店又不多,老百姓遇到半夜发烧、卧病在床的情形就会非常棘手。有的医药电子商务平台创立的"网订店送、网订店取"线上、线下一体化医药新零售模式,以及自营线下智慧药房和自建配送团队、执业药师团队和全职医师团队，提供1分钟找医生、核心区域28分钟配送到家、7×24小时全天候的专业化健康服务，解决了用户夜间用药、紧急用药以及隐私保护等痛点。

思考： 与传统药店相比，主流医药电子商务平台提供的哪些服务得到了消费者的认可和欢迎？

医药电子商务物流管理是医药电子商务经营环节的重要组成部分，决定了医药商品的流通速度与企业的经营成本，同时也决定着医药电子商务服务的质量与效果。医药电子商务物流设置是否合理也会影响到医药企业的市场竞争力。因此，掌握医药电子商务物流的基本概念与原理是成功开展医药电子商务营销活动的前提之一。

一、医药电子商务物流的概念

电子商务物流是在传统物流的基础上，结合电子商务中商流、信息流、资金流的特点而产生的区别于传统物流的新的表现方式。医药电子商务物流是在传统医药物流的基础上，结合电子商务技术特点所开展的对医药商品的验收、存储、分拣、配送等物流作业。

二、医药电子商务物流的特点

基于医药商品本身的特点和电子商务物流的特点，医药电子商务物流与其他电子商务物流相比有高频次小批量储运、存储环境要求高、配送时效性强和从业方有专业资质要求四个方面的特点。

1. 高频次小批量储运

医药商品通常具有质量轻、价值高的特点，且在日常使用中品质类目繁多，因此医药物流对存储空间、运输工具的要求不是基于库房容量或运输工具吨位，而是要求库房或配送中心具备精准分拣拆零的能力，运输工具有较好的平稳性、灵活性，以满足用户高频次小批量的订单配送需求。

2. 存储环境要求高

医药商品的另一个特点是对存储环境要求非常高，有些生物制剂如针剂、疫苗等需要低温保存，有些医药商品需要避光保存，还有一些医疗器械需要无菌真空包装，外部环境要保持干燥恒温。因此，医药电子商务物流对商品存放的库房、运输工具要求很高，需要配备专业低温、保温、除湿、避光的设备设施和运输工具才能保证医药商品的质量稳定。

【知识链接】

《药品经营质量管理规范》（GSP）对医药商品的仓储有着严格的要求：库房应当配备避光、通风、防潮、防虫、防鼠等设备；毒性药品或者制剂要隔离；有气味、有污染的药品或制剂要隔离；并且需具备恒温恒湿的环境。另外，存放时待检品要与合格品能完全分开；仓储管理系统要清晰明了；仓储管理系统应能管理医药商品的有效期，以防药品或制剂过期；仓储管理系统应能自动盘点对账，提高原始手工盘点效率，对差异原因进行核查。

3. 配送时效性强

除常规用药外，在电子商务领域的医药商品需求往往有很强的紧急性和无法预测性，特别是在发生意外事故、自然灾害时，用户对特定医药商品的需求量会陡增，在常规医疗机构与线下实体药店满足不了的情况下，用户会转向电子商务平台购买。因此，用户对医药商品配送时效性有很高要求，这对于提供物流服务的企业提出了很大挑战。

4. 从业方有专业资质要求

医药商品在流通过程中的采购、验收、储存、销售等环节必须严格按照 GSP 的规定进行操作，对企业的质量管理体系及软硬件设备等要求较高。

思政小园地

国家对从事医药商品流通的企业有资质要求，如药品经营许可证、医疗器械经营许可证等，对运输医药商品的企业也有道路运输经营许可证的要求。因此，在医药电子商务物流营运中要遵纪守法，保护消费者、经营者的合法权益和社会公共利益。

三、医药电子商务物流的主要模式

基于物流服务提供方角色不同，传统物流模式可以分为以下四种模式。

1. 第一方物流（自营物流）

这种物流模式是指物流配送的任务由生产商或者供应商自己完成。

2. 第二方物流

这种物流模式是指将生产企业的销售物流转嫁给用户，变成用户自己组织供应物流的形式，货物在成交时，销售商就没有了对货物运输的义务。

3. 第三方物流

这种物流模式是指由货物的供给方和需求方以外的第三方专业化物流企业或配送公司提供物流配送业务的运作方式。

4. 第四方物流

这种物流模式是指由一个供应链的集成商，对公司内部和具有互补性的服务供应商所拥有的不同资源、能力和技术进行整合和管理，提供一整套供应链解决方案，集成了管理咨询和第三方物流服务商的能力。

医药电子商务的物流模式一般采用第三方物流与第四方物流两种。

即学即练

医药电子商务第三方物流是指什么？

四、医药电子商务物流的发展趋势

基于 B2B 平台的自建型医药电子商务第一方物流，由于前期建设成的全国物流网络和配送中心已趋于成熟，能保障物流服务质量，因此仍具有一定规模和市场份额，在今后一定时期内发展仍趋于稳定。基于 B2C、O2O 平台的第三方物流，由于其成本低、灵活性强、市场准入门槛低，今后将拥有巨大发展空间。基于供应链集成化的第四方物流，因其在供应链资源整合、技术优势互补、金融整体筹划方面有巨大优势，未来将异军突起。

与此同时，以降低对环境污染、减少资源消耗为目标，利用先进物流技术规划和实施运输、储存、包装、装卸、流通加工等物流活动的绿色物流也将是未来医药电子商务物流的发展方向。绿色物流的内涵包括集约资源、绿色运输、绿色仓储、绿色包装和废弃物物流。

此外，基于数字技术和各类物流机器人智能化应用设备的智慧物流也将是未来医药电子商务物流发展的重要趋势。

1. 集约资源

集约资源是指通过整合现有资源，优化资源配置，提高资源利用率，从而减少资源浪费。它是绿色物流的本质内容，也是物流业发展的主要指导思想之一。集约资源的方法主要依靠信息共享化、规模化、专业化经营和社会企业共享物流基础资源等途径来实现。例如，建立物流运输信息共享平台就能更合理地安排运输车辆、租赁仓库堆场、共享中末端配送网点，实现整个社会物流资源使用效益最大化。

2. 绿色运输

物流活动中，运输过程中的尾气排放是造成环境污染的主要原因之一。通过对运输线路进行合理布局与规划、缩短运输路线、提高车辆装载率等措施，才能达到节能减排的目标。通过合理安排运载，避免车辆返程空载等方法，也是实现绿色物流的途径之一。此外，养护运输车辆、使用清洁燃料、减少能耗及尾气排放也必须受到重视。开展"共同配送"、实施"联合一贯制运输"是许多物流企业实现节能减排和经济效益兼顾的行之有效的方法和途径。

【知识链接】

共同配送是以城市一定区域内的配送需求为对象，人为进行有目的、集约化的配送，是由同一行业或同一区域的中小企业协同配送。共同配送统一集货、统一送货，可以明显减少货流；有效消除交错运输，缓解交通拥挤状况；可以提高市内货物运输效率，减少空载率；有利于提高配送服务水平，使企业库存水平大大降低，甚至实现"零"库存，降低物流成本。

联合一贯制运输是指以件杂货为对象，以单元装载系统为媒介，有效组合各种运输工具，从发货方到收货方始终保持单元货物状态而进行的系统化运输方式。通过运输方式的转换可削减总行车量，包括转向铁路、海上和航空运输。联合一贯制运输是物流现代化的支柱之一。

3. 绿色仓储

绿色仓储包括以下三个方面内容。

（1）仓库选址要合理，有利于节约运输成本。布局过于密集，会增加运输频次，从而增加资源消耗；布局过于松散，则会降低运输效率，增加空载率。

（2）仓储布局要科学，使仓库空间充分利用，实现仓储面积利用最大化，减少仓储成本。

（3）仓库建设前应当进行相应的环境影响评价，充分考虑仓库建设对所在地的环境影响。例如，易燃易爆物品仓库不应设置在居民区，有害物质仓库不应设置在重要水源地附近。采用现代储存保养技术是实现绿色储存的重要方面，如气幕隔潮、气调储存和塑料薄膜封闭等技术。

4. 绿色包装

绿色包装可以提高包装材料的回收利用率，有效控制资源消耗，避免环境污染，因此，绿色包装是绿色物流的一个重要环节。近年来，白色污染已经引起社会的广泛关注，限塑令要求商家不得不使用环保材料作为商品配送包装。另外，一些商品的过度包装也造成了资源浪费，华而不实的产品外观让消费者也产生反感。这些方面都对企业在产品绿色包装上提出了新要求。

思政小园地

2022年1月，为深入贯彻落实《中共中央 国务院关于完整准确全面贯彻新发展理念做好碳达峰碳中和工作的意见》和《国务院关于印发2030年前碳达峰行动方案的通知》有关要求，根据碳达峰碳中和工作领导小组部署安排，国家发展改革委、工业和信息化部、住房和城乡建设部、商务部、市场监管总局、国管局、中直管理局联合印发了《促进绿色消费实施方案》（以下简称《实施方案》）。

《实施方案》按照目标导向和问题导向的要求，对促进绿色消费的制度政策体系进行了系统设计，提出四个方面的重点任务和政策措施。其中第二个方面是强化绿色消费科技和服务支撑。推广应用先进绿色低碳技术，推动产供销全链条衔接畅通，加快发展绿色物流配送，拓宽闲置资源共享利用和二手交易渠道，构建废旧物资循环利用体系。

5. 废弃物物流

废弃物物流是指在经济活动中失去原有价值的物品，根据实际需要对其进行搜集、分类、加工、包装、搬运、储存等，然后分送到专门处理场所后形成的物流活动，是绿色物流的重要组成部分。

6. 数字化物流信息技术

数字化物流信息技术既包括传统的各类自动识别技术、卫星定位系统、地理信息系统等，又包括云计算技术对所有信息资源的整合应用。通过各类条码、智能卡、射频识别技术等对物品的自动化识别可以获取海量货物信息，应用卫星定位系统、地理信息系统等技术可以获得货物的精准地理位置。这些海量数据，通过互联网传输汇集后，经过云计算技术对应模型的计算，就可以合理规划运输线路、车辆配载、仓储周期、配送模式等，最终实现物流系统的科学规划与合理调配，为医药电子商务企业的经营决策提供可靠的数据来源。

7. 智慧物流设备

随着电子商务的迅速发展，传统物流设备设施无法满足高频次、小批量、多规格的货品物流管理要求，因此，智慧物流设备在越来越多的场景中得到广泛应用。其中，无人仓、无人机配送、无人自动配送车等已经在大型物流企业中得到应用。未来，以各类物流机器人为代表的智慧物流设备将成为物流发展的新趋势，以满足不同行业企业发展需求。

【知识链接】

北斗卫星导航系统（beidou navigation satellite system，BDS）是我国自行研制的全球卫星导航系统，也是继GPS、GLONASS之后的成熟的卫星导航系统。BDS与美国的GPS、俄罗斯的GLONASS以及欧盟的GALILEO是联合国卫星导航委员会已认定的供应商。

BDS由空间段、地面段和用户段三部分组成，可在全球范围内全天候、全天时为各类用户提供高精度、高可靠定位、导航、授时服务，并且具备短报文通信能力，已经初步具备区域导航、定位和授时能力，定位精度为分米、厘米级别，测速精度为每秒0.2米，授时精度为10纳秒。全球范围内已经有137个国家与BDS签订合作协议。随着全球组网的成功，BDS未来的国际应用空间将会不断扩展。

BDS提供服务以来，已在交通运输、农林渔业、水文监测、气象测报、通信系统、电力调度、救灾减灾、公共安全等领域得到广泛应用，融入国家核心基础设施，产生了显著的经济效益和社会效益。

即学即练

绿色物流的内涵包括哪几个方面？

任务三　医药电子商务配送体系

学习目标

知识目标：掌握医药电子商务配送的概念。
能力目标：熟悉医药电子商务物流配送流程。
素养目标：培养学生电子商务物流活动中的环境保护意识。

【任务导入】

JD健康是某大型电子商务平台集团旗下专注于医疗健康业务的子集团。基于"以供应链为核心、医疗服务为抓手、数字驱动的用户全生命周期全场景的健康管理企业"的战略定位，2019年，JD健康零售占全国医药零售15%的市场份额，其下属网店JD大药房已经成为全国规模前列的医疗零售渠道。其中 O2O 的医药电子商务，主要是依托自己的合作门店，使用自有配送力量，确保送货速度，主要满足感冒、发烧、疼痛类疾病防治医疗需求。虽然电子商务能解决大部分用户需求，仍有很多用户不习惯或是有更急的用药需求，就会使用 O2O 形式购药。在该公司经营活动中，这个业务叫"药急送"，在新冠病毒感染疫情中业务的增长量可观。

"我们的合作门店大概 13 000 多家，每家店都实现了同比环比增长，订单量都有非常大进步。"但 JD 健康医药部负责人也指出，O2O 只是医药板块当中很小的一个部分，社区门店供应链比较浅，备货量比较小，很容易就卖光卖断，更大的板块仍是线上 B2C 零售。

思考：与线上 B2C 零售相比，"药急送"业务有什么优势？

医药电子商务配送是医药电子商务经营环节的重要组成部分，决定了医药商品能否顺利送达消费者手中，同时也决定着医药电子商务服务的质量与效果。医药电子商务配送流程是否合理也会影响到消费者对医药商品的评价和选择。

一、医药电子商务配送的概念、功能与类型

1. 医药电子商务配送的概念

配送是在经济合理区域范围内，根据用户要求，对物品进行拣选、加工、包装、分割、组配等作业，并按时送达指定地点的物流活动。

医药电子商务配送是指专属服务于医药电子商务领域的配送活动，一般发生在经济合理区域内，根据用户要求对医药商品进行加工、包装、分割、组配等作业，并按时送达指定地点。

2. 医药电子商务配送的功能与类型

在医药电子商务配送的功能中，"配"主要是指配货，包含保管、分拣、流通加工等功能；"送"主要指装卸、送货、收退等功能。按照配送组织者不同，可将医药电子商务配送划分为零售商型配送中心、专业配送中心和转运型配送中心；按照配送医药商品种类及数量不同，可将医药电子商务配送划分为少品种大批量、多品种小批量；按照配送时间及数量不同，可将医药电子商务配送划分为定时配送、定量配送、定时定量配送、定时定点路线配送和即时配送。

思政小园地

为加强药品经营监督管理，进一步规范药品零售配送行为，保障零售配送环节药品质量安全，根据《药品网络销售监督管理办法》和《药品经营质量管理规范》，国家药品监督管理局组织制定了《药品经营质量管理规范附录 6：药品零售配送质量管理》，自 2023 年 1 月 1 日起施行。

各类医药配送企业需要遵守国家相关法律法规，并与时俱进地组织学习，对照要求更新业务流程和规范，保证药品零售配送质量。

二、医药电子商务配送作业流程

配送作业的流程基本上包括七个步骤,即任务创建及拣选作业、分货作业、包装作业、集货作业、装车交接作业、中转分拨作业和配送站点作业。医药电子商务配送作业流程同样遵循这七个步骤,如图6-2所示。

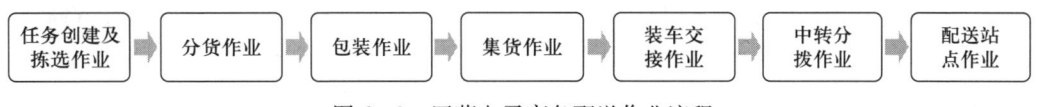

图6-2 医药电子商务配送作业流程

1. 任务创建及拣选作业

医药电子商务订单产生后,在物流管理系统中接收到订单生成作业计划。相关仓库或零售点工作人员根据作业计划,完成医药商品的拣选和配货作业。在此作业环节的关键控制点在于:要确认批量打印拣选汇总表没有遗漏、医药商品扫码没有漏扫;医药商品库存不满足需求时,要及时判断并登记反馈;人工拣选货品不错放、漏放、多放;发货单证录入系统准确无误;拣配员及时、准确、严格执行作业流程。

2. 分货作业

分货作业是指将批量拣选的医药商品分拣至不同拣选容器。此作业环节的关键控制点在于:依次扫描医药商品条码,确保所有医药商品都分货完成;将医药商品准确放入拣选车、容器对应货格,发现差异要及时处理和记录;分拣员要熟练操作仓储管理系统和扫描枪;及时、准确、严格执行作业流程。

3. 包装作业

包装作业是指根据订单性质对拣选的医药商品进行产品包装、运输包装等操作。包装的要求可分为客户包装(内包装)、B2C运输包装(承载设备包装)、B2B包装等。此作业环节的关键控制点在于:一个订单包含多件商品时,需要从拣选容器中准确选取商品;严格按照拣选汇总表、商品条码顺序扫码,准确判断订单有效性;不漏打、错打、多打发票;整件商品粘贴配送标签要整齐稳固;根据医药商品性质选择内外包装,严格遵守医药商品对温度、湿度、光照等环境的要求;包装过程中要对医药商品作出准确判断,不漏装、多装、错装。

4. 集货作业

集货作业是指将完成包装的医药商品按要求集货至指定区域。此作业环节的关键控制点在于:准确判断是否需要捆绑承载单元;按顺序依次扫描承载单元箱码,如有异常及时处置;准确判断集装顺序,提高承载单元利用率;将医药商品或承载单元放到准确的集货位,不错放乱放;集货专员及时、准确、严格执行作业流程。

5. 装车交接作业

装车交接作业是指按照装载计划和任务,完成配装上车作业。此作业环节的关键控制点在于:装运编号与装运医药商品要匹配,杜绝错装、漏装、多装;装车过程严格按照装载计划表执行先后顺序；装车要稳固牢靠，空间利用率高；与承运商人员交接要清晰，不漏签、错放；指导承运车辆按照停放要求停放整齐；收发货人员应及时、准确、严格执行作业流程。

6. 中转分拨作业

中转分拨作业是指配送车辆到达分拨中心，进行中转分拨操作。此作业环节的关键控制点在于：扫码时，要确保不要漏扫；库存不满足要求时，要及时判断并登记原因；将医药商品放入拣选容器时，不要放错、漏放、多放；中转拣配人员要准确及时地操作物流管理系统，完成相应任务；中转分拨人员应及时、准确、严格执行作业。

7. 配送站点作业

配送站点作业是指终端站点完成到货、出站、配送至客户的操作。此作业环节的关键控制点在于：根据作业任务准确派工；要及时收货，不漏收错收，不暴力装卸；要认真核对数量和外包装情况，确保所有医药商品准确交接；配送人员送达客户时，应注意行车安全，使用礼貌用语和标准化操作。

【案例分析】

打通"最后一百米"，国药控股再造社区药品配送全流程

2022年3月以来，作为在沪医药央企和上海市疫情防控医用物资保供重点企业，国药控股所承接的互联网医院处方C端配送量较疫情前增长了近九倍。在互联网医院处方爆发式增长的同时，如何解决居民用药配药"最后一百米"的问题？国药控股相关负责人表示，公司针对以往配送模式在疫情中存在的问题，推出了"国药驿站"解决方案，即通过挖掘大数据技术，充分调配所属在沪企业医药物流"主动脉"、药品零售"小血管"，全力打通社区药品配送的瓶颈。

"国药驿站"解决方案将物流中枢、配送前端和零售终端全面打通，利用国大药房作为前置仓、前置服务点，门店收到药品后与患者联系，患者可根据自身情况选择上门自提或社区工作人员、志愿者送药等方式，将药品快速送达患者手中。同时，国药控股快速开发出信息平台，使药品配送各环节、全流程实现了闭环和透明管理。

在"国药驿站"方案中，一是将原有的药品配送链分为集单配送与分单配送两端，两端采用不同方式配送，有效提高了配送效率，解决了互联网医院订单配送过程长的问题；二是全程在专业人员以及场所内进行，满足不同药品配送要求，解决了特定人群的困难；三是社区工作人员和志愿者可以就近取药，由门店人员帮助分药，大大减轻了社区工作人员与志愿者的压力，显著减少错配风险；四是全程信息透明，患者能够预知获得药品时间，大大改善服务体验，提高满意度。

问题："国药驿站"在疫情特殊期间通过解决药品配送的哪些问题打通了"最后一百米"？

即学即练

配送作业流程包括哪几个步骤？

三、医药电子商务配送作业节点与设备

配送作业的全过程需要在各个配送节点选用合理的设备设施。采用智能化、现代化的配送设备设施，不仅能保证配送的速度与时效，更能保证配送医药商品的质量保持稳定。

1. 配送作业节点

（1）配送中心

配送中心是从事配送业务的物流场所，是以执行物流配送为主要职能的流通型节点。在中华人民共和国国家标准《物流术语》（GB/T 18354—2021）中，将配送中心定义为：具有完善的配送基础设施和信息网络，可便捷地连接对外交通运输网络，并向末端客户提供短距离、小批量、多批次配送服务的专业化配送场所。配送中心应基本符合以下要求：为特定用户服务；配送功能健全；完善的信息网络；辐射范围小；多品种、小批量；以配送为主，储存为辅。

（2）分拨中心

分拨中心是物流运作的经济活动组织，一般设置于配送中心上游环节，其主要功能包括加工、理货、送货等，是配送环节的重要物流节点。

（3）配送站点

配送站点是物流运作的终末节点，一般设置于配送中心下游环节，其主要功能包括配送商品、暂存退货等，是配送环节的最终执行点。

2. 配送作业设备

（1）流通加工设备

流通加工设备是完成配送作业中流通加工任务的专用机械设备，通过改变或完善商品包装、原有形态，连接现实消费需求与生产的差距，并使医药商品在流通中实现增值。常见的流通加工包括分选加工、分装加工、组装加工、防冻加工等，加工设备包括机械臂、分拣机、流水线、叉车等。

（2）冷链设备

冷链设备是将有温度控制要求的医药商品如疫苗、生物类药品等，在低温条件下由医药生产企业送至医药零售企业甚至用户个人端而采用的运输、储存设备的综合。通过冷链设备的使用，能有效控制货物在物流过程中的温度、湿度，减少医药商品变质等损耗，从而降低经营成本。常用的冷链设备有冷库、冷藏车、冷藏箱、蓄冷剂等。

（3）包装设备

包装设备是指能完成全部或部分医药商品包装过程的机械设备，是实现医药商品从生产包装、运输包装转变为销售包装的主要手段。物流配送中心根据不同功能和医药商品类型，会采用不同的包装机械设备，常见的有容积式填充机、包裹机、封口机、贴标机、捆扎机等。

（4）配送车辆

配送过程中使用的车辆包括厢式货车和各种专用汽车，如箱体货车、冷藏保温货车等。

配送车辆分类范畴也比较多，按配送车辆所有权可以分为自有车辆和社会车辆等；按车辆结构可以分为普通货车、厢式货车、专用货车等；按车辆载重可分为重型货车、中型货车、轻型货车和微型货车等。

四、医药电子商务配送安全管理

1. 配送安全管理制度

在物流活动中，配送是一种比较特殊的综合活动形式，几乎包括了物流所有功能要素，可谓是物流的一个缩影或某个小范围内全部物流活动的体现。因配送活动设计环节众多、作业复杂性高、风险点多，因而安全管理尤其重要。为实现医药电子商务企业配送安全管理的目标，企业应建立健全各项必要的安全规章制度，以便企业实现有组织、有制度的安全管理。一般而言，应建立健全的安全管理制度有安全生产责任制制度、安全会议制度、安全档案制度、安全教育和培训制度、安全监察制度、人员和作业设备管理制度、安全日志制度、安全奖惩制度、安全责任追究制度等。

在实施过程中，随着安全目标的层层分解，安全责任必须明确到人，形成一个自上而下、逐级负责的安全管理网络。通过定期召开安全会议，建立安全档案，开展人员安全教育和培训，落实安全监察、人员和作业设备管理制度，尤其要重视安全日志记录情况，开展安全奖惩制度，保障企业安全管理人员的合法权益，追究相关事故责任人责任，确保企业安全管理有效开展。

2. 配送安全风险及补救措施

配送安全风险按照内外部可划分为自我因素与外来因素两大类。自我因素产生的安全风险问题主要是由于配送作业人员的疏忽等个人原因造成的。这类问题常发生在拣货、装卸搬运、运输等配送作业环节。外来因素产生的安全风险问题是在配送作业过程中，由于外来突发事件造成的，包括自然灾害、车祸事故、交通管制及车辆被盗等原因。配送安全风险按产生关系可划分为与分包商之间产生的风险和与社会公众产生的风险。与分包商之间产生的风险包括传递性风险、诈骗风险等。传递性风险是指第三方物流企业能否通过分包协议把全部风险有效传递给分包商的风险；诈骗风险则发生在于一些资质较差的分包商，尤其是一些缺乏诚信的个体运输者在配载货物后，不按协议履行责任产生货物失踪的风险。与社会公众产生的风险则包括环境污染风险、交通肇事风险、危险化学品泄漏风险等。

发生上述任何风险，企业及员工都要在第一时间采取补救措施以减少经济损失和社会负面影响。例如，凡遇外来突发事件造成车辆中断运行或改变运输路线、无法按时送达货物、车辆毁损等情况，司机必须及时报告公司调度；凡遇到自然灾害、车辆发生故障，但未造成货损、货差的，可改道行驶，或及时联系修理单位，尽快修复车辆；凡遇自然灾害造成货物毁损的，司机应积极自救，力争减少货物损失，并尽快通知公司调度并向安全管理部门领导寻求处理办法；凡遇交通事故但未造成货损的，司机应积极主动配合交警处理事故，修复车辆；凡遇交通事故造成货损的，应立即将货损情况通报公司调度并向安全管理部门领导寻求处理办法，协助配合保险公司处理货物索赔事宜等。

项目六　医药电子商务供应链与物流

知识点概述

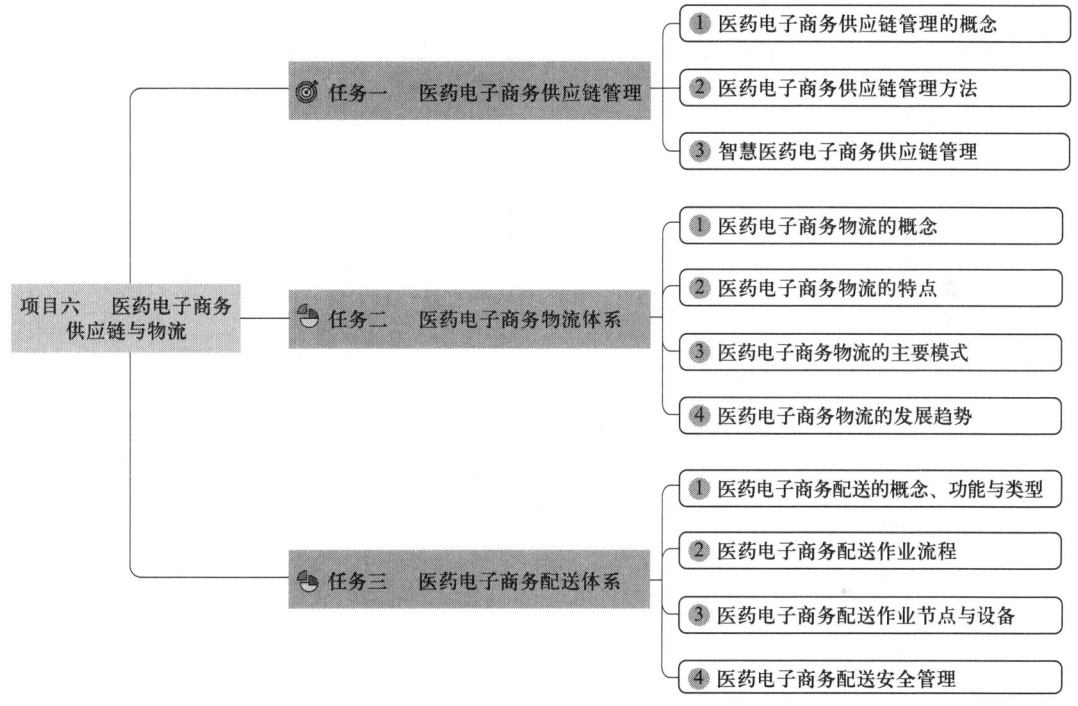

目标任务

一、任务分析

小方某日在家中不慎扭伤了手腕，因为还需要在家中完成其他学习任务和日常家务，他决定登录几个医药电子商务平台选购扭伤膏药自行敷贴治疗。他发现不同平台上都有不同类型的跌打膏药销售，但是不同平台的销售价格、配送时间、配送费用各不相同。如果小方希望尽快得到有效的膏药治疗，请帮助其确定购买方案。

1. 分析不同电子商务平台产品的配送服务。
2. 制定购买方案并分析理由。

二、任务准备

能上网的计算机、纸、笔。

三、任务实施

1. 任务分组

班级按每4~5人为一小组,分成若干小组后,以小组为单位进行任务训练。

2. 选取代表性医药电子商务平台

各小组通过讨论,选取几个代表性医药电子商务平台选择同类产品进行分析,并找到其药品价格、配送时效、配送价格,完成表6-1。

表6-1　　　　　　　　　　　医药电子商务平台配送服务分析

序号	医药电子商务平台名称	产品名称	产品价格	配送时间	配送价格	备注
1						
2						
3						
4						

3. 制定定价策略

各小组针对所选取的医药电子商务平台及产品的产品价格、配送时间、配送价格等,分析物流模式,制定合适的购买策略,完成表6-2。

表6-2　　　　　　　　　　　购买决策

序号	医药电子商务平台名称	物流模式分析	选择原因	备注
1				
2				
3				
4				

4. 汇报展示

各小组选派代表上台将各组的分析结果进行汇报展示,说明分析过程和结果。

四、任务评价

按照表6-3所列评分标准进行测评,并做好记录。

表6-3　　　　　　　　　　　实训评分标准

序号	考核内容	考核标准	配分	得分
1	医药电子商务平台物流调研	每个调研平台的调研记录相对完整	40	
2	物流模式分析	物流模式分析合理、正确	40	
3	汇报展示	讲述清楚,逻辑清晰,分工合理	20	
合计			100	

项目六 医药电子商务供应链与物流

目标检测

一、单项选择题

1. 医药电子商务物流是在传统医药物流的基础上，结合电子商务技术特点所开展的对医药商品的验收、存储、分拣、（　　）等物流作业。
   A. 促销　　　　　B. 加工　　　　　C. 销售　　　　　D. 配送

2. 医药电子商务物流与其他产品电子商务物流相比有四个方面特点，分别是高频次小批量储运、（　　）、配送时效性强和从业方有专业资质要求。
   A. 冷链保存　　　B. 存储环境要求高　C. 恒温保存　　　D. 恒湿保存

3. 绿色物流的内涵包括集约资源、绿色运输、绿色仓储、（　　）和废弃物物流。
   A. 绿色促销　　　B. 绿色加工　　　C. 绿色包装　　　D. 绿色配送

4. 在医药电子商务配送的功能中，"配"主要是指（　　），包含保管、分拣、流通加工等功能；"送"主要指装卸、送货、收退等功能。
   A. 配货　　　　　B. 加工　　　　　C. 销售　　　　　D. 配送

5. 智慧医药电子商务供应链管理系统，是基于最新的大数据分析、云计算、无人仓和智慧仓、物流机器人等现代化技术，专业提供（　　）。
   A. 资金管理方案　　　　　　　　B. 物流一体化方案
   C. 销售一体化方案　　　　　　　D. 医疗企业供应链协同系统解决方案

6. 下列不属于物流配送作业节点的是（　　）。
   A. 配送中心　　　B. 分拨中心　　　C. 配送站点　　　D. 仓储中心

二、判断题

1. 目前，第四方医药电子商务物流是目前市场上占据主流的医药电子商务物流模式。
   （　　）

2. 配送作业的流程基本上包括七个步骤，即任务创建及拣选作业、分货作业、包装作业、集货作业、装车交接作业、中转分拨作业和配送站点作业。（　　）

3. 在医药电子商务供应链中，可按照发生的顺序和性质不同分为供应物流和回收物流两大类。（　　）

4. 绿色包装是绿色物流的本质内容，也是物流业发展的主要指导思想之一。（　　）

5. 智慧医药电子商务供应链管理系统不能解决医疗行业供应链系统供求信息对接、撮合交易的问题。（　　）

6. 凡遇到自然灾害、车辆发生故障，但未造成货损、货差的，可改道行驶，或及时联

系修理单位,尽快修复车辆。　　　　　　　　　　　　　　　　　(　　)

三、简答题

1. 医药电子商务物流的主要模式有哪些?
2. 医药电子商务配送作业流程包括哪些步骤?
3. 医药电子商务物流企业应建立健全的安全管理制度有哪些?

项目七

医药电子商务法律法规

医药电子商务是一个特殊的电子商务领域，涉及医药商品的销售和健康管理。因此，各国家或地区都制定了一系列法律法规规范医药电子商务的运营。

任务一　电子商务相关法律法规

 学习目标

知识目标：掌握电子商务常见法律问题和相关法律体系。
能力目标：熟悉电子商务相关法律，保障自身合法权益。
素养目标：理解社会主义核心价值观在《中华人民共和国电子商务法》中的体现。

【任务导入】

2020年，突如其来的新冠病毒感染疫情给全球各行各业带来了巨大冲击，而医药电子商务却在新冠病毒感染疫情后出现了爆发性增长。在疫情催化下，用户开始逐渐了解和接受在线诊疗和在线购药。医药商品网络交易第三方平台的发展拉近了医药企业和消费者的距离，也给传统医药企业带来了新的发展机会。

回顾医药电子商务的发展历史，国家政策层面一直处于试探前行的态度。直到2022年国家市场监管总局公布《药品网络销售监督管理办法》，医药电子商务销售处方药的条件和范围才被明确。在"互联网+医疗健康"等一系列政策相继发布后，资本开始将目光投向医药电子商务领域，法律法规和政策直接影响着行业的高速发展并为之保驾护航。

思考：我国医药电子商务相关法律法规有哪些？

一、电子商务法的定义和特点

1. 电子商务法的定义

电子商务法是指对利用现代电子信息技术手段开展商品销售、服务提供、信息交换等商业活动进行规范的法律法规总称。它是针对电子商务活动和互联网经济发展的特殊性而产生的法律体系，其定义有广义和狭义之别。广义的电子商务法，是指调整电子商务活动中所有关系的规范总称；而狭义的电子商务法，是指调整电子交易关系的规范。

2. 电子商务法律体系

电子商务法由电子商务基本法、电子商务实体法和电子商务程序法三部分构成，并且拥有自身的法律体系。其中，电子商务基本法是电子商务法律体系中具有最高法律效力的法律；电子商务实体法规定了人们在电子商务中各个方面权利与义务，包括电子交易法、电子签名法和电子合同法等；电子商务程序法则关注于保障权利和义务得以实施或职权和职责得以履行，如电子商务诉讼法等。三者组成电子商务法律体系，既相互联系又相互制约，电子商务基本法起到统御作用，电子商务实体法构成电子商务的具体法律，电子商务程序法构成诉讼和司法内容。目前，我国已经颁布实施的《中华人民共和国电子商务法》属于电子商务基本法范畴，《中华人民共和国电子签名法》属于电子商务实体法范畴。

即学即练

请简要介绍对电子商务法的基本认知。

3. 电子商务法的特点

与传统商法相比，电子商务法具有国际性、行业惯例性、开放性、兼容性和技术性等特点。

（1）国际性

电子商务法在空间上突破了传统商法常规，展现出双边、多边甚至全球化的特征。这种全球性特征意味着电子商务法具有国际性。传统法律难以实现跨国、全球的特殊性，而电子商务法则具有这种特殊性。在电子商务的立法实践中，任何一个国家都不能以自己国家的特定情况为由制定特殊的法律规定，而必须以全球化的商务统一为解决方案，充分体现国际性。联合国国际贸易法委员会制定的《电子商务示范法》和《电子签名示范法》则构成制定电子商务法和电子签名法的基础，在全球范围内提供了电子商务法律规则的基本框架。

（2）行业惯例性

电子商务法是针对电子商务行业或领域中商务活动的行为规范，以行业惯例为其规范基础。电子商务领域内的商务活动极其特殊，且随着信息技术而不断发展更新，因此，电子商务法往往具有行业惯例性。一些人认为，与其他"刚性法律"相比，电子商务法应该是"柔性"的，它应该随着互联网信息技术和电子商务的发展不断更新，以适应不断变化的商务环境。

（3）开放性

电子商务是以数据电文和计算机技术、互联网信息技术为基础的，其形成和发展都具有多样化。因此，电子商务法必须是开放的。国际组织和各国的电子商务立法中，经常采用功能等价性条款等开放性措施，确保电子商务法能够适应和引领电子商务领域的不断变化。

（4）兼容性

电子商务法的兼容性是指其能够适应数据电文、计算机技术、互联网信息技术等多种技术手段和形式，并保证其具有复合和复杂的特性。与传统商务活动相比，电子商务活动参与者更多，交易关系更加复杂和多变，而电子商务涉及的多种交易和支付形式，同时依赖于复杂的信息技术基础。因此，电子商务法必须具备兼容性，以确保其能适应电子商务领域的复杂变化，保护参与者的权益并促进电子商务的健康发展。

（5）技术性

电子商务法中包含了大量的技术内容，其中许多规范都是由技术规范演进而来的，如加密技术、数字签名技术、网络协议技术、网络安全技术、数据电文生成技术和传输技术等，都应当受到法律规范的制约。电子商务法的不断演进和完善，必须紧跟技术发展步伐，及时纳入最新技术要求和规范，以确保电子商务领域的合法性、公正性和安全性。

4. 电子商务法的作用

（1）创建电子商务法环境

电子商务法是各个国家或地区法律体系建设的重要组成部分。电子商务是一种新的经济形式，涉及的数据电文、电子交易、电子支付、电子认证、现代物流等新形式和新手段都需要有新的法律规范。只有在法律支持下，电子商务才能够充分展开，并得以健康可持续发展。

（2）保障网络交易安全有序

网络交易是电子商务的主要形式和途径。为保障网络交易的安全及其有序进行，需要采取多种措施，包括技术手段和法律手段。电子商务的安全问题是电子商务发展中的一个重要制约因素，因此电子商务法扮演了保障电子商务安全与公正的关键角色。

（3）促进电子商务长远发展

通过电子商务立法，可有效规范电子商务行为，惩治电子商务欺诈行为，解决电子商务争端，鼓励电子商务健康长远发展。合理的法律规范营造了公正清晰的商业环境，提高了交易安全性及公信度，促进了电子商务的稳定发展。

（4）支撑电子交易顺利进行

互联网信息技术是电子商务的基础和手段，并支撑着电子商务交易的顺利进行。通过电子商务立法规范互联网信息技术的相关内容，采用科学的技术手段和法律手段解决电子商务领域面临的新问题，有利于电子商务的顺利发展，同时也促进了互联网信息技术的进步和发展。

二、我国电子商务相关法律法规

1. 《中华人民共和国民法典》

（1）数据电文的法律效力

《中华人民共和国民法典》（以下简称《民法典》）第四百六十九条规定，书面形式是合同书、信件、电报、电传、传真等可以有形地表现所载内容的形式。以电子数据交换、电子邮件等方式能够有形地表现所载内容,并可以随时调取查用的数据电文,视为书面形式。这表明在我国,数据电文属于书面形式,与其他书面形式具有法律上的同等地位。

(2) 数据电文合同时间

数据电文合同时间是指合同通过电子方式进行签署或协商的时间。具体时间可能因合同的具体情况而有所不同,如合同签署日期、开始生效日期等。在电子商务中,数据电文合同时间通常是通过电子签名或者其他具有法律效力的电子认证方式来确定的。

《民法典》第一百三十七条规定,采用数据电文形式的意思表达,相对人指定特定系统接收数据电文的,该数据电文进入该特定系统时生效;未指定特定系统的,相对人知道或者应当知道该数据电文进入其系统时生效。此规定将传统书面形式与数据电文合同到达时间区别对待。

(3) 数据电文合同成立地点

《民法典》第四百九十二条规定,采用数据电文形式订立合同的,收件人的主营业地为合同成立的地点;没有主营业地的,其住所地为合同成立的地点。此规定把数据电文合同成立地点加以明确,便于解决相关的法律问题。

2. 《中华人民共和国电子签名法》

《中华人民共和国电子签名法》(以下简称《电子签名法》),是我国电子商务领域的第一部法律,也是我国第一部通过正式立法的电子商务实体法。《电子签名法》是为了规定和保护电子签名的合法性和有效性而制定的法律。

(1) 电子签名的法律效力

《电子签名法》第十四条规定,可靠的电子签名与手写签名或者盖章具有同等的法律效力。因此,在电子商务中使用电子签名可以作为签署合同和其他法律文件的有效方式。

(2) 认可的电子签名方式

《电子签名法》规定了一些认可的电子签名方式,如数字签名、加密签名等。这些签名方式必须符合特定的技术标准和要求,以确保其安全性和不可否认性。

(3) 电子证据的可采用性

《电子签名法》规定,电子签名的文件作为证据在法院中具有可采用性。这意味着,在法律诉讼过程中,电子签名所涉及的电子文件可以作为合法证据进行审查和认定。

3. 《中华人民共和国刑法》

我国自 1997 年 3 月第八届全国人民代表大会第五次会议修订《中华人民共和国刑法》,增加了计算机犯罪的罪名,包括侵入计算机系统罪、破坏计算机系统功能罪、破坏计算机系统数据、程序罪,制作、传播计算机破坏程序罪等。这表明,我国计算机法治管理步入新阶段,开始与世界接轨。

4. 我国其他电子商务相关法律法规

(1) 关于计算机与网络安全的行政法规

我国计算机立法工作始于 20 世纪 80 年代。1981 年,公安部开始成立计算机安全监察机构,并着手制定有关计算机安全方面的法律法规和规章制度。1994 年 2 月,《中华人民共和国计算机信息系统安全保护条例》发布。2000年12月28日，第九届全国人民代表大会常务委员会第十九次会议通过了《全国人民代表大会常务委员会关于维护互联网安全的决定》，同时出台了多项规章制度，包括《中华人民共和国计算机信息网络国际联网管理暂行规定》《中华人民共和国计算机信息网络国际联网管理暂行规定实施办法》《互联网信息服务管理办法》和《中华人民共和国计算机信息系统安全保护条例》等。

2016年11月7日，第十二届全国人民代表大会常务委员会第二十四次会议通过了《中华人民共和国网络安全法》。国务院也制定公布了多项实施条例和规章制度，包括《互联网信息服务管理办法》《中华人民共和国电信条例》《中华人民共和国认证认可条例》《国务院办公厅关于促进跨境电子商务健康快速发展的指导意见》《中华人民共和国著作权法实施条例》和《计算机软件保护条例》等。

（2）涉及电子商务的部门规章

涉及电子商务的部门规章包括《电子认证服务管理办法》《电子认证业务规则规范（试行）》《电子银行业务管理办法》《非金融机构支付服务管理办法》《非银行支付机构网络支付业务管理办法》《关于跨境电子商务零售出口税收政策的通知》《互联网广告管理暂行办法》《网上证券委托暂行管理办法》《证券账户非现场开户实施暂行办法》《互联网域名管理办法》《网络购买商品七日无理由退货暂行办法》《侵害消费者权益行为处罚办法》《网络交易监督管理办法》《工商行政管理部门处理消费者投诉办法》等。

（3）涉及电子商务的司法解释

涉及电子商务的司法解释包括《最高人民法院关于审理扰乱电信市场管理秩序案件具体应用法律若干问题的解释》《最高人民法院关于审理买卖合同纠纷案件适用法律问题的解释》《最高人民法院关于审理涉及计算机网络域名民事纠纷案件适用法律若干问题的解释》《最高人民法院关于人民法院网络司法拍卖若干问题的规定》等。

即学即练

《电子签名法》对于电子商务有哪些相关规定？它在电子商务领域的立法意义是什么？

任务二　医药电子商务相关法律法规

学习目标

知识目标： 掌握医药电子商务常见法律法规问题和法律法规体系。
能力目标： 熟悉网上药店相关法律法规，保障自身合法权益。
素养目标： 理解社会主义核心价值观在医药电子商务法中的体现。

【任务导入】

小程最近眼睛总是干痒,作为上班族,他很少专门请病假去医院,遇到这种身体上的小毛病时通常会选择上网搜索该用什么药,然后直接下单。

考虑到外卖平台配送速度更快,小程便在平台查询"左氧氟沙星滴眼液",看到其中一款正在做限时折扣。"提交用药需求时,显示这是处方药,需要填写问诊信息。"小程填写用药人信息后,又在"本次用药的确诊疾病"中,点击"结膜炎",并确认"使用过此药品"。

尽管下面还有一项要求补充病历信息,即线下就诊的历史处方、病历、住院出院记录,但小程发现这项并非必填,于是直接跳过,勾选"互联网诊疗风险告知及知情同意书"后,保存并同意问诊。

"正在想怎么向医生描述我的症状呢,页面中就已经弹出一份由互联网医院开具的处方笺,简直是'秒级响应'。"小程看到,上面不仅有处方编号,还有患者信息和药品名称、用法用量,甚至还有医生的电子签名和医院的电子专用章,商家接单后,药品即刻进入配送环节……记者调查发现,目前网售处方药仍存在不少监管漏洞,给用药安全带来诸多隐患。

思考:该案例带给你怎样的启示呢?

一、医药电子商务法律法规体系

医药电子商务法律法规体系包括了一系列法律法规和政策文件,旨在规范和管理医药电子商务业务。

1. 《电子商务法》

该法于2018年8月通过,对电子商务的各个方面进行了监管规定。在医药电子商务领域,《电子商务法》涉及网络交易安全、电子合同效力、网络平台责任等方面。

2. 《互联网药品信息服务管理办法》

该办法于2004年公布,2017年11月修正,对互联网药品信息服务进行了管理和规范。办法规定,互联网药品信息服务提供者需要具备相应的资质和条件,如取得互联网药品信息服务资格证、药品经营许可证等,并且要符合一系列规定,包括药品质量保证、药品信息发布、医保支付等。

3. 《药品经营质量管理规范》

该规范于2000年4月公布,并于2016年7月修正,对药品经营质量管理提出了详细要求。规范包括药品存储、运输、销售、配送等环节,以确保药品质量和安全性。

4. 国家医药政策

我国医药政策也对医药电子商务业务产生了深远影响。例如,根据国家政策,处方药只能在取得相应资质和许可证的机构销售,这对处方药的网上销售作出了一定限制和要求。

此外,我国还有其他一些与医药电子商务相关的法律法规、政策规范,如《中华人民共和国药品管理法》《网络交易监督管理办法》等。这些法律法规和政策规范共同构成了我国医药电子商务法律法规体系,旨在保障医药电子商务业务的合法性、安全性和可持续发展。

> **思政小园地**
>
> 我们身处于大数据时代,网络安全已经成为我们每个人必须面对和解决的问题。我们需要注重个人隐私和信息安全,积极加强网络安全意识。同时,网络安全也已不再是一个单独的个人问题,而是成为国家安全的重要组成部分。在利用互联网进行创新实践时,我们不仅要贯彻落实创新、协调、绿色、开放、共享的新发展理念,也要意识到由此带来的风险和挑战。我们需要增强风险意识和危机意识,及时应对和解决各类网络安全问题,为社会和国家的安全和发展作出自己的贡献。

二、网上药店相关法律法规

网上药店作为医药电子商务的重要形式,需要遵守与医药电子商务相关的法律法规,具体包括以下六个方面。

1. 《中华人民共和国药品管理法》

该法规定了药品的生产、流通、使用等方面的管理要求,包括网上药店销售药品的相关规定。

2. 《互联网药品信息服务管理办法》

该办法对互联网药品信息服务作出监管规定,其中包括网上药店的经营行为、药品交易、药品促销、广告等方面。

3. 《中华人民共和国药典》

药典是国家记载药品标准、规格的法典,提出了药品质量标准、生产工艺等方面的要求,网上药店销售药品需要符合相关的质量标准和规定。

4. 《互联网广告管理办法》

网上药店的广告宣传应符合该办法,要求广告内容真实、准确、合法,并需要遵守诸如保健功能性食品宣传规范、医疗器械广告管理等相关规定。

5. 《中华人民共和国广告法》

适用于网上药店的广告行为须符合该法要求,规定了广告的真实性、合法性、准确性等要求。

6. 《药品网络销售监督管理办法》

该办法对药品网络销售管理、平台责任履行、监督检查措施及法律责任作出规定。落实了药品经营企业主体责任,压实了药品网络销售平台责任,明确了处方药网络销售管理,强化了各级监管部门的监管措施。

> **即学即练**
>
> 假设你是一名网上药店客服,你需要熟悉哪些网上药店相关的法律法规?

思政小园地

我国医药电子商务行业的快速发展为社会发展做出了卓越贡献。对于企业而言,在创造利润的同时,也要承担对消费者、环境和社会的责任;对于当代青年而言,在学习科学文化知识的同时,也要时刻牢记对社会、国家及集体所应承担的任务和使命。

【案例分析】

国家药品监督管理局公布药品网络销售典型案例

2021年4月,上海市普陀区市场监督管理局根据群众举报线索,对美团外卖平台网店"京东便利店(中潭路精品店)"进行检查,发现该店未取得药品经营许可证,通过美团外卖平台销售未取得药品批准证明文件的药品"EVE QUICK",涉案药品货值金额0.53万元。该店上述行为违反了《中华人民共和国药品管理法》第二十四条第一款和第五十一条第一款规定。2021年10月,上海市普陀区市场监督管理局依据《中华人民共和国药品管理法》第一百一十五条和《中华人民共和国行政处罚法》第三十二条规定,对该店处以没收违法所得、罚款6万元的行政处罚。

2022年5月,福建省莆田市仙游县市场监督管理局根据国家药品网络销售监测平台线索,对京东商城入驻商家"健安寿大药房旗舰店"进行检查,发现该店存在未遵守药品经营质量管理规范组织经营活动、未凭处方销售处方药、未从药品上市许可持有人或者具有药品生产、经营资格的企业购进药品等行为,货值金额1.16万元。该店上述行为违反了《中华人民共和国药品管理法》第五十三条第一款、第五十五条和《药品流通监督管理办法》第十八条第一款规定。2022年8月,仙游县市场监督管理局依据《中华人民共和国药品管理法》第一百二十六条、第一百二十九条和《药品流通监督管理办法》第三十八条第一款的规定,对该店处以警告、没收违法所得1.16万元、罚款10万元的行政处罚。

问题:以上案例给我们带来什么启示呢?

三、医药电子商务常见法律法规问题

在我国医药电子商务中,常见的法律法规问题包括以下五个方面。

1. 药品经营许可证问题

从事互联网药品销售的企业需要持有合法的药品经营许可证,且仅能经营许可证范围内的药品。有些医药电子商务平台可能存在未取得或使用伪造的药品经营许可证的问题。

2. 药品质量和安全问题

医药电子商务平台需要确保所销售药品的质量和安全。违规销售假冒伪劣药品、过期药品等,或者销售非法药品,都会涉及药品质量和安全的法律法规问题。

3. 虚假宣传和欺诈行为问题

医药电子商务平台或商家在宣传和推广药品时,需要遵守真实、准确、合法的原则,严禁虚假宣传和欺诈行为。违反《中华人民共和国广告法》和《中华人民共和国反不正当竞争法》等法律法规会引发相关法律问题。

4. 处方药销售和配送问题

根据相关规定，处方药只能通过取得药店资质的机构进行销售，且需要按照规定程序进行核实和配送。如果医药电子商务平台违反规定销售处方药或不按程序进行配送，则涉及相关法律法规问题。

5. 个人信息保护问题

医药电子商务平台需要合法、合规地收集、使用和保护用户个人信息。涉及个人信息的收集、使用、披露等方面存在违规行为，可能触犯相关个人信息保护法律法规。

以上只是医药电子商务中常见的一些法律法规问题，具体情况可能因案件和企业的不同而有所差异。在经营医药电子商务平台或在该领域进行交易时，企业应该了解并遵守相关法律法规，以确保合法合规经营。同时，建议咨询专业法律服务机构以获取更具体可靠的法律建议。

四、医药电子商务立法与监管的未来发展

1. 完善互联网药店相关法律法规体系

建立互联网药店的信用评价体系。2017 年，我国取消了针对互联网药店的互联网药品经营许可证，只保留了互联网药品信息服务资格证。这是行政机关逐步贯彻放管服改革在互联网药品经营领域的体现。

为了保障消费者用药安全，可以借鉴美国药房理事会的志愿认证程序，颁发一些高标准的互联网药品认证证书给申请的企业。同时，针对通过志愿认证的互联网药店，可以设立专门的门户网站，这个门户网站不仅可以作为已通过认证药店的统一入口，同时也要具备对所有互联网药店进行信用评价的功能。特别地，要对互联网药店的违法违规经营行为进行公示，为消费者选择互联网药店提供参考，减少消费者盲目选择而受到权益侵害的可能性。

2. 实现病历处方网络互联

针对处方药互联网销售最重要的处方传递环节，保障处方来源的真实性是保障处方药网络销售安全的前提。随着医药体制大跨步改革，医疗机构处方信息共享将成为趋势。药品监管部门有必要建立医药信息共享平台，让消费者在有需要时能够通过该平台取得自己诊疗相关处方、诊断书、疾病史、药物过敏史等信息。建立统一的医疗信息共享平台可以大大减少消费者使用虚假处方、已调配处方重复开药的可能性，也可以避免互联网药店因各医疗机构处方形式不统一而带来的审核处方真实性的困扰。同时，建立医疗信息共享平台还可以实现处方、药品相关信息的溯源，进一步还可与医保系统实现连接，以解决互联网购药不能使用医保的现状。

3. 实现多元化监管机制

互联网药品销售监管具有跨行政区域、跨执法部门的特点，要对违法违规在互联网销售药品的行为进行有效惩处，必须加强药品监管部门与公安部门、司法部门的合作。从取消互联网药品经营许可证以及网售处方药合法化的改革来看，我国对于互联网药品销售的监管已逐渐从事前监管转向事中监管。这种监管理念能够对市场以及公众用药安全起到保障作用，

将更多的监管任务交给市场自身的调节机制。行业协会在市场自身调节机制中应当起到非常重要的作用,应充分发挥行业协会对互联网药店行为的监管作用。

4. 保障消费者个人信息和隐私安全

对于消费者权益的保护主要可以分为宣传教育、隐私保护、救济途径等几个方面。首先,药品监管部门以及相关行业协会要加强对潜在互联网药品消费者的宣传教育。尤其要对如何识别互联网药店的安全性、合法性,如何判断药物药性并以此选择药品种类,在遭遇药品质量问题后通过何种方式寻求救济等方面对互联网药品消费者进行宣传教育。其次,要加强对互联网药品消费者个人信息及隐私的保护。如前文提到的医疗信息共享平台建设就是对消费者个人信息和隐私进行保护的很好途径,非本人许可,任何人不得查阅个人病历、处方等信息,并且加大对利用互联网药店非法收集和利用消费者个人信息和隐私行为的查处力度。

5. 加强互联网药品销售行业自律

首先,应加强我国相关行业协会的权威性。通过完善法律法规,明确行业协会的法律地位和职能,确保其能够有效行使自律功能,得到社会的广泛认同。其次,行业协会应制定具体、全面的章程规定,明确其在药学服务管理、互联网药品销售管理等方面的职责和要求,以提升行业自律水平。此外,行业协会应积极参与自律,发布技术规范和操作指南,引导行业成员遵守规则,提高行业整体的自律性。最后,政府部门应与行业协会合作,形成政府管理和行业自律相结合的管理体系,共同推动互联网药品销售行业的健康发展。通过这些措施的落实,可以加强互联网药品销售行业的自律,提升行业整体管理水平,保障公众用药安全。

【知识链接】

2021年10月,《商务部关于"十四五"时期促进药品流通行业高质量发展的指导意见》正式发布,对我国药品流通行业"十四五"期间高质量发展提出明确要求。在此背景下,药品流通行业加快数字化转型,医药电子商务快速发展,B2B作为其中占比超过90%的商业模式,发展十分迅速。行业、政策、技术以及物流的进步为医药电子商务B2B模式的发展奠定了良好基础,促进医药流通供应链降本增效。

任务三　医药电子商务数据法律

 学习目标

知识目标:掌握电子商务知识产权、医药电子商务隐私权相关法律问题。

能力目标:熟悉互联网信息安全保护。

素养目标:培养学生知法、懂法和守法的法治观念。

项目七　医药电子商务法律法规

【任务导入】

据了解，目前国内医疗健康类 App 数量超过了万款。某科技公司负责人表示，每天都有新的医疗健康类 App 上线，但是现有 App 的系统、功能却参差不齐。在华为应用市场上，有数千万次安装量的"春××生"和数百万次安装量的"丁××生"，都要求获取多项个人隐私权限，包括录制音频、打开或关闭 Wi-Fi、输入电话号码、获取用户当前位置信息进行定位、访问摄像头拍照或录像等。而"拇××生"拥有百万次安装量，其涉及的个人隐私权限包括读取联系人数据、创建蓝牙连接等。

该负责人认为："App 运营商会如何使用这些隐私信息我们并不清楚，但从消费者角度，这些信息无疑属于敏感性隐私。这些信息一旦被其他动机不纯的个人或企业利用，将对消费者造成不良影响。"

思考：该案例给你怎样的启示呢？

医药电子商务数据法律是指在医药电子商务领域涉及的数据处理和保护的法律规定。

一、电子商务知识产权

1. 电子商务知识产权的定义

知识产权又称知识所有权、智慧所有权、智力成果权等，是指权利人对其智力劳动所创作的成果享有的财产权利。该词最早由 17 世纪中叶由法国学者卡普佐夫提出，后为比利时著名法学家皮卡第所发展，皮卡第将之定义为"一切来自知识活动的权利"。直到 1967 年《世界知识产权组织公约》签订以后，该词才逐渐为国际社会普遍使用。

电子商务知识产权又称网络知识产权，是指电子商务活动中涉及的著作权和工业产权。为保护电子商务知识产权，2009 年 12 月，中国互联网协会网络版权工作委员会在北京正式成立。

2. 电子商务知识产权的类别

各种智力创造取得的成果及其所形成的财产权利，都属于知识产权，例如，发明、设计、文学、艺术，以及商标、产品或企业名称等，都属于知识产权的范围。各国法律赋予知识产权的范围有所不同，在我国，知识产权一般分为两类，即著作权（版权）和工业产权（产业产权）。

（1）著作权

著作权又称版权，是公民、法人或其他组织按照法律享有的对自己的文学、艺术、自然科学、工程技术等作品的专有权。公民、法人或者其他组织的作品，不论是否发表，均依法享有著作权。

互联网著作权是指网络环境下对内容创作所享有的法律保护，包括了在互联网上创作、传播和使用作品的权利。互联网著作权的主要内容包括以下五个方面。

1）著作权保护。互联网著作权法律保护的对象是原创的文学、美术、音乐、电影、摄影等作品，以及软件、数据库等。互联网上发布或传播这些作品，需要得到著作权人的授权或者符合相关法律规定的例外情况。

2）发布权。著作权人有权决定将作品发布在互联网上或者限制其发布范围。未经著作权人授权，在互联网上发布他人的作品属于侵权行为。

3）衍生权。著作权人有权制作并发布与原作品相关的衍生作品，如改编、翻译、注释等。

4）公开展示权。著作权人有权决定是否公开展示作品及展示的方式，在互联网上上传、分享、发布的行为需要著作权人授权。

5）转授权。互联网著作权人可以通过授权方式将自己的著作权许可给他人使用，如出售、授权他人使用并收取相关费用等。

对于互联网著作权，需要遵守相关法律法规，例如，在适用的情况下获得授权，按照规定进行使用，遵守著作权管理机构的规定等。同时，对于在互联网上创作和发布作品的个人和组织也需要了解自己的权益和责任，保护自己的著作权并避免侵权行为。

（2）工业产权

工业产权是指工业、商业、农业、林业和其他产业中具有实用经济意义的一种无形财产权。由此看来"产业产权"的名称更为贴切，主要包括专利权与商标权。

3. 电子商务对知识产权的挑战

（1）对传统知识产权概念的挑战

网络知识产权是一个整体性多项内容的产权，而传统知识产权是单个知识产权问题，电子商务对传统知识产权的概念提出了挑战。例如，专利权中的"即发侵权"的制止问题和域名问题迫使人们将商标、厂商名称、商誉、不正当竞争结合起来考虑，甚至提出了"一体保护"的方法；而传统的知识产权保护认为，权利尚未形成，则无权利保护可言，权利的保护有一定界限并遵循单个法律判断。

（2）对传统知识产权特点的挑战

知识产权具有与有形财产不同的特点，如垄断性、地域性、时间性、无形性、政府确认性等，应当保证权利人的专有权利，如果地域性被彻底打破，权利就有可能成为世界通行的"全球权利"或者产生世界性统一的制度。电子商务活动建立在互联网上，网络的传输表现出"公开"的开放性和"无国界"的全球性特点及状态，而"公开"可能成为"公知""公用""无国界"，又使地域性的知识产权受到了严峻挑战。

（3）对知识产权法院管辖的挑战

传统知识产权纠纷案件，多采用被告所在地或者侵权行为地法院管辖。但是，互联网上的侵权行为，难以确定具体的行为地点和受害地点。行为主体难以确定、行为地点难以界定，加上行为的跨时空性和无国界性等，对传统的诉讼程序产生了挑战。

（4）对证据收集与保留的挑战

《中华人民共和国民事诉讼法》和《最高人民法院关于适用〈中华人民共和国民事诉讼法〉若干问题的意见》中规定，证据材料的"原件"是基本要求，在认定事实根据时，非原件的复制品，在没有其他证据的情形下，不被认可。而数据电文存储在计算机内，其打印出来的"书面形式"是一种复制件，原件的要求是难以实现的。

即学即练

电子商务对传统知识产权概念的挑战主要体现在哪些方面？请列举几个具体例子。

4. 电子商务知识产权相关法律法规

（1）域名知识产权的法律法规

域名，是在互联网上为了区分主机，对每台主机分配的一个专门的"地址"，用于在数据传输时标识计算机的电子方位，又称 IP 地址。IP 地址是互联网主机作为路由寻址用的数字标识，由于不容易记忆，因而产生了域名这一种字符标识。工业和信息化部《互联网域名管理办法》第五十五条第一款规定，域名是指互联网上识别和定位计算机的层次结构式的字符标识，与该计算机的 IP 地址相对应。

【知识链接】

《互联网域名管理办法》

为了规范互联网域名服务，保护用户合法权益，保障互联网域名系统安全、可靠运行，推动中文域名和国家顶级域名发展和应用，促进中国互联网健康发展，根据《中华人民共和国行政许可法》《国务院对确需保留的行政审批项目设定行政许可的决定》等规定，参照国际上互联网域名管理准则，制定了《互联网域名管理办法》，于 2017 年 8 月 24 日以中华人民共和国工业和信息化部令第 43 号公布，自 2017 年 11 月 1 日起施行，本办法共六章五十八条。

（2）计算机软件著作权相关法律法规

计算机著作权是指对计算机软件及相关作品所享有的法律保护。为了保护计算机软件的创作和使用权益，各国制定了一系列法律法规。我国计算机著作权的主要法律法规包括《中华人民共和国著作权法》《计算机软件保护条例》等。《中华人民共和国著作权法》规定了计算机软件作为著作权对象的保护范围和条件。根据该法，计算机软件是以表达方式表现的程序、数据和其他指令的集合，计算机软件著作权人对其享有复制、发行、出租、展览、表演、放映、广播、信息网络传播等权利。此外，该法还对计算机软件的保护期限、权利归属等问题作出了具体规定。

总之，对于电子商务来说，知识产权保护是确保企业创新能力、品牌价值和市场竞争力的重要因素。企业应该重视知识产权保护，并采取适当措施保护自己的创新成果和品牌资产。

二、医药电子商务隐私权

1. 医药电子商务领域隐私信息

医疗健康成为人民对美好生活的普遍追求，而随着"健康中国"国家战略的实施，国家在战略层面开始布局医疗健康产业，尤其推动了互联网医疗健康服务，这一国家战略也深度契合了当今世界互联网技术的发展。在国家政策支持和互联网技术的双重推动下，医药电子商务行业呈现出前所未有的深刻变局，互联网医院数量激增，互联网企业大量布局医疗健康领域。但在医药电子商务快速发展的同时，随之带来的是大量的消费者隐私信息泄露，医药电子商务领域的信息安全成为热议话题。《健康中国 2030 规划纲要》明确要求加强保障医疗健康数据安全和消费者隐私，国务院办公厅《关于促进和规范健康医疗大数据应用发展的指导意见》中也要求建立健全"互联网＋健康医疗"服务安全工作机制，加强保护消费者隐私等重要信息。

2. 隐私权的认知

隐私权是指公民对其个人信息和私密活动保护的权利。它是公民的基本权利之一，旨在保护公民的个人信息免受未经授权的使用、泄露和滥用。隐私权保护的范围涵盖了公民的个人身份信息、财务信息、健康信息、通信内容等，这些信息可能包括姓名、地址、出生日期、电话号码、社交媒体账号、电子邮件、医疗记录等。

隐私权是受法律保护的。不同国家和地区的法律对隐私权的保护程度和具体规定可能有所不同。通常情况下，法律会规定个人信息的收集、使用、存储和共享等方面，以确保个人信息的安全合法使用。此外，一些国家还制定了数据保护法或隐私保护法，以进一步保护个人隐私权。

3. 医药电子商务的隐私保护

在医药电子商务中，消费者隐私保护法律的完善是我国重视人格权的集中体现，有利于彰显《中华人民共和国民法典》的人文价值和立法精神，把隐私权规定在人格权编，并予以立法明确，让隐私权保护有法可依，对消费者隐私的保护有指导性意义。

医药电子商务深度涉及个人隐私权的保护问题。在进行医药电子商务活动时，平台和参与方需要遵守相关隐私保护法律法规，确保消费者个人隐私得到充分保护。医药电子商务平台应该采取必要的技术和管理措施，保护消费者个人信息安全，这包括但不限于建立完善的信息安全管理制度、加密和存储消费者个人信息、采取访问控制措施、及时修复漏洞和风险等措施。消费者在使用医药电子商务平台时，应注意保护自己的隐私权。具体来说，消费者可以选择合理的账号密码来保护自己的账户安全，注意不要泄露个人敏感信息，定期查看自己的账户安全情况，如有问题应及时向平台方反映。此外，监管机构也应加强对医药电子商务平台的监管，确保平台方合法合规经营，并且保护消费者个人隐私权。

总之，医药电子商务平台和消费者都有责任保护个人隐私权，合理使用和保护个人信息，确保医药交易的安全和隐私的保护。

4. 医药电子商务中隐私权保护的必要性

（1）保护消费者隐私权有助于医药电子商务发展

在《中华人民共和国国民经济和社会发展第十四个五年规划和 2035 年远景目标纲要》中，国家明确提出推进健康中国建设，推广"互联网＋医疗"。这是国家站在国情全局出发，对我国医疗领域进行的一次重大改革。发展医药电子商务有利于解决我国医疗资源不均衡、医疗资源配置效率低下的问题，更好地服务人民群众，节约医疗成本，满足人民对医疗健康的追求。然而，实现这些目标的基础和前提是保护消费者隐私。首先，医药电子商务的核心在于建立医患之间的信任关系，只有消费者信任医药电子商务平台，医药电子商务才能良性发展。而这种信任关系的基础是保护消费者隐私权，只有消费者隐私得到保护，才能吸引其选择医药电子商务。其次，消费者是医疗健康服务的核心对象，只有保护好其权益，医药电子商务的功能才能得到充分体现。最后，消费者权益包括生命权、健康权、名誉权、隐私权等，而消费者隐私权是最基础、最重要的权益之一，只有保护好消费者隐私权，其他权益才能得到有效保护。因此，保护消费者隐私是医药电子商务发展的必要条件。

（2）保护消费者隐私权是保护消费者人格权的必然要求

人格权作为公民的一项基本民事权利，是自然人与生俱来的权利，也是现代文明国家统一的立法精神。保护消费者隐私权体现了对人的个性和自由的关注，维护人格权是现代社会的法治要求。消费者隐私保护是人格权的重要体现，只有保护消费者隐私权，其他民事权利才能得到充分保障。《中华人民共和国民法典》将人格权和隐私权进行了规定，体现了人格权的社会意义。保护消费者隐私权有利于贯彻《中华人民共和国民法典》的立法精神，回应了以人为本、尊重人权的社会呼声。从法律角度来看，我国将隐私权归纳为人格权的一部分，保护消费者隐私权也是保护人格权的必然要求。

（3）保护消费者隐私权有利于改善医患关系

保护消费者隐私权对于改善医患关系至关重要。在当今社会，医患关系一直处于紧张状态，其中一部分原因是医疗机构对消费者权益的侵害，给消费者留下了不良印象。然而，通过保护消费者隐私权，医疗机构可以树立正面形象，提升消费者的信任度。相反，如果消费者隐私大量泄露，医疗机构及其工作人员将承担过错责任，导致医患双方利益对立，进一步破坏信任关系。因此，完善消费者隐私保护法律有助于提高人们的维权意识，加强医生的责任意识，遵守执业规范和法律义务。这有助于营造和谐的医疗环境，减少矛盾和纠纷，改善医患关系，提升医疗服务质量。

即学即练

为什么说保护消费者隐私权对于医药电子商务的发展至关重要？请阐述保护消费者隐私权对医药电子商务发展的积极影响。

5. 医药电子商务隐私权保护相关法律法规

（1）医药电子商务实名制管理制度

医药电子商务实名制管理制度的实施，对于保护消费者隐私权和加强医药电子商务管理具有重要意义。首先，医药电子商务实名制可以增强医药电子商务的责任和保护意识，减少消费者隐私信息泄露的风险，促使医药电子商务建立保护机制和保密措施，确保消费者隐私的安全。其次，医药电子商务实名制有利于消费者在维权过程中追究责任和获得司法救济，通过确定医药电子商务身份和资格，解决消费者无法确定侵权者的问题。最后，医药电子商务实名制是符合《中华人民共和国网络安全法》对网络运营主体的要求，加强对医药电子商务平台的监管，确保网络服务商的合规运营，接受政府监管部门和社会公众的监督。对于违反实名制规定的网络服务商，将面临行政处罚和法律责任。此外，根据《中华人民共和国民法典》的规定，医药电子商务平台对消费者隐私泄露有过错的情况下，必须承担连带责任，这扩大了网络侵权的责任主体，有利于消费者获得更多赔偿。因此，医药电子商务实名制管理制度的实施对于保护消费者隐私权和维护医药电子商务良好运营具有积极作用。

（2）完善互联网隐私保护政策

根据《App违法违规收集使用个人信息行为认定方法》的规定，医药电子商务软件运营者有责任保护信息安全，制定隐私保护政策是收集和处理信息的首要步骤。在制定隐私保护政策时，应确保消费者明确同意数据的收集和处理，并在外接其他互联网资源时提醒消费者可能存在的安全风险。此外，应在技术层面建立隐私保护体系，包括协议加密处理、安全浏览协议等措施，以防范外部侵犯。同时，应采取措施防止个人信息被损坏、泄露和篡改，并设立专门的信息管理和运营团队对用户个人信息进行管理。在公司内部应制定明确的个人信息管理和保护制度，并在隐私权政策、用户协议中明确承诺保护个人信息，并界定侵权范围。对于医药电子商务侵犯消费者隐私的行为，适用《中华人民共和国民法典》关于隐私权保护的相关规定，因为《中华人民共和国民法典》明确规定了隐私权的内涵和侵犯行为类型，并且作为法律具有更高法律效力。因此，完善互联网隐私保护政策对于保护消费者隐私权和维护医药电子商务的良好运营有着重要意义。

（3）明确侵权主体责任承担规则

根据《中华人民共和国民法典》和相关行政法规，医疗机构及其工作人员有保密义务，不得泄露消费者病历信息，并对泄露消费者隐私的侵权者处以罚款、吊销营业执照等处罚。在互联网医院中，责任主体应为医院而非医生，互联网医院应依托实体医疗机构承担责任。对于医药电子商务中的分诊规则，可以适用"谁侵权、谁担责"的原则，违反义务的执业医师需要承担责任。在侵权主体众多的情况下，可以适用不告不理原则，但法院应履行告知和释明义务，保护消费者利益。这些措施旨在保护消费者隐私权，维护医患关系的稳定和互联网医疗的良好发展。

（4）突破侵权的财产赔偿额度

在互联网医疗中，由于隐私权和个人信息的抽象性，确定具体损害数额和法院裁量基础成为难题，导致实际赔偿金额往往很低。为了加强被侵权人的救济途径，消费者隐私应被视为一种具有财产属性的资产。消费者隐私的商业化利用明显具有财产价值和商业受益，如倒卖个人信息和在融资、股权交易中作为估值依据等。尽管个体信息的独立价值较低，但随着大数据利用手段的增加，整体数据包的商业价值急剧上升，超过了简单集合的价值，并且影响链条也很长。由于难以准确判断整体后果和损失额度，无论是个人还是法官都难以确定赔偿金额。在医药电子商务中，侵权行为往往具有更直接的主观恶意性和社会影响。因此，传统的以实际损失为基础的赔偿计算方式缺乏威慑力，类似惩罚性赔偿制度更具意义。

即学即练

在互联网医疗中，如何确保消费者利益受到保护的同时又能避免过度诉讼的情况发生？请提出你的建议。

三、互联网信息安全保护

互联网信息安全保护是指采取一系列措施来保护互联网上的个人、组织和国家的信息不受未经授权访问、修改、泄露、破坏等威胁。保护互联网信息安全的主要目的是确保信息的秘密性、完整性和可用性。为了达到这个目的,人们可以采取以下九个方面措施。

> **思政小园地**
>
> 网络安全和信息化是事关国家安全和国家发展、事关广大人民群众工作生活的重大战略问题,要从国际国内大势出发,总体布局,统筹各方,创新发展,努力把我国建设成为网络强国。

1. 强化密码安全

使用强密码、定期更改密码,并避免在不安全的环境下使用公共设备登录重要账号。

2. 多因素身份验证

启用并使用多因素身份验证,如手机验证码、指纹识别、面部识别等,以增加登录的安全性。

3. 防病毒软件和防火墙

安装和更新安全软件、防病毒软件和防火墙,及时检查和清除病毒、恶意软件和广告软件。

4. 加密通信

使用加密协议确保网络通信的安全和隐私,尤其是进行网上交易或登录敏感账号。

5. 小心点击链接和附件

不轻易点击来源不明的链接和附件,以免受到欺诈、恶意软件或网络钓鱼等攻击。

6. 定期备份数据

定期备份重要数据,以防止数据丢失或被勒索软件攻击。

7. 定期更新系统和软件

及时安装操作系统和软件安全补丁,以修复漏洞和提升安全性。

8. 注意公共网络的安全

在使用公共网络时,尽量避免访问敏感账号和进行涉及个人隐私的操作,以免信息被窃取。

9. 增强信息安全意识

学习和了解有关互联网安全的知识,提高对网络攻击和诈骗的辨别能力。

总之,互联网信息安全保护需要个人、组织和国家的共同努力,采取综合技术手段和管理措施保障信息安全。

【知识链接】

2018年,美国社交媒体巨头Facebook因未能保护用户个人信息而陷入严重的数据泄露事件。该公司未经用户同意,将数百万用户的个人信息交给了第三方数据分析公司。这一事件引发了全球范围内的关注。

2021年，全球最大的芯片制造商之一英特尔公司遭遇了一起严重的数据泄露事件。该事件导致超过 20 GB 的技术文档被泄露，其中包含了机密的设计规格和代码。英特尔公司迅速采取行动，与执法部门合作调查并加强了内部安全控制措施。

即学即练

如何做好互联网信息安全保护？

知识点概述

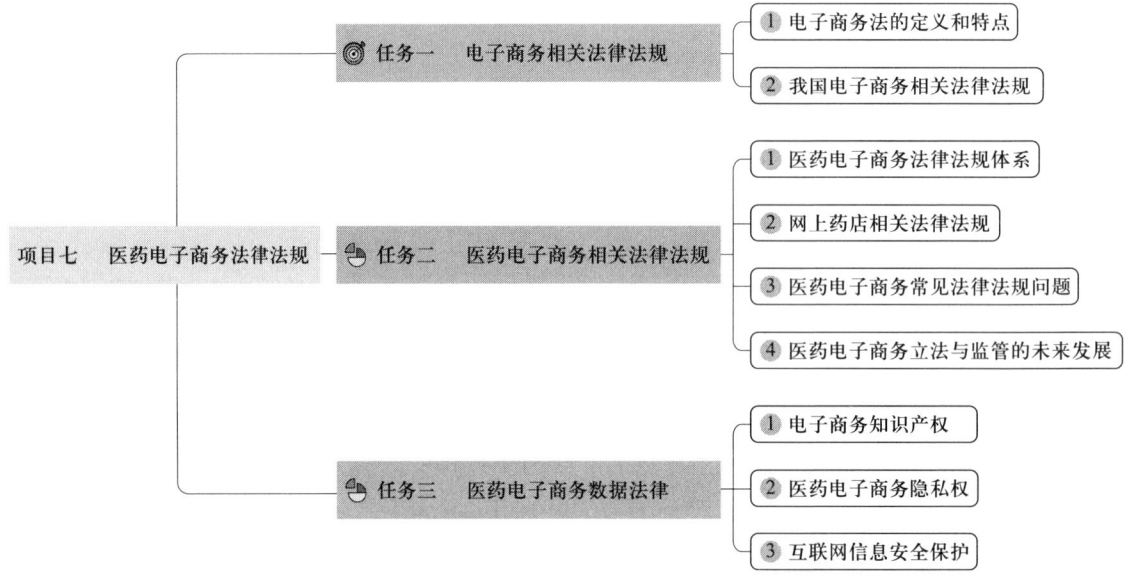

目标任务

一、任务目标

深入了解医药电子商务领域中的法律法规，并掌握相关知识和技能；能够应用法律法规保护消费者权益、规范电子商务行为，并提高对医药电子商务法律法规的理解和应用能力。

二、任务准备

1. 准备案例

提供一个涉及医药电子商务的案例，如互联网药店的销售行为涉及的法律法规问题。

2. 提供学习材料

提供相关的医药电子商务法律法规的学习材料,包括相关法律法规的解释和案例分析。

三、任务实施

1. 分组

将学生分成小组,每个小组由 3~4 名学生组成。

2. 小组讨论

学生在小组内讨论所提供的案例,并分析其中涉及的医药电子商务法律法规问题。

3. 法律法规研究

学生根据所提供的学习材料,深入研究相关的医药电子商务法律法规,包括药品销售许可、广告宣传规定、消费者权益保护等方面的法律法规。

4. 制定解决方案

学生根据案例和所学的法律法规知识,制定解决方案,包括如何保护用户权益、规范电子商务行为等方面。

5. 小组报告

每个小组向全班汇报他们的解决方案,并进行讨论和交流。

四、任务评价

1. 小组报告评估

评估小组报告,包括对案例的分析和解决方案的合理性。

2. 学生表现评估

评估学生在讨论和报告过程中的参与度、合作能力和对医药电子商务法律法规的理解程度。

3. 学生自评

要求学生对自己的表现进行自我评估,包括对医药电子商务法律法规的理解和应用能力的提升程度。

目标检测

一、单项选择题

1. 2018 年( ),十三届全国人大常委会第五次会议表决通过《中华人民共和国电子商务法》,自 2019 年 1 月 1 日起施行。

A. 8 月 31 日　　　　B. 6 月 25 日　　　　C. 7 月 30 日　　　　D. 10 月 5 日

2. 与传统商法相比,电子商务法具有( )等特点。

A. 地域性、行业惯例性、开放性、兼容性和技术性

B. 国际性、行业独立性、封闭性、专业性和技术性

C. 国际性、行业惯例性、开放性、兼容性和技术性

D. 地域性、行业独立性、封闭性、专业性和技术性

3. ( )是我国首次出台的关于网上处方药销售的规定。

A. 《药品网络销售监督管理办法》　　B. 《互联网药品交易服务审批暂行规定》

C. 《中华人民共和国电子商务法》　　D. 《私人药品进口公平法案》

4. 电子商务法体系中,电子商务实体法包括( )。

A. 电子商务基本法

B. 电子商务程序法

C. 电子交易法、电子签名法、电子合同法等

D. 电子商务诉讼法

5. 医药电子商务常见法律法规问题不包括( )。

A. 药品经营许可证　　　　　　　　　B. 药品质量和安全问题

C. 顾客个人信息保护问题　　　　　　D. 顾客权益保障的不足问题

二、填空题

1. 《_____》规定了计算机软件著作权人享有复制、发行、出租等权利。

2. 我国已经颁布实施的《中华人民共和国电子商务法》属于电子商务_____范畴。

3. 我国已经颁布实施的《中华人民共和国电子签名法》属于电子商务_____范畴。

4. 联合国国际贸易法委员会制定的《_____》在全球范围内提供了电子商务法律规则的基本框架。

5. 药品网络销售平台应当建立药品质量安全管理机构,配备_____承担药品质量安全管理工作。

三、简答题

1. 请简要分析国际上制定统一的电子商务和电子签名法律规范对于促进全球范围内电子交易的安全和发展具有哪些重要意义。

2. 谈一谈医药电子商务常见法律法规问题有哪些。

项目八

医药电子商务就业与创业

近年来,我国医药电子商务行业受到国家产业政策的重点支持和各级政府的高度重视,医药电子商务市场呈现持续增长的态势。医药电子商务的快速发展一方面对医药电子商务就业提出了更专业的要求,另一方面也为医药电子商务行业创业提供了广阔的机遇。客观认识医药电子商务岗位分类及职责要求、进行创业初期分析、选择合适的医药电子商务平台已经成为医药电子商务行业参与者值得关注的问题。

任务一 医药电子商务岗位及素质

 学习目标

知识目标:掌握医药电子商务岗位分类、岗位工作职责与岗位要求。
能力目标:熟悉医药电子商务不同岗位人员的素质要求。
素养目标:培养学生提前认知岗位、熟悉岗位的能力;帮助学生做好就业心理及知识准备。

【任务导入】

小李和小王是某医药技师学院市场营销专业的学生,面临毕业。他们了解到近年来医药电子商务快速发展,B2B、B2C、O2O 模式医药电子商务平台为想从事医药电子商务的就业者们提供了广阔的舞台。因此,他们希望结合自己的医药销售基础能力和电子商务技能,毕业后找一份医药电子商务方面的工作。

小李在校期间很喜欢拍摄图片、制作短视频,擅长使用图片处理软件进行设计与图片处理;小王有较强的沟通能力与表达能力,且经常参与学生活动的主持工作。他们都想利用毕业前的时间好好规划自己的就业之路,但目前他们还很困惑。

思考:
1. 如果你是小李或者小王,你希望从事哪些医药电子商务岗位?
2. 为了毕业后获得各自的就业机会,小李和小王还需要增强哪些能力和技能?

电子商务不是商品、技术、物流、销售等传统业务简单叠加的售货模式，而是建立在信息化和数字化基础之上的新型商业模式，涵盖供应链管理、店铺运营、市场营销、平面设计、客户服务、信息技术等多个领域，是一个综合性和实战性很强的行业。随着医药电子商务行业近年来的快速发展，从业者除了应具备基础的电子商务知识之外，还需要充分认识到医药电子商务行业的岗位分类，根据岗位特征和行业实际需求，在成熟的医药电子商务平台上开展医药电子商务活动，常见岗位可分为运营管理类、供应链管理类、视觉设计类、网络营销类以及客户服务与管理类五大类，如图8-1所示。

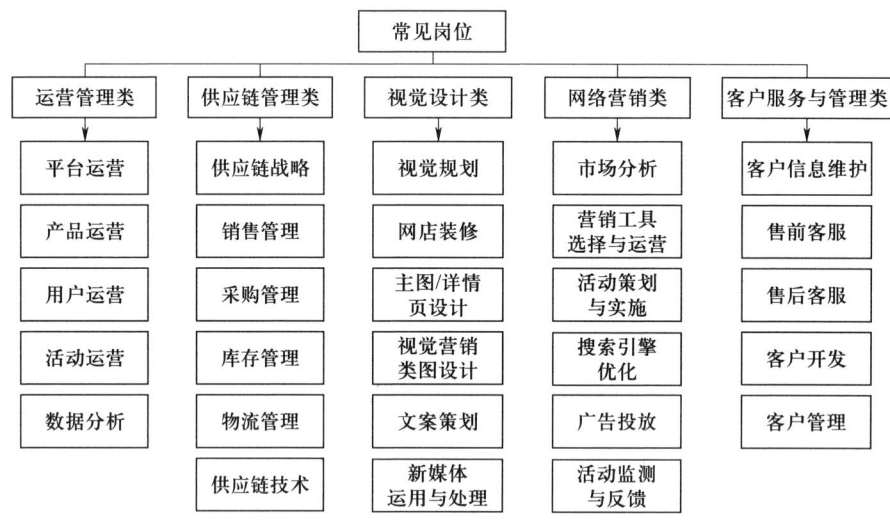

图8-1 医药电子商务常见岗位

一、运营管理类岗位

运营管理类岗位负责管理在电子商务平台上开设的店铺，保证店铺正常运营，并不断提升服务能力。

1. 运营管理类岗位工作职责

运营管理类岗位的工作职责核心模块包括平台运营、产品运营、用户运营、活动运营和数据分析，工作职责及内容如下。

（1）平台运营

根据店铺所在的平台规则，进行整体运营策略的制定和执行。具体工作内容包括店铺日常维护、店铺基础提升、平台规则学习等。

（2）产品运营

对店铺的产品进行选择、优化以及日常维护。具体工作内容包括产品上下架、产品编辑与优化、产品标题设计、产品品类选择等。

（3）用户运营

选择与维护用户，提升用户价值。具体工作内容包括用户画像学习、推广拉新、促进用户活跃、搭建用户体系、策划用户营销活动、用户群管理、用户沟通、用户分级管理、用户激励、用户需求挖掘、用户感知价值提升等。

（4）活动运营

基于产品本身特点和目标用户，策划相关活动并进行产品推广和用户运营，实现营销目标。具体工作内容包括根据平台规则参与活动、活动策划、活动渠道选择、活动相关资源协调、活动组织实施、平台活动组织申报、活动监测、活动效果分析与优化等。

（5）数据分析

对基于产品产生的各种数据进行监测、分析与研究，或通过数据分析进行产品创新、精准营销等相关工作，工作内容包括数据后台日常维护、数据读取、数据清洗、数据统计分析、数据挖掘、数据结果应用等，为医药企业提供数据支持和决策建议，帮助优化业务运营体系。

2. 运营管理类岗位能力要求

（1）熟悉主流电子商务平台的运营流程和规则，进行店铺日常维护。

（2）具有沟通能力和平台操作能力。

（3）了解市场趋势和消费者需求，灵活运用各种营销策略和手段。

（4）具有数据分析和挖掘能力、产品策划能力。

（5）具有优质内容的感知能力、观察判断能力、内容策划能力和热点追踪能力。

（6）具有一定的法律意识、互联网思维以及创新精神。

（7）具有较强的自学能力和团队协作能力。

即学即练

网店运营管理类岗位包含哪些工作内容？

二、供应链管理类岗位

供应链管理类岗位是指运用供应链管理的方法、工具和技术，从事产品设计、采购、生产、销售、服务等全过程的协同，以控制整个供应链系统的成本并提高其准确性、安全性和客户服务水平的一类岗位。

1. 供应链管理类岗位工作职责

医药电子商务供应链管理类岗位的工作职责包括供应链战略、销售管理、采购管理、库存管理、物流管理、供应链技术六个核心模块。

（1）供应链战略

负责供应链整体战略设计和执行，以及业务活动和运营的规划与指导，简化流程，提高运营准确性和效率。

（2）销售管理

根据店铺运营情况，合理预测销售、制订销售计划进行销售管理，协调需求与供给的关系，确保销售渠道的通畅与销售目标的达成。

（3）采购管理

根据店铺销售情况以及医药商品的相关储存条件等特点，制订合适的采购计划，对供货商进行管理与整合评估，制定采购策略，争取有利的采购条件，确保采购过程顺畅，确保采购能服务于电子商务销售。

（4）库存管理

根据医药商品特征，完善储存条件，制定库存及流转管理政策，根据销售达成及预测情况建立库存模型，优化平台店铺库存量，降低店铺库存相关总成本，负责运输网络设计与管理，协调仓储规划与运作，实现产品和服务的高效交付与回收。

（5）物流管理

完善与优化物流管理流程，协助进行新产品引进，维护库存，选择物流供应商，设计与开发医药商品包装，优化发货流程，进行退货管理。

（6）供应链技术

利用医药电子商务平台供应链信息技术进行决策，运用数字化和信息化技术管理客户、内部供应链、供应商及交易，运用供应链绩效管理工具及方法对供应链进行评估与改进，提供供应链技术咨询和服务。

【知识链接】

供应链管理师职业发展通道

供应链管理师是2020年2月人力资源社会保障部、市场监管总局和国家统计局联合向社会发布的16个新职业之一，在企业内部扮演计划、管理、协调的重要角色。供应链管理师的职业发展通道有两个路径：一是"轮岗"晋升，通过熟悉采购、计划、仓储、运输等岗位，转而从事需要复合型技术技能的供应链管理师岗位。二是"垂直"晋升，供应链管理师分为三级/高级工、二级/技师和一级/高级技师三个级别。其中，三级/高级工侧重于供应链管理流程中具体节点的运营执行，强调执行过程的可靠性；二级/技师针对企业供应链运营的整体流程进行组织、协调和控制；一级/高级技师在二级/技师的职能基础上还要涉及供应链运营的战略规划和运营系统设计工作。

【对个人的价值】战略性新兴职业选择，形成复合型人才的知识结构和专业技能，拥有良好的就业和薪资前景。

【对企业的价值】激发企业在供应链关系层面的进化，形成核心竞争优势，助力企业降本增效。

【对社会的价值】推动企业和行业改善供应链运营管理水平和整体效能，促进上下游企业协同发展，减少资源消耗，提升国家产业竞争力。

2. 供应链管理类岗位能力要求

（1）熟悉供应链管理的专业工具和专业知识。

（2）具有良好的沟通与谈判能力。

（3）具有熟练的信息化运用能力、订单处理能力。

（4）具有较高的执行能力，确保供应链目标执行顺畅及效率实现。

（5）具有分析与决策能力，有较强的逻辑思维能力。
（6）具有医药商品的运输、储存专业知识及库存管理的知识。

> **即学即练**
>
> 优化医药电子商务平台医药商品的物流条件属于供应链管理类岗位的哪个模块内容？

三、视觉设计类岗位

视觉设计类岗位是指通过视觉设计工具完成对网页、产品图、活动图等设计，提升用户视觉感受，提高商品点击率与转化率。

1. 视觉设计类岗位工作职责

医药电子商务视觉设计类岗位工作职责主要包括视觉规划、网店装修、主图/详情页设计、视觉营销类图设计、文案策划、新媒体运用与处理六个核心模块。

（1）视觉规划

根据公司规划和产品特征，负责公司电子商务整体视觉风格的确定与视觉定位。

（2）网店装修

根据电子商务平台的具体参数要求，在视觉风格的指导下，装修电子商务平台店铺，设计店员招聘、店铺 Logo、网站首页等内容，提升网店的基础表现以及对客户的吸引力。

（3）主图/详情页设计

根据产品的定位、卖点以及电子商务平台的要求，设计医药商品的主图/轮播图、医药商品详情页，展现医药商品的核心卖点，在视觉上实现客户的高视觉感受，提升商品的点击率、转化率与竞争力。

> **即学即练**
>
> 商品的主图尺寸可以根据个人偏好进行自由发挥吗？

（4）视觉营销类图设计

通过挖掘买家的浏览习惯和点击需求，从买家角度优化网店，提高网店的实用性，并根据商品促销信息设计视觉营销推广图，如设计直通车图、智钻图、商品促销海报、主题活动图等。

（5）文案策划

电子商务文案策划通过网站、微信、短视频等平台进行发布和传播，以达到获取消费者信任并引发其消费欲望的目的。文案策划需要包括展示类文案、品牌类文案和促销推广类文案等。

（6）新媒体运用与处理

使用新媒体工具拍摄图片、短视频，并对素材进行加工与整理，形成高质量的可用素材，促进网店运营及营销活动。

2. 视觉设计类岗位能力要求

（1）具有较强的创新、设计和审美能力。

（2）具有产品市场调研、卖点提炼和文案撰写能力，熟悉医药商品特性和卖点，能用图片结合文字的手法将其展现出来。

（3）掌握图片及短视频拍摄方法，能使用专业的拍摄器材进行图片及短视频的拍摄，并能够使用相关图片及视频处理软件。

（4）熟悉网店装修流程、图片设计原则和工作流程。

（5）具有一定的创新精神和团队的协作意识。

思政小园地

电子商务视觉设计类工作具有一定的挑战性和较高的市场价值。但是，需要同学们具有丰富的理论知识储备和实践技能，尤其是需要打好设计软件学习和应用的基本功，积极提升自己的专业能力，逐步积累经验，才可能更好获得个人岗位晋升和长远职业发展。

四、网络营销类岗位

网络营销类岗位是指利用专业的网络营销工具，面向广大消费者开展一系列营销活动，实现营销目的的一类工作岗位。

1. 网络营销类岗位工作职责

医药电子商务网络营销类工作职责核心模块包括市场分析、营销工具选择与运营、活动策划与实施、搜索引擎优化、广告投放、活动监测与反馈。

（1）市场分析

多渠道收集市场及竞争对手的信息，对目标对手及医药商品进行基于网络多渠道营销的分析，寻找自身医药商品的营销方法。

（2）营销工具选择与运营

基于营销工具的学习和对比，合理选择适合自身的营销工具并运营，如微信公众号、微博常态化运营等。

（3）活动策划与实施

根据选择的营销工具进行活动策划，撰写并优化医药商品推广文案，根据不同医药电子商务平台制定营销推广计划并实施。

（4）搜索引擎优化

优化医药电子商务平台的搜索规则，挖掘用户的搜索习惯，提高医药商品和活动的曝光率，尽可能将营销信息传递给消费者。

（5）广告投放

选择合适的网络广告投放平台，编制网络广告投放计划，撰写广告方案，选择广告投放方式，监测广告投放效果。

（6）活动监测与反馈

监测网络营销的核心数据，如曝光率、点击率、转化率、互动率等指标，对营销方案的推广效果进行评估并提出优化策略。

2. 网络营销类岗位能力要求

（1）具备资料收集能力和市场分析能力，能够收集并分析各种信息。

（2）具备文案策划与写作能力，能够编写营销推广文案，制作营销推广短视频或图片等。

（3）熟悉微博、微信、短视频等工具的特点和营销方法，能根据企业的实际情况选择合适的推广工具和营销方法。

（4）熟悉主流电子商务平台的运营流程及推广方式，能够根据企业的实际情况制定营销推广策略，并根据推广效果来调整。

（5）具备创新意识和互联网思维，具有较强的学习能力、适应能力，对网络新鲜事物较为敏感。

即学即练

请列出四种以上可用于医药电子商务的网络营销工具。

五、客户服务与管理类岗位

医药电子商务客户服务与管理类岗位是指通过客户信息的获取，做好客户服务与沟通，提高客户满意度，促进客户成交的一类工作岗位。

1. 客户服务与管理类岗位工作职责

医药电子商务客户服务与管理类岗位的工作职责核心模块包括客户信息维护、售前客服、售后客服、客户开发和客户管理。

（1）客户信息维护

多渠道收集客户信息，做好日常维护与更新，发展并维护良好的客户关系，参与客户信息系统的开发与运用。

（2）售前客服

首次接待客户，进行产品介绍与客户答疑，向客户推荐医药商品，引导客户下单。

（3）售后客服

跟踪物流信息，处理客户反馈问题，进行退换货管理和客户投诉处理。

（4）客户开发

多渠道开发客户，对营销活动带来的客户进行整理。

（5）客户管理

进行客户分级，制定客户回馈政策，跟踪客户的反馈。

2. 客户服务与管理类岗位能力要求

（1）打字速度快，能运用客户服务工具与系统，沟通能力较强，善于与人打交道，有一定的亲和力。

（2）熟悉医药商品相关专业知识，具备一定的销售意识，善于分析客户需求，能够推荐符合客户需求的医药商品。

（3）熟悉主流电子商务平台的交易规则，掌握处理交易纠纷的方法，能从容地处理客户的退换货要求和投诉。

（4）能够以适当的方式对客户进行回访，收集、更新客户信息，并在此基础上进行客户关系管理。

（5）具备良好的服务意识和较强的责任心，工作积极主动、耐心细致，抗压能力较强，遇到问题主动承担责任、不推卸责任。

（6）具备一定的法律意识和良好的网络服务礼仪，能够较好地与团队内其他成员合作。

【知识链接】

根据淘宝平台的规则，如果客服辱骂、诅咒、威胁、骚扰买家，买家可以向平台投诉。一旦投诉成立，商家店铺将被屏蔽7天；情节严重的，每次扣12分；情节特别严重的，视为严重违规，每次扣48分，甚至永久冻结账户。

如果客服是无意的，在投诉成立之前，应该马上联系买家，看是否同意撤销投诉。如客服对买家恶意骚扰投诉有异议，可在处罚后15天内登录商务中心—产品管理—体检中心，查找处罚记录，并准备好短信照片、旺旺聊天截图、阿里旺旺的证明号、通话记录等有效凭证进行投诉。

思政小园地

在市场经济条件下，作为电子商务从业人员，应恪尽职守、遵守职业道德、合法诚信经营，要认识到提升专业技能是取得成功的唯一途径，通过违法、欺诈等方式取得个人职业上的提升切不可取，必然会受到制裁，也会因此付出沉重的代价，牺牲自身的职业发展与前途。

任务二　医药电子商务创业的基本步骤

学习目标

知识目标： 掌握医药电子商务创业的基本步骤。

能力目标： 熟悉医药电子商务创业不同阶段的具体内容。

素养目标： 培养学生利用电子商务进行创业的精神。

【任务导入】

小李和小王从某医药技师学院毕业后，小李在一家医药电子商务B2C自营平台从事医药电子商务视觉设计类工作，小王在一家传统医药流通企业在某电子商务平台的网店从事客服及运营工作，经过五年的职业提升，小李和小王熟悉了医药电子商务的交易模式和核心工作内容，在当前"互联网+"的创业背景及政策支持下，小李和小王结合自身资源产生了创业的想法。

经过自我分析，小李做事严谨，掌握电子商务技术，喜欢学习钻研，动手能力强；小王有组织管理能力，性格开朗。他们二人积累了一定的创业启动资金，且初步掌握了医药流通渠道和进货来源。但首次创业的他们并不是十分清楚创业的步骤，也不清楚他们适合医药电子商务的什么平台和怎样的创业模式，也不了解需要哪些创业资源。这些都成为他们必须面对和需要解决的问题。

思考：如果你是小李和小王，在开始创业前，还要做哪些前期准备工作？请帮助小李和小王选择适合各自电子商务创业的平台和模式。

近年来，在政策的大力支持和完善下，医药电子商务行业正处于创业的风口期，"互联网+医疗"不断创新生态、民众需求强烈、市场机会不断出现、资本热情高涨，这些都刺激了医药电子商务行业的创业实践，越来越多的医药企业、电子商务平台开始加大对医药电子商务的创业投入，B2B、B2C、O2O等模式飞速迭代升级。新零售、O2O、送药到家等模式持续创新。但医药电子商务在创业实践中，也面临着融资难度大、运营能力亟需优化等一系列问题，作为新背景下的医药电子商务的创业者们，需要掌握科学的创业方法，做好前期准备与规划，积极整合好资源，选择合适的电子商务平台模式，只有这样才能为创业实践的成功奠定良好基础。

思政小园地

创业教育不仅增强了学生的创新精神、创业意识和创新创业能力，还可以帮助他们开辟新的就业渠道，缓解日益加重的就业压力，并且有助于从长远和根本上解决就业问题，因此具有重大而深远的意义。

创业过程主要包括创业意识激发、自我评估、筛选企业想法、资源管理、选择电子商务运营模式与平台和创办企业六个关键阶段。

一、创业意识激发

创业意识具有自主性、客观性、超前性、能动性等特征，在创业实践过程中对创业者起着重要作用。创业意识集中体现了创业素质的社会属性，支配着创业者对创业活动的态度和行为，而在创业意识激发和认知中，使人产生创业想法，并保持开放的心态和创新思维，勇于尝试新的想法和方法。同时，要对市场和竞争环境进行深入的分析和了解，确保创业想法的可行性和可持续性。在此阶段，创业者需要确定以下四个方面的内容，以初步完成创业的基本构思，具备创业的基础。

1. 企业将销售什么产品或服务

创业者需要初步明确创业销售的是有形产品还是服务，客观分析产品的基本特征和竞争力，好的产品或服务是能够解决消费者痛点、满足消费者需求的，如搭建电子商务平台、销售消费者需要的医药商品、创新医药配送模式等都可以成为医药电子商务创业的切入点。好的产品或服务不仅可以有效满足消费者基本需求，还能触及消费者内心，满足消费者更深层次的探索欲望，形成持久关注度和消费力。

2. 产品或服务解决了消费者什么需求

满足消费者的需求是产品或服务得以被消费者认可的基础。在创业初期选择产品或服务时，一定要找准产品或服务能满足消费者的痛点或需求点，从而在营销过程中才能更好地围绕消费者进行产品或服务的设计与服务。例如，医药电子商务O2O平台的线下配送模式满足了消费者希望快速拿到急用药品的需求，得到了消费者的认可。

3. 产品或服务的消费者在哪里

创业者还需要分析和寻找消费者在哪里，需要了解使用者、决策者、付款者通常可能不是同一主体，同时分析线上消费者和线下消费者的消费行为和习惯存在的差别，围绕消费者的消费习惯设计渠道，让产品或服务找准目标市场和客户。

4. 产品或服务通过什么渠道送达消费者

确定了产品和消费者以后，创业者还需要优化销售渠道，更高效安全地将产品或服务送达消费者，提升消费者的购物体验。

【知识链接】

好产品的特点

1. 消费者需求度高

好产品必定是消费者需求度高的产品。如果消费者对一个产品的需求度不高，即使它十分完美，也不能称为一款好产品，因为它并不能给卖家带来经济利益。

2. 生命周期长

任何产品都有生命周期，包括萌芽期、成长期、成熟期和衰落期。好产品一定是生命周期长的产品，这种产品不会昙花一现，它通常能给卖家带来更多经济收益。

3. 产品评价高

消费者评价对产品的点击率和转化率有着至关重要的作用。如果产品存在功能缺陷或是某些无法克服的缺点，这些问题就会在消费者评价中显示出来，产品的评分就会大幅下降，进而导致极低的点击率和转化率。所以，好产品是质量过硬的产品，是能得到消费者高度评价的产品。

4. 市场饱和度低

好产品的市场饱和度低、竞争度较低，新手卖家经营这些类目产品，可以较为快速地占领一部分市场，从而可以快速地站住脚跟，成功实现零的突破。

二、自我评估

在创办企业过程中,创业者的性格、技能、资源、风险承受能力、决策能力、适应能力、商务谈判能力等方面都会影响创业成功的概率。因此,创业者需要进行客观的自我评估,以便于更好地了解自己。

在创业评估过程中,创业者不仅要认识到创业成功对个人财富价值、社会价值与成就感等多方面的提升,同时也应该认识到创业面临的挑战,如资金周转、运营管理、经验不足等,这样创业者才能更好地进行自我评估,找出差距,并采取措施进行完善。

三、筛选企业想法

创业者可以通过头脑风暴、经验教训、调研结果等产生创业的想法,在产生初步的企业想法之后,创业者要对已有的想法以及创业的产品和服务进行筛选和客观分析,以完善商业模式。

在进行项目决策和分析时,创业者通常使用项目调研法及 SWOT 分析方法。项目调研法可以利用线下或线上调研的方式,调研与分析的内容如图 8-2 所示。

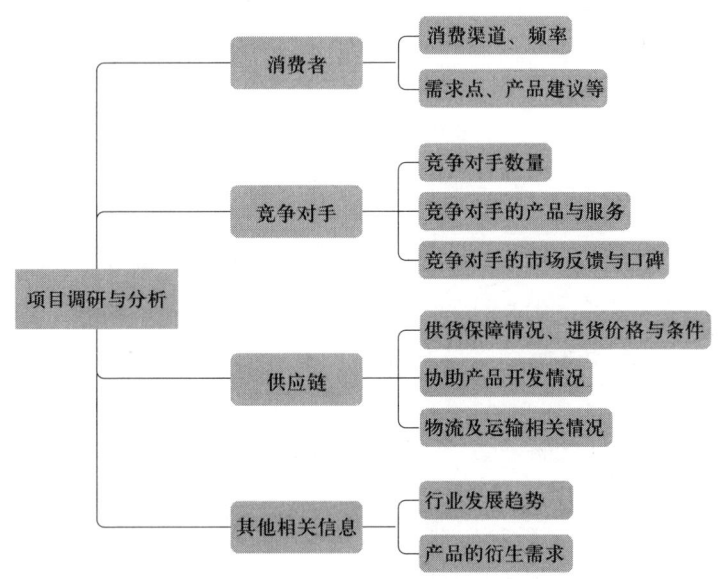

图 8-2 项目调研与分析的内容

通过项目调研,可以帮助创业者分析项目的现有资源、优势与劣势,以及市场空间所在。在项目决策和分析时,创业者通常需要借助于 SWOT 分析方法,分析项目的优势、劣势、机会和挑战(见图 8-3),以此确定项目的可行性。之后,就可以搭建自己的商业模型,抓住市场机遇,找到创业的产品或服务及其销售途径,发挥核心优势,避免挑战,实现盈利。

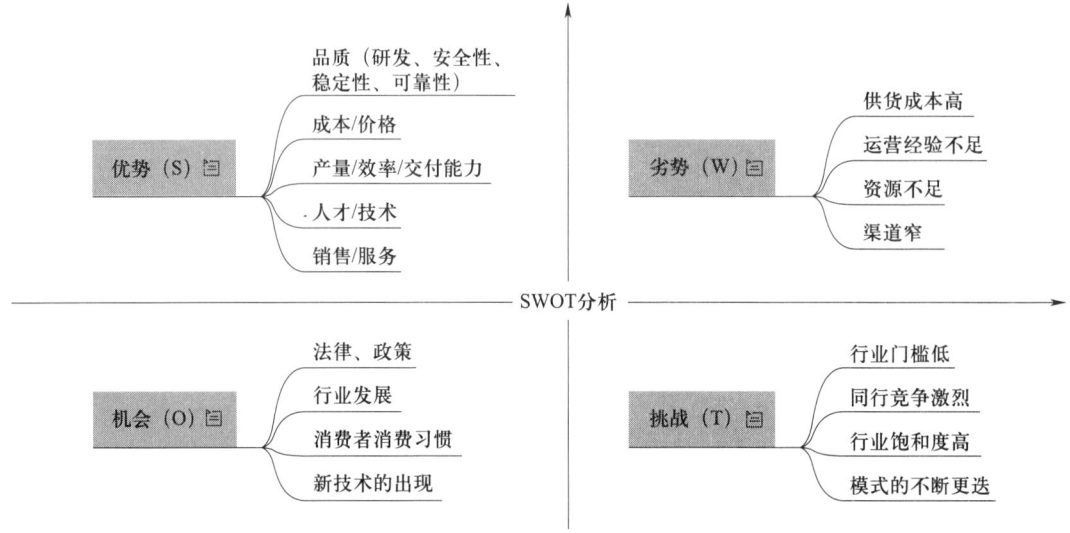

图 8-3 SWOT 分析方法

即学即练

SWOT 分析方法主要包含哪几个模块?

【知识链接】

创业测试——自我评估

创业充满了诱惑,但并非每个人都适合走这条路。美国创业协会设计了一份测试题,可以帮助你在作出创业决策前对自己有一个初步了解。

以下每题都有四个选项:A. 经常;B. 有时;C. 很少;D. 从不。你可以在每题后面填写相应选项。

1. 在急需决策时,你是否在想"让我再考虑一下吧"?(　　)
2. 你是否为自己的优柔寡断找借口说"要慎重,怎能轻易下结论呢"?(　　)
3. 你是否为避免冒犯某个有实力的客户而有意回避一些关键性问题,甚至有意迎合客户?(　　)
4. 你是否无论在遇到什么紧急任务时,都先处理日常的琐碎事务?(　　)
5. 你是否非要在巨大压力下才肯承担重任?(　　)
6. 你是否无力抵御妨碍你完成重要任务的干扰和危机?(　　)
7. 你在为重要的行动和计划进行决策时,常忽视后果吗?(　　)
8. 当你需要作出很可能不得人心的决策时,是否会找借口逃避而不敢面对?(　　)
9. 你是否总是在晚上才发现有要紧的事情没有处理?(　　)
10. 你是否因不愿接受艰巨的任务而寻找各种借口?(　　)
11. 你是否常来不及躲避或预防困难情形的发生?(　　)
12. 你总是拐弯抹角地宣布可能得罪他人的决定吗?(　　)

13. 你喜欢让别人替你做自己不愿做而又不得不做的事吗？（　　）

■计分：选 A 得 4 分；选 B 得 3 分；选 C 得 2 分；选 D 得 1 分。

■分析：

得分 50 分及以上，说明你的个人素质与创业者相去甚远。

得分 40~49 分，说明你不够勤勉，应彻底改变拖沓、低效率的缺点，否则创业只是一句空话。

得分 30~39 分，说明你在大多数情况下充满自信，但有时犹豫不决。不过没关系，这也是稳重和深思熟虑的表现。

得分 15~29 分，说明你是一个高效率的决策者和管理者，有望成为成功的创业者。

四、资源管理

创业资源是企业创立及成长过程中所需要的各种要素和条件，准确识别、获取以及管理创业资源对成功创业起着至关重要的作用。创业资源不仅可以帮助企业发现商业机会，也能在企业发展过程中被逐步利用与整合，这对于形成企业的核心竞争力、帮助企业寻找合适的战略路径至关重要。

1. 创业资源识别

创业资源是创业过程中人才、资本、技术、机会和管理的统称。商业机会是创业过程的核心驱动力，创始者（团队）是创业过程的主导者，资源是创业成功的保证。根据资源的形态，可以将创业资源做如下分类。

(1) 有形资源

有形资源是指有具体的物质形态，价值可以用货币精准度量的资源，如厂房、机器设备、原材料、产品、资金等。

(2) 无形资源

无形资源是指没有物质形态，价值难以准确度量的资源，如商机、人力资源、技术、管理经验、政策资源等。无形资源在创业过程中往往起着关键作用。

2. 创业资源获取

医药电子商务创业不仅需要创业团队的资源，还需要上游医药企业、电子商务平台、外部合作物流、资金等资源。创业团队可通过以下三种方式获取资源，并分析各种资源获取方式的优缺点，选择适合自身的资源获取方式。

(1) 内部积累

企业在创业初期，一般缺乏资金，很难通过购买等方式获取外部资源。因此，内部积累成为重要手段，用最小的代价获取企业所需资源。但内部积累资源往往速度慢，可能满足不了企业发展的需求。

(2) 购买服务

购买服务是指企业利用财务资金在外部市场上购买所需资源，主要包括设备、厂房等。

对于大多数新创企业，这是获取资源的最重要途径之一。企业有时可以低于资源本身实际价值的价格来购买服务，但这种方式只能获取一些显性资源，而对于一些重要的隐性资源则要通过其他方式获取，如外部吸引和内部积累的方式。

（3）外部吸引

外部吸引是指企业利用自身资源撬动和获取其他资源。这对于新创企业来说非常困难，因为新创企业的初始资源是不完整的，创业者需要取得资源拥有者的信任来获取所需资源。创业者可以通过展示企业良好的发展前景博得资源拥有者的好感，如完美的商业计划书更易于吸引资源拥有者。对于这种资源获取方式来说，企业良好的社会资本是获取资源的最好方式，因为良好的社会资本能给企业带来机会，从而获得资源。企业的形象越好，社会资本能力越强，越有利于吸引资源，获取的资源也就越多。

在创业者盘点创业所需资源后，需要制定详细的资源获取过程和步骤。在获取资源的过程中，创业者及团队需要有较好的人际沟通能力、沟通技巧及顺畅的沟通机制。创业资源的获取过程，就是创业者与初创企业内部、外部资源拥有者沟通的过程，良好的沟通可以帮助企业最大化获取所需资源，降低资源获取成本。

即学即练

新创企业常见的资源获取方法有哪几种？

3. 创业资源整合

创业资源整合不是对能够看到、所掌握的资源进行排列组合，也不是计划施展过程中的简单填补与运用，其目的是资源最大化和利益最大化，通过创造性地整合和运用资源获得竞争优势，为创业尽可能多地加注成功筹码。

想要快速发展、取得成效，资源整合是必要技能。需要明确自己的需求和目标，善于利用已掌握、可支配的资源与他人进行资源置换，在满足对方需求的同时获取自己想要的资源。这是资源整合的关键和重要法则。创业资源整合的具体原则如下。

（1）步步为营

创业者在资源受限的情况下，分多个阶段投入资源并在每个阶段投入最有限的资源，这是寻找实现企业理想目的和目标途径，在有限资源约束下获取满意收益的最经济型方法。要以可持续化发展为导向，通过有原则地保持节俭，逐步减少对外部资源的依赖，降低经营风险，强化创业经营过程的管理控制。

（2）发挥资源杠杆效应

在资源有限约束下，融入杠杆效应是利用现有资源与他人互补，通过双方资源互换合作来产生更高的复合价值，撬动获取其他资源，以实现资源结构更新和调整的目的，从而积累战略性资源。

（3）设置合理利益机制

整合资源需要关注有利益关系的组织或个人，要尽可能多地找到利益相关者，利益关系越强、越直接,整合到资源的可能性就越大,这是资源整合的基本前提。要设计好有助于资源整合的利益机制,借助利益机制把潜在资源和非直接资源拥有者整合起来,借力发展。

(4) 关注长远发展

整合创业资源的目的是实现创业利益最大化。创业者在整合创业资源时,应正确处理长远利益与近期利益之间的关系,不能急功近利。创业者要放眼长远利益,打牢创业基础,把握发展节奏,在整合创业资源时应遵循长远发展原则。

(5) 合理比较选择资源

由于创业资源的复杂性与多样性,有利于创业实施的同一类资源可能有多个,且使用每个资源都可能有不同的收益、成本和风险。因此,创业者在选择创业资源时,应对多个资源进行分析比较,从收益、成本和风险的角度,结合创业项目自身实际情况和外部环境情况,选择有利于创业项目发展、能产生较大利益的资源进行使用和开发。

(6) 适度超前准备

创业者应超前预估创业所需资源并超前准备,避免在创业实施时因发现缺少某个资源而仓促寻找和准备,从而贻误了创业时机。在创业开始时要提前预估和提前准备启动资金、人才等要素资源,在创业发展过程中要提前谋划和准备必要的流动资金、原材料、目标市场等资源。

五、选择电子商务运营模式与平台

医药电子商务创业需要在充分认识目前主流电子商务平台运营模式的基础上进行,不同电子商务平台的选择直接关系企业的资源获取和整合过程。

根据用户类型和流通渠道划分,医药电子商务可以分为B2B、B2C、O2O三种类型的运营模式(见表8-1)。以医药零售商为例,这三种类型的运营模式各不相同:医药流通传统线下模式面临供应不足、信息迟缓、交通受限等多重考验,B2B平台连接上游供应链和下游终端的"桥梁作用"开始彰显;B2C模式凭借医药商品种类丰富、价格低廉、下沉地区医药商品可及性高等优势,能够更好地满足社会需求;随着处方药网售放开的政策利好,O2O送药上门模式的渗透率提升,解决了购药"最后一公里"甚至"最后一百米"的难题。

表8-1 医药电子商务运营模式类型及代表平台

类型		运营模式	创业进入方式	代表电子商务平台
B2B	政府主导B2B	非营利性的医药商品集中采购平台	医药零售商入驻平台	各省的医药商品集中采购平台
	企业自身主导B2B	医药生产企业通过自营官网向批发商或零售商销售本企业生产的医药商品;医药批发企业之间通过自营官网向医药零售企业、医疗机构销售本企业经营的医药商品	医药零售商入驻企业自身主导B2B平台,成为自营主体的交易方	英特药谷、润药商城、九州通
	第三方平台B2B	第三方平台提供原材料供应商与医药生产企业之间、医药生产企业与医药批发之间、医药批发商与零售商之间的交易服务	医药零售商入驻第三方B2B平台	药师帮、药药好、好药师

续表

类型		运营模式	创业进入方式	代表电子商务平台
B2C	平台式B2C	第三方B2C平台为医药零售商与消费者之间提供撮合交易服务	医药零售商入驻B2C平台并开展电子商务销售	1药网 阿里健康大药房 京东健康 老百姓药房 健客网
O2O	平台式O2O	第三方O2O平台企业解决医药零售商同城端到端的交易及配送服务	医药零售商入驻O2O平台并开展电子商务销售	美团买药 饿了吗买药 叮当快药

医药电子商务创业者需要选择适合自身产品特征及资源现状的平台（见图8-4）。同时，在选择平台过程中还需要关注以下五个方面问题。

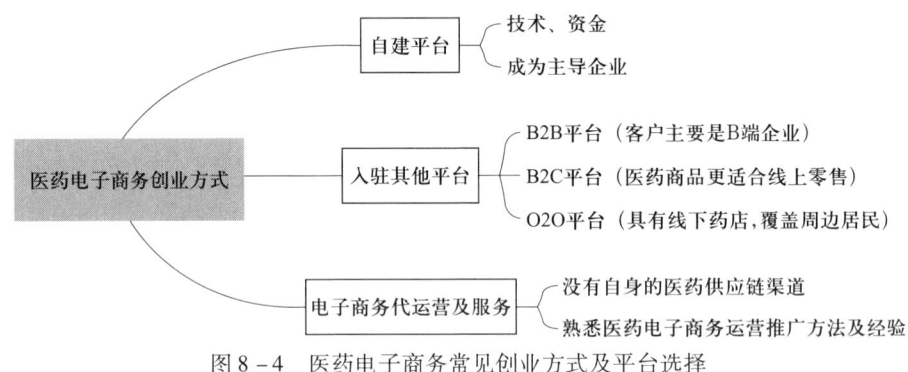

图8-4 医药电子商务常见创业方式及平台选择

1. 商家的目标市场和资源匹配

如果商家的下游客户是B端企业，则适合B2B平台；如果商家产品适合C端消费者，则在运营模式选择上更适合B2C平台或O2O平台。

2. 平台流量

优质的流量是医药零售商进驻平台运营成功的基础。

3. 平台口碑

医药电子商务平台有良好的消费者口碑，更利于入驻商家展开推广和运用。良好的电子商务平台还可以给入驻商家带来附加值。

4. 运营成本

选择医药零售商能承担并匹配的运营推广成本的平台，有助于优化医药零售商的运营，提升运营成功概率。

5. 平台发展潜力

处于快速增长期的平台，更有利于商家更好地借力平台发展。

六、创办企业

创办企业需要综合考虑多个方面的问题，从确定企业类型和目标开始，经过市场调研、筹集资金、注册公司、建立团队等步骤,最终实现企业的运营与发展。在整个过程中,要遵守法律法规,关注市场变化,不断提升企业的竞争力和盈利能力。

(1)需要明确创办企业的类型,比如是有限责任公司、股份有限公司还是其他类型。同时,要明确企业的业务目标和发展方向,这将决定你的商业模式和运营策略。

(2)根据商业计划,确定所需的启动资金和运营资金,并考虑如何筹集这些资金。可以通过自筹资金、向亲友借款、寻求银行贷款或寻找投资人等方式来筹集资金。

(3)确定好企业类型、名称和基本信息后,向当地市场监督管理部门申请企业名称预先核准(即核名)。核名通过后,提交相关材料,包括公司章程、股东名单、注册资本证明等,以完成公司注册。

(4)建立团队与组织架构,招募合适的员工,并构建适合企业发展的组织架构。确保团队成员具备所需的技能和经验,并能够有效地协同工作。

(5)在创办企业的过程中,务必遵守相关的法律法规,包括企业法、税法、劳动法等。确保企业的合法运营,避免因违法行为而带来的风险和损失。

(6)完成注册和团队建设后,开始正式运营企业。根据商业计划,开展市场营销、产品推广和客户服务等活动,并不断调整和优化运营策略。同时,要关注企业的财务状况,确保资金的合理使用和盈利能力的提升。

此外,还需要注意,不同企业的组织形式所适用的税收政策是不同的,选择合适的组织形式有利于减轻税收负担。创业是一个不断学习和成长的过程,要保持敏锐的洞察力和创新精神,不断适应市场变化。

【知识链接】
医药电子商务的自有仓储模式和一件代发模式

1. 自有仓储模式

自有仓储模式是指有自己的仓储能力,将商品、物料放置在自己仓库中,由内部员工负责打包、发货。常见的如一些自有品牌,都是有自有仓储能力的。这种模式的好处是定价权以及售后标准都是自己说了算,还可以提高用户体验,发货率可以得到保障,而且统一的包装能提升品质感。但是劣势就是仓储成本较高,人工成本、场地成本等相对较高。一般对于自有仓储模式来说,对毛利是有很大要求的,毛利低必然会导致亏损。

2. 一件代发模式

一件代发模式主要解决的是没有建立仓储能力的卖家的售卖问题,消费者在电子商务平台下单以后,货物将从零售商上游供货渠道处发出,直接送达消费者。该模式可以降低零售商自建仓储及管理的成本,降低库存压力,但同时会提升零售商的物流成本和对物流的把控难度。

思政小园地

在医药电子商务创业过程中,创业者必须找到消费者的需求痛点,通过创新模式、科学运营提升消费者需求满足度，可以为消费者送去医药、健康管理方案，同时也可以通过创业实现自身的价值。因此，医药电子商务创业要具有责任感、敬畏心，创业过程也应时刻保持高度荣誉感。

任务三 医药电子商务团队管理

 学习目标

知识目标：了解团队的含义和类型，掌握成功团队的特点。
技能目标：能运用团队管理知识高效地管理团队，打造成功的团队。
素质目标：培养学生的团队协作能力，提升学生主动学习能力及创新能力。

【任务导入】

任何一个企业都要有与之类型相适配的团队。在企业经营管理过程中，组建优秀团队、建立合理的企业组织结构是企业成功的关键。企业经营管理涉及企业战略制定与执行、市场营销、采购与生产管理、财务管理等多项内容，团队合作可以使各个成员发挥其长处，进而提高创新和解决问题的能力以及工作效率。

王先生和李先生都是某医药企业的中层管理人员，在分析消费者市场、电子商务平台后，他们决定离职，正式联手开始医药电子商务创业，目前处于正式进入组建团队阶段。

思考：如果你是王先生或者李先生，你将如何组建团队，才能激发团队整体活力，为企业的快速发展提供有力保障？

一、团队组建

团队是现代社会条件下富有活力的高绩效组织形式。在经济全球化和社会网络化背景下，市场竞争日益激烈化、快速化，打破僵化的分工和等级制，凸显合作、自主与协调，成为团队发展的现代化趋势。因此，团队组织管理显得尤为重要。

1. 团队的含义和类型

（1）团队的含义

团队是指有明确目标和个人角色定位，强调自主管理、自我控制、沟通良好、和谐合作的一种组织形式。

（2）团队的类型

按照不同的视角，可以将团队划分为多种类型。最基本的划分方法是按照团队的基本功能，将团队划分为工作团队、项目团队、管理团队三种类型。

1) 工作团队是最基本、最普遍的团队形式。工作团队主要承担企业生产经营等基本工作任务，如产品的设计、制造、储运、销售或为企业客户提供服务，并按这些工作任务组成团队。工作团队由组织明确定义其职能，并由全职稳定的成员所组成。

2) 项目团队主要承担某个工作项目或解决特殊问题等专题性任务，如特别任务小组、流程改善小组、特定问题解决小组等就属于项目团队。项目团队的成员大多是从一两个工作团队中吸收而来，往往是暂时性的，一般具有专门知识与技能，可以发挥专业与技能整合优势。

3) 管理团队主要负责对一些下属部门或人员进行指导与协调。管理团队的主要工作职责是管理下级或改善团队绩效，促进团队协调与合作，优秀的管理者应从监督者变成协调者。管理团队既包括组织最高层这样的专门承担管理职能的团队，又包括质量管理小组、稽核小组这样的由兼职人员组成的团队，还包括由组织的资深经理人以及来自不同工作团队的领导者组成的管理团队。

2. 团队建设的主要目标

在团队的建设过程中，需要团队成员之间清晰、及时和有效地开展沟通。团队建设的目标包括但不限于以下内容。

（1）提高团队成员的个人技能，以提高他们完成项目活动的能力，使企业降低成本、缩短工期、改进质量和提高绩效。

（2）提高团队成员之间的信任感和凝聚力，以提高士气、降低冲突、促进合作。

（3）创建动态的、团结合作的团队文化，以促进团队精神和团队协作，鼓励团队成员之间交叉培训和切磋，以共享经验和知识。

有效的团队合作包括在工作负担不平衡的情况下互相帮助，以各自偏好的方式进行交流，共享信息和资源。

3. 成功团队的特点

成功团队一般具有以下六个方面共同特点。

（1）团队目标明确，成员清楚自己的工作对目标的贡献。

（2）团队组织结构清晰，岗位明确。

（3）有成文或习惯的工作流程和方法，且流程简明有效。

（4）经理对团队成员有明确的考核和评价标准，工作结果公正公开，赏罚分明。

（5）有共同制定并严格遵守的组织纪律。

（6）具有协同工作机制，也就是一个成员的工作需要依赖于另一个成员的工作结果。

4. 团队组建阶段

作为一个持续不断的过程，团队建设对项目成功至关重要。在早期，团队建设相对简单，但随着项目推进，团队建设就需要不断深化。团队领导者应该持续监控团队的工作与绩效，以确定是否采取相应行动预防或纠正团队问题。优秀的团队不是一蹴而就的，一般要依次经历以下五个组建阶段。

（1）形成阶段

由个体成员转变为团队成员，开始形成共同目标，对团队未来发展有美好的期待。

（2）震荡阶段

团队成员开始执行分配的任务，一般会遇到超出预想的困难，希望被现实打破。个体之间开始争执、互相指责，并且开始怀疑团队领导者的能力。

（3）规范阶段

经过一定时间的磨合，团队成员之间相互熟悉和了解，矛盾基本解决，此时团队领导者能够得到团队的认可。

（4）发挥阶段

随着相互之间的默契配合和对团队领导者的信任，成员积极工作，努力实现目标。这时团队成员的集体荣誉感非常强，常将团队换成第一称谓，如我们那个组、我们部门等，并努力捍卫团队声誉。

（5）结束阶段

随着项目的结束，团队解散。

以上每个阶段按顺序依次出现，至于每个阶段时间的长短，则取决于团队的结构、规模和领导者的领导力。

【案例分析】

医药电子商务团队管理是一个复杂而重要的任务。例如，某医药电子商务企业通过有效的团队管理实现了快速发展。该企业建立了一个高效的团队沟通机制，使团队成员能够高效地进行信息交流和合作。此外，他们还注重团队的培训和发展，提供了各种培训课程和机会，以提高团队成员的专业素质和技能。同时，该公司还积极倡导团队合作和共享，鼓励团队成员之间的互动和协作，以提高团队的凝聚力和效能。通过这些有效的团队管理措施，该企业在经济发展方面取得了一系列显著成果，并在医药电子商务行业脱颖而出。

二、团队分工

1. 团队角色

（1）实干者

实干者的特点主要有：非常现实、传统甚至有些保守，他们崇尚努力，计划性强，喜欢用系统的方法解决问题；有很好的自控力和纪律性，对企业忠诚度高，为企业整体利益着想而较少考虑个人利益。

（2）协调者

协调者的特点主要有：能够引导一群不同技能和个性的人向着共同目标努力；成熟、自信和信任，办事客观而不带个人偏见；除权威之外，更有一种个性的感召力，在人际交往中能很快发现每个人的优势，并在实现目标的过程中妥善运用。协调者因其开阔的视野而广受尊敬。

(3) 推进者

推进者的特点主要有：说干就干，办事效率高；自发性强且目的明确，有高度的工作热情和成就感；遇到困难时，总能找到解决办法；大都性格外向且干劲十足，喜欢挑战别人，好争辩，而且一心想取胜，缺乏人际间的相互理解，是一个具有竞争性的角色。意志坚定、过分自信的推进者对于任何失望或失败都反应强烈。

(4) 创新者

创新者的特点主要有：拥有高度的创造力，思路开阔，观念新且富有想象力，是"点子型的人才"；他们爱出主意，是否高明则另当别论，其想法往往十分偏激和缺乏实际感；不受条条框框约束，不拘小节，难守规则；大多性格内向，以奇异的方式工作，与人交往是他们的弱项。

(5) 信息者

信息者的特点主要有：经常表现出高度热情，反应敏捷，性格外向；他们的强项是与人交往，是天生的交流家，喜欢聚会与交友，在交往中获取信息并加深友谊；对外界环境十分敏感，能最早感受到变化。

(6) 监督者

监督者的特点主要有：严肃、谨慎、理智，天生就不会过分热情，也不易情绪化；在外人看来是冷冰冰的、乏味的甚至是苛刻的，他们与群体保持一定的距离，在团队中最不受欢迎；有很强的批判能力，做决定时思前想后，综合考虑各方面因素谨慎决策。好的监督者几乎从不出错。

(7) 凝聚者

凝聚者是团队中最积极的成员。他们的特点主要有：温文尔雅，善于与人打交道，善解人意，关心他人，处事灵活；很容易把自己同化到群体中去适应环境；是群体中最听话的人，对任何人都没有威胁，因而也最受欢迎。

(8) 完善者

完善者的特点主要有：具有持之以恒的毅力，做事注重细节，力求完美；性格内向，工作动力源于内心的渴望，几乎不需要外界的刺激；他们不大可能去做那些没有把握的事情；喜欢事必躬亲，不愿授权；他们无法忍受那些做事随随便便的人。

2. 团队配置过程

(1) 分析团队角色

团队的每个成员都扮演着不同角色，有的人是领导，有的人是执行者，有的人是协调者和沟通者。团队建设过程中应该明确这些角色，以发挥团队的最大效用。

(2) 配备团队角色

定位每个成员的才能和角色，让他们都清楚自己的角色并履行工作职责，才能真正成为团队的一员。加强成员之间的相互合作，才能保证团队目标的实现。

（3）融合团队角色

鼓励团队成员之间进行交流，加深相互了解，以促进团队成员融合，建立稳定的互动关系。

3. 团队分工的注意事项

（1）定位明确

团队目标要明确，管理者应清楚地知道为什么要建团队，要建设什么类型的团队。

（2）分工合作

确定由谁来构建团队，并根据一定的原则合理配置团队成员。

（3）优势互补

充分认识并尊重团队成员各自的特点和优势，扬长避短。

（4）人尽其才

团队每个人都能充分发挥自己的才能，团队角色与才能相匹配。

（5）权责清晰

明确界定每个角色及其需要承担的相应责任，以避免发生角色冲突。

（6）解决冲突

一旦发生角色冲突和问题冲突，应及时予以解决，以稳固团队关系。

三、团队沟通

沟通是人与人之间、人与群体之间思想与感情传递和反馈的过程，以求思想达成一致和感情通畅。

1. 沟通机制

良好的内部沟通机制能够提升企业的工作效率，改善员工的决策能力，增强团队精神。建立有效地沟通机制，需考虑以下四个方面。

（1）明确各部门的职责范围，减少无效沟通

明确部门所属的职能范围，并分清哪些属于部门协作的范畴，从而更有针对性地解决问题，同时在部门之间形成合作观念，不要只强调自己部门的重要性，这样在发生冲突时，能快速找出问题所在，减少无效沟通，使工作更加愉快。

（2）搭建良好的沟通平台

创造一个与员工平等交流沟通的平台，定期召开交流会、座谈会等，倾听员工心声，采纳员工提出的合理建议，为员工答疑解惑，交流有关企业发展的观点等。

（3）增强员工的沟通意识

部门之间除了在开会中进行沟通外，还需要时刻保持联系，主动了解其他部门的工作进度和情况。这对于部门之间形成良性沟通、提升沟通效率有着重要作用。

（4）建立与沟通相适应的奖惩制度

沟通包含了员工对企业的建议和意见。对于那些主动给予企业发展或管理提出有效建议

的员工，应设立相应的奖励措施，鼓励员工建言献策，激发员工的工作热情，并将个人发展与公司发展相协调，从而达到留住人才的目的。

> **即学即练**
>
> 有效的沟通机制需要考虑哪些方面？

2. 沟通渠道

（1）向上沟通渠道

与上级沟通前一定要预先有答案和解决对策。对各个答案和解决对策一定要有优劣对比和可能出现的后果和风险评估。和上级沟通不一定非要在办公室或会议室，只要有机会，可以是任何地方。与上级沟通要注意尽量简化语言和重点，对自己的工作和业务主动提出改善计划。

（2）向下沟通渠道

向下沟通的根本目的是解决问题，作为管理者要了解实际状况和沟通中需要解决的问题瓶颈，并提供解决方法，给下属提供经验和指导建议，并紧盯过程，实现管控，注意过程化管理，以达成目标。在向下沟通时，作为上级应注意态度和姿态，注意沟通中讲话的技巧，关心、体恤下属难处，而非给予压力，态度要诚恳温和，把握下属优点，少批评。

（3）水平沟通渠道

水平沟通包括决策层之间、管理层之间、各分支部门之间和员工之间的沟通。

3. 沟通时应注意的问题

（1）换位思考

管理者和下属对企业内外环境关心的侧重点不同，对企业发展使命、发展战略、管理特征、管理规范等的认识也存在极大差异。要想有良好的沟通，必须从对方立场出发，善于进行换位思考。

（2）进行细节沟通

管理者在同下属进行沟通时要恰当地利用细节，因为下属在同管理者沟通时往往十分注意管理者的细节动作，包括姿势、眼神、细小动作等。细节处理不好，就会影响沟通的效果，甚至传递负面信息，导致误解的产生，如果处理得当将会给双方的沟通带来积极正面的影响。

（3）善用语言

管理者平时最好用简单的语言、易懂的言辞来传达信息，而且对于说话的对象、时机要有所掌握，有时过分修饰反而达不到目的。

> **思政小园地**
>
> 在职场沟通中，应具备爱岗敬业、诚实守信、办事公道的职业品格；有和善亲切、

谦虚随和、理解宽容、热情诚恳的与人沟通的意愿和能力。在日常人际关系的沟通中也应如此，应具备厚德仁爱、正直善良的个人品德，常怀敬人心、自信心、真诚心、平等心、宽容心、同理心，养成平等、文明、诚信、友善的沟通心态，做到"己所不欲，勿施于人"。

四、团队激励

1. 目标激励

（1）目标激励的含义

目标激励是指企业通过设计适当的目标，激发员工的动机，调动员工的积极性，并根据目标的达成情况实施相应的奖惩措施的一种激励方法。

（2）目标激励的步骤

第一，合理设置员工工作目标。员工个人目标的设置，应结合其工作岗位特点，充分考虑员工个人特长、爱好和发展，将个人目标与组织目标相结合，使组织目标包含较多个人目标，使个人目标的实现离不开实现组织目标所做的努力。目标必须具有明确性、可达性、挑战性和连续性，借以培养员工创造价值的成就感。

第二，对目标进行宣传。无论是组织目标还是个人目标，一经确定就应进行广泛宣传，让全体员工深刻认识到工作的意义和前途，激发员工强烈的事业心和使命感，使员工在工作过程中达到自我激励和相互激励。

第三，设置与目标相一致的奖惩措施。要使目标产生激励效果，必须设置与目标相一致的奖惩措施。管理者根据员工的行为，依据目标完成情况给予奖励或处罚，是目标激励中非常关键的一环。其中，奖励属于积极性的激励诱因，是对员工某项工作或良好行为的肯定，旨在利用员工的上进心不断激励，使其保持良好行为；惩罚属于消极性的激励诱因，是对人的某种行为予以否定或批评，使人消除这种行为。

第四，对目标进行客观公正的考核并实施奖惩。要在员工自我评价的基础上，从德、能、勤、绩等方面，定性与定量相结合，客观公正地进行评价，及时进行奖惩，并做到赏罚分明。

第五，根据考核结果和考核目标设置的合理性，灵活调整目标。

2. 兴趣激励

（1）兴趣激励的含义

兴趣是激励员工积极性的一种潜在力量。在工作中，管理者让员工从事自己感兴趣的工作，或者通过各种手段让员工对目前所从事的工作产生兴趣，从而调动员工的一切潜能，使员工可以积极、主动、愉悦地工作，提高工作效率，最终达到工作目标，这就是兴趣激励。

（2）兴趣激励的方法

有效进行员工兴趣激励，不仅要考虑到员工个体已经达到的价值标准和心理需求，企业作为外部环境，也可以通过恰当的管理方法和协调手段激发员工内在的成就欲望和责任感。实现兴趣激励的最终目标是兴趣与工作的完美结合。

1）了解员工的兴趣。了解员工的兴趣是兴趣激励的前提条件。企业一方面可以通过在招聘环节中收集员工的兴趣信息来实现，另一方面要充分赋予员工挑战性的工作。招聘是企业了解员工的第一步，企业要关注的不仅仅是员工以往的工作经验、综合知识和专业技能，更要了解员工的兴趣所在，因而在招聘环节设计一些心理测验和个性测试不失为好的选择。此外，富于挑战性的工作将会激励员工不断学习，与他人交流信息、共享知识，这种积极性可以激发知识型员工对工作的极大兴趣与热情，发掘与以往不同的兴趣和潜力，拓展自己的技能，在自我挑战中寻找生活的乐趣，培养工作兴趣。

2）让员工自由地选择工作岗位。将合适的员工放在能最大限度发挥其才能的地方，达到岗位与人员的合理配置是人力资源工作的核心。企业可以允许员工在一定的权限范围内自由选择所从事的岗位，这种信任感会激发员工审视自己的优势和兴趣所在，审慎选择自己擅长的工作。员工的选择和意向可以充分显现其兴趣，为企业的工作和岗位设计提供依据。

3）适当的工作岗位。适当的工作岗位轮换可以让员工发掘自身的潜力与兴趣所在。丰富的工作内容不仅可以充分调动员工的好奇心，更是发掘其真正兴趣的必要方式。

4）培养员工的兴趣。培养员工的兴趣首先要帮助员工了解各个岗位的具体工作要求，特别是在工作说明书中明确阐明工作流程与内容，在工作过程中应积极给予意见反馈和信息交流，通过恰当的授权提高员工的工作自主性与独立性，以增强其积极性。此外，鼓励员工进行知识共享也是培养员工兴趣的必要一环，这不仅可以增强知识的积累并使知识流动起来，更可以让员工了解企业各部门的运作状况，拓展兴趣的广度。

3. 情感激励

（1）情感激励的含义

情感激励是指通过良好的情感关系，激发员工的积极性，从而达到提高工作效率的激励方法。激发员工，要从经营员工的心灵开始。人是感情动物，人的行为是靠情感支配的，所以要调动员工的积极性，情感投入尤为重要。

（2）情感激励的做法

1）尊重员工。任何人都有被尊重的需要。员工一旦受到尊重，往往会产生比物质上的激励大得多的效果。人都是有感情需要的，而下级又特别希望从上级那里得到尊重和关爱，这种需要得到满足之后，他们必定会以更大的努力投入工作，从而达到激励作用。

2）重视员工。任何一个企业的快速发展，不但取决于硬件设施，而且也取决于软件服务，包括重视员工的心理、关心员工的身体、注重员工的发展等。

3）关心和鼓励员工。应重视企业的氛围，建立员工与企业之间情感维系的纽带。例如，注重员工福利，为员工过生日；员工结婚、晋升、生子、乔迁、获奖之际，送出特别祝福等。

知识点概述

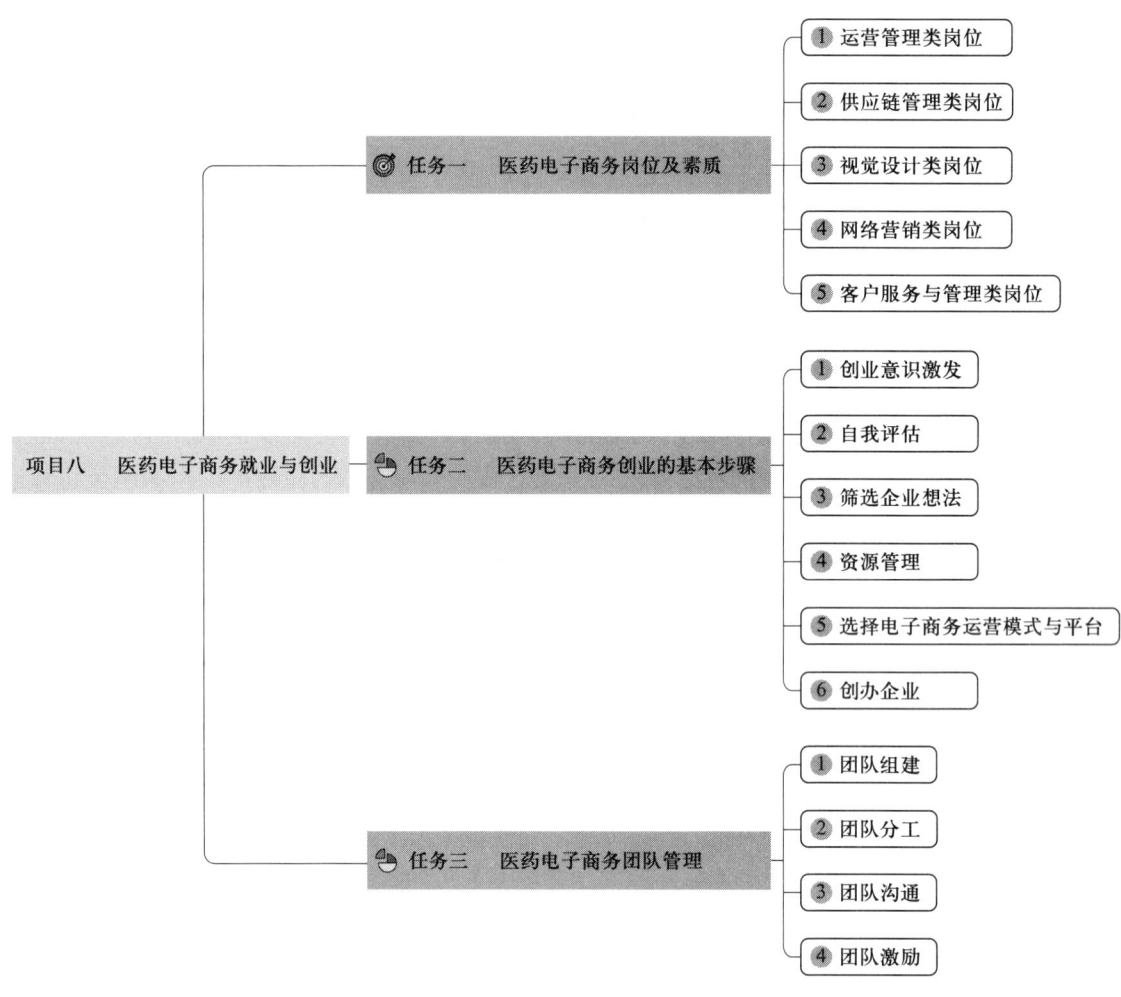

目标任务

目标任务一 MBTI 性格测试与职业规划

一、任务分析

迈尔斯-布里格斯类型指标（Myers-briggs type indicator，MBTI）性格测试已成为世界上应用最广泛的人格测评工具之一。MBTI 性格测试主要用于了解受测者的处事风格、特点、职业适应性、潜质等，从注意力方向、认知方式、判断方式、生活方式四个维度对受测者进行性格分析，进而提出合理的工作及人际决策建议。通过任务的实践，希望同学们做到以下三点：

1. 初步判断自己的性格类型。
2. 根据测试结果对应医药电子商务五大岗位类别，进行参考选择。
3. 参考测评及职业规划，在此基础上完成个人医药电子商务职业发展计划书。

二、任务准备

智能手机、能上网的计算机、纸、笔。

三、任务实施

1. 完成 MBTI 性格测试

班级每位同学在规定时间内完成 MBTI 性格测试。

2. 性格测试结果分析

根据 MBTI 性格测试查到测试结果。

3. 完成个人医药电子商务职业发展计划书

（1）自我分析，包括性格、兴趣、职业技能、资源分析等。

（2）职业分析（拟选择职业的吸引力及与自己的契合点）。

（3）个人发展目标（一年目标、五年中期目标、长期发展目标）。

（4）制订计划（打算如何实现这一目标）。

4. 汇报展示

派同学代表上台将结果进行展示与分享。

四、任务评价

按照表 8-2 所列评分标准进行测评，并做好记录。

表 8-2　　　　　　　　　　实训评分标准（一）

序号	考核内容	考核标准	配分	得分
1	MBTI 性格测试	独立完成测试	30	
2	完成个人医药电子商务职业发展计划书	1. 有独立的判断能力 2. 有清晰的发展规划 3. 有明确的发展计划和步骤	50	
3	汇报展示	讲述清楚，逻辑清晰，格式美观	20	
		合计	100	

目标任务二 医药电子商务创业项目 SWOT 分析

一、任务分析

小李和小王（接本项目任务二中的任务导入）经过客观分析和目前掌握的核心产品的进货渠道，准备入驻京东健康平台进行医药电子商务创业，其产品为××牌阿胶。目前，他们的团队成员仅两人，启动资金尚不足。请你帮助小李和小王做一次创业项目的 SWOT 分析。应主要完成以下两个方面的工作：

1. 分析该项目的优势、劣势、机会和挑战。
2. 给出合适的创业后应对措施。

二、任务准备

能上网的计算机、纸、笔。

三、任务实施

1. 任务分组

班级按每 4~5 人为一小组，分成若干小组后，以小组为单位进行任务训练。

2. 查询资料

查询京东健康平台的入驻条件、网上阿胶零售情况等竞争情况。

3. 完成表格

根据表格指引，完成创业项目 SWOT 分析（见表 8-3）。

表 8-3 创业项目 SWOT 分析表

项目名称：	
企业内部分析	
优势	劣势
企业外部分析	
机会	挑战

续表

| 优势与劣势相比，优势比劣势多吗？ | □是 | □否 |
| 机会与挑战相比，机会比挑战多吗？ | □是 | □否 |

给小李和小王提出建议，指出他们还需要哪些资源：

4. 汇报展示

各组选派代表上台将本组完成的分析结果进行汇报展示，并说明分析过程。

四、任务评价

按照表 8-4 所列评分标准进行测评，并做好记录。

表 8-4　　　　　　　　　实训评分标准（二）

序号	考核内容	考核标准	配分	得分
1	完成度	1. 框架完整，能进行 SWOT 分析 2. 分析结果要点突出，逻辑清晰 3. 能提出解决方案	60	
2	合理性	分析合理，方案清晰	20	
3	汇报展示	讲述清楚，逻辑清晰，能够展现团队工作成果	20	
		合计	100	

目标检测

一、单项选择题

1. （　　）不属于医药电子商务运营管理类岗位的工作职责核心模块。
A. 产品运营　　B. 平台运营　　C. 活动运营　　D. 主图设计
2. 医药电子商务供应链管理类岗位的工作职责核心模块不包括（　　）。
A. 供应链战略　　　　　　　B. 库存管理
C. 引导客户下单　　　　　　D. 物流管理
3. 医药电子商务视觉设计类岗位是指通过视觉设计工具完成对（　　）等设计。
A. 网页　　B. 产品图　　C. 活动图　　D. 计划书
4. 医药电子商务客户服务与管理类岗位的工作职责核心模块不包括（　　）。
A. 售前客服　　B. 详情页设计　　C. 售后客服　　D. 客户信息维护

5. 以下哪一项属于创业资源的有形资源？（　　）
   A. 核心技术　　　　B. 商机　　　　　　C. 人力资源　　　　D. 机器设备
6. 医药电子商务常见平台运营模式不包括（　　）。
   A. B2B　　　　　　B. B2C　　　　　　C. C2C　　　　　　D. O2O
7. （　　）不是创业资源整合的原则。
   A. 步步为营　　　　　　　　　　　　B. 关注长远发展
   C. 适度超前准备　　　　　　　　　　D. 杜绝沟通而达到保密
8. 医药电子商务的创业方式不包括（　　）。
   A. 代运营及服务　　B. 自建平台　　　　C. 入驻其他平台　　D. 投资平台股票

二、填空题

1. 设计产品详情页属于_____类岗位工作职责核心模块之一。
2. 处理客户投诉属于客户服务与管理类岗位工作职责中的_____模块。
3. SWOT分析中，S指的_____。
4. 第三方医药电子商务平台为医药零售商与消费者之间提供撮合交易服务的运营模式是_____。
5. 创业者可以通过展示企业良好的发展前景博得资源拥有者的好感，这样的资源获取的方式是_____。

三、简答题

1. 个人如何选择自己的职业方向？
2. 医药电子商务创业者应如何选择电子商务平台？